# 삶의
# 정치철학

*Political Philosophy for Life*

김동일

박영사

존 롤즈는 그의 나이 오십에 세기의 역작 정의론을 출간했다. 나도 정확히 그즈음의 나이에 책 한 권을 출간한다. 그러나 정치철학이 무엇인가에 대해서 고작 감을 잡는 수준의 책을 출간한다. 롤즈와 비교를 한다는 것 자체가 나의 겸손하지 못함을 드러내는 일이지만, 그래도 지난 수십 년간 고민해온 정치철학이 무엇인가에 대한 이해를 내 나름대로나마 시도했다는 자부심은 가져보고 싶다.

그동안 나는 정치철학을 전공하면서도 그것이 무엇인지 잘 모르고 공부해왔다. 때로는 포기하고 싶었고 때로는 뭔가 감이 잡히는 듯도 했다. 아무리 읽어도 이해가 되지 않는 정치학 서적들은 나에게 좌절감을 주었는데, 롤즈의 책은 설득력도 설득력이지만 그 명쾌하기가 더 이를 데가 없었다. 박사학위를 마치고 학생들에게 강의를 하면서도 정치철학이 무엇인가에 대해서 내 나름의 궤를 갖지 못했다. 정치철학을 '정치철학적으로' 이해해야 한다는 논문도 썼지만, 충분하지는 않았다. 경상대학교에 부임해서 본격적으로 정치철학을 강의하는데 뭔가가 필요함을 강하게 느꼈다.

그러던 중, 부임 직전에 작성한 '국가의 규범적 이해를 위한 분석의 틀'이라는 논문을 참고해서 삶의 정치철학이라는 강의를 개설하고 강의안을 작성했다. 이 책은 이 논문의 확대판이라고 해도 과언이 아니다. 사실 이 책은 학생들이나 관심 있는 사람들에게 정치철학을 새롭게 소개하기 이전에 나를 위해 쓴 책이다. 정치철학이 무엇이고 왜 해야 하며 도대체 어떻게 하는 것인가에 대한 나의 질문에 답변을 적어 본 것이다. 그리고 정치철학을 이해하고 싶어 하는 후배들에게 길 안내가 되었으면 하는 책이다. 나처럼 포기 직전까지 가지 않도록 말이다. 더 나아가 정치와 정치철학에 진지한 관심을 가진 모든 분에게도 조금이나마 도움이 되기를 바라는 책이기도 하다.

내가 사용한 정치철학 이해의 틀을 간단히 한 문단으로 소개하면 다음과 같다. 문제는 정치철학의 핵심 소재인 국가를 어떻게 이해할 것인가이다. 우선, 국가에 대해 부인할 수 없는 사실로부터 출발한다. 국가는 권력으로서 존재하고, 국민과의 관계에서 권위(권한)를 행사하고, 그리고 정부를 통해 활동한다는 것이다. 그리고 국가의 존재, 관계 및 활동을 규범적으로 평가하는 기준으로서 각각 정당성, 상호성, 그리고 책임성을 채택했다. 즉, 국가의 권력은 정당하게 존재해야 하고, 권위는 국민과 상호적으로 관계해야 하며, 그리고 정부는 그 책임을 다하도록 활동해야 한다는 것이다.

물론 이 방법이 정치철학을 이해하는 유일한 방법은 아니다. 역사적 순서, 철학자, 주제, 개념, 그리고 이론 등, 정치철학을 이해하는 방법은 여러 가지가 있다. 이 책은 한 가지 제안으로서 우리가 현실에서 직면하는 정치적인 문제들을 중심으로 정치철학을 이해하는 방법을 소개하는 것이다. 따라서 정치철학을 온전히 이해하려면 이 책뿐만 아니라 다른 방법의 안내서도 참고해야 할 것이다.

이 책의 집필 과정에서 도움을 받은 사람들을 모두 언급하는 것은 불가능하다. 그러나 언급하지 않을 수 없는 몇몇 분들은 다음과 같다. 지금은 고인이 되신 성균관대 임효선 교수님은 정치철학자의 중요한 자세 하나를 분명히 가르쳐 주셨다. 전일적 시각. 나는 하나의 이데올로기에 대한 호기심과 경계심을 동시에 가지고 있었는데, 그 이데올로기를 저버리지도 않고 확 끌어안지도 않을 수 있도록 큰 도움을 받았다. 전일적 시각은 그 이후 내가 나름대로 균형 잡힌 사고를 하는 데 큰 버팀목이 되어 주었다. 성균관대 김비환 교수님은 나에게 롤즈를 소개해 주신 분이다. 롤즈를 함께 읽으면서 정치철학의 재미에 빠질 수 있도록 도와주셨다. 김비환 교수님의 저작들은 정치철학 거인들의 어깨 위에 올라갈 수 있는 사다리가 되어 주셨다. 교수님의 학문적 왕성함을 따라가고 싶었는데 이미 포기했다.

경상대학교 정치외교학과 교수님들에게 진 빚도 벌써 많다. 서양중 교수님은 힘 있게 흐트러진 정의(正義)를 손수 붓글씨로 써 주셨고, 해박한 호기심으로 가득 찬 백종국 교수님은 늘 나의 무지와 무딤을 자극해 주셨다. 박재영 교수님의 부드러운 포용력은 토론이 아니라 사람을 이겨야 한다는 지혜를 가르쳐 주셨고, 심흥수 교수님의 변통력(versatile)은 권모술수의 현실 정치를 새롭게 볼 수 있게 해 주셨다. 황인원 교수님은 신속 정확한 결정의 힘을 학문 안팎 모든 부분에서 실제로 보여주셨고, 겸손한 열정으로 충만한 배진석 교수님은 함께 퇴임할 때까지 길을 걸어갈 동료 교수님이다. 최근 새로 부임한 김영준 교수님과 젠킨스 교수님과의 학문적 교류가 기대된다.

경상대학교 정치외교학과 학생들도 빼놓을 수 없다. 위에서 말했듯이 그들은 내가 정치철학 이해하는 방법을 새롭게 제시하는 데에 간접적인 동기를 부여해 주었다. 그뿐만 아니라 새롭게 제시는 되었지만 아직은 뼈대에 불과한 강의에 마치 피와 살을 덧붙여 주듯이 신선한 사례들을 모아 발표와 토론을 통해 보여주었다. 다시 그 사례들은 내가 놓쳤던 뼈대를 보충할 수 있도록 도와주기도 했다. 앞으로도 그들의 발표와 토론이 기대된다. 특히 연구보조원으로 성실하게 활동해준 노형진, 공연아, 그리고 김명서 학생에게 고맙다. 어려운 초고의 부분 또는 전체를 일일이 읽고 그들의 눈높이에서 질문하고 제안해준 부분들은 이 책을 보다 더 쉽게 읽을 수 있도록 작성하는 데 큰 도움을 주었다.

거의 7년째 참석해서 많은 것을 배우고 있는 정치사상학회. 학회 선생님들과의 교류는 늘 나의 학문적 부족함을 돌아보게 만든다. 사실 이 글을 쓰고 있는 지금도 그분들을 떠올리니 이 책의 부족한 점에 대해서 다시 한번 돌아보게 된다.

이 책이 나의 첫 번째 책이듯, 박영사도 나의 첫 번째 출판사다. 첫 번째 책의 출판을 선뜻 결정해준 박영사에게 감사드린다. 출판하는 모든 과정에서 서로의 뜻을 잘 파악할 수 있도록 훌륭한 의사소통을 해준 것도 감사하다. 삶의 정치철학, 김동일, 박영사, 이렇게 책 표지에 쓰일 것을 생각하니 가슴이 뿌듯하다.

마지막으로, 인생의 반려자 김현순. 나의 아내로서 지금까지 한결같이 나와 동고동락해 준 것이, 그리고 앞으로도 한결같이 그럴 것이, 고맙고 또 감사하다. 딸 예솔이와 아들 예준이가 이 책을 통해 나와 함께 삶과 세상에 대해서 더 많이 소통할 수 있기를 바란다. 부모님께, 특히 거의 팔십이 되셨는데도 늘 메모하고 좌식 공부 책상을 접지 않고 계신 아버지께 이 책을 바친다.

2020년 가을 진주에서
김동일

* 유의사항

2장, 3장, 4장, 15장, 그리고 16장은 다음 논문을 이 책의 내용에 맞게 새롭게 작성한
것이다.
- 2장과 3장: "Political—Philosophical Understanding and Teaching about Political
  Philosophy" 철학논총 제84집 2016년, 44-64.
- 4장: "국가의 규범적 이해를 위한 분석의 틀" 법철학연구 21집 3호 2018년, 205-248.
- 15장과 16장: "분배정의론이란 무엇인가?" 법철학연구 17집 3호 2014년, 225-266.

# 목차

# 1부   기본적인 안내

# 2부 국가의 존재

# 3부 국가의 관계

기본적인 안내

# 1장
# 삶의 정치철학 안내

## 1. 정치의 영향력

우리의 삶은 문제로 가득하다. 먹고 사는 문제, 건강 문제, 직업 문제, 공해 문제. 그리고 청소년, 자녀 양육, 주택과 주거, 노후 문제, 등등. 아무런 문제 없이 사는 사람이 있다면 그 사람은 모든 것을 다 가진 사람이거나 아니면 모든 것을 다 가지지 않아도 전혀 문제가 안 된다고 생각하는 사람일 것이다. 그 정도까지 물질적으로 풍요롭거나 정신적으로 부유한 사람은 극소수에 불과할 것이고, 대부분 사람은 날마다 문제를 (부분적으로) 해결해 나가면서 또는 해결에 실패하면서 살고 있다. 역사가 토인비의 "인류의 역사는 도전과 응전의 역사"라는 말속에 잘 드러나 있듯이 우리의 삶은 늘 해결해야 하는 문제로 가득하다.

우리가 경험하는 다양한 문제는 우리가 생각했던 것보다 훨씬 더 많이 정치와 관련되어 있다. 어떤 정치체제에서 살고 있느냐에 따라서 우리의 삶은 크게 달라진다. 개인의 자유를 보장하려는 정치체제도 있고, 평등한 삶을, 또는 적어도 기본적인 생계만큼은 확실하게 보장하려는 정치체제도 있다. 다양한 정치체제와 그 제도 및 정책에 따라서 자유롭게 살 수도 있고, 평등하게, 또는 안전하게 살 수도 있다.

정치 권력이 소수 세력의 의지에 따라서 무너지고 세워진다면 어떻게 될까? 대다수 사람은 자신의 삶에 주인으로서 살기가 어려울 것이다. 왜냐하면, 자신의 삶에 심각한 영향력을 행사하는 최고의 국가 권력을 자신의 손으로 뽑을 수 없기 때문이다. 개인의 건강을 개인의 책임과 능력으로만 해결하도록 내버려 두는 국가에서 산다면 아마도 부유한 사람들은 대체로 무병장수할 수 있겠지만, 그렇지 못한 사람들은 병치레하면서 노년을 보낼 것이다. 즉, 다양한 문제로 가득한 우리의 삶은 정치 덕분에 개선되거나 덜 고통스러울 수도 있고, 바로 그 정치 때문에 더욱 곤란하고 어려워질 수도 있다. 불만족스러운 정치 때문에 심지어 이민하고 싶다는 사람도 있다.

물론 우리 삶의 모든 문제를 국가와 정치적 제도의 문제로만 돌릴 수는 없다. 분명히 개인의 선택이나 능력에 따라서 해결해야 하는 문제도 있고, 국가가 관여하지 않아야 하는 문제도 있다. 예를 들어, 최고급 자동차를 가지고 싶어하는 나의 욕구가 해결되지 않는 문제를 국가가 나서서 해결해줘야 하는 것은 아니다. 사춘기 자녀의 반항 문제 때문에 골머리를 앓고 있는 부모는 국가의 도움을 요청할 수 없고, 국가는 그런 문제의 해결을 위해서 나설 수도 없다. 왜냐하면, 그런 문제는 온전히 개인적인 문제로서 부모 개인의 선택과 판단에 따라서 해결해야 할 문제이기 때문이다.

그러나 최고급 자동차를 사는 데 필요한 돈을 벌 기회는 국가에 의해 평등하게 주어져야 한다. 자녀를 안전하게 양육하고 교육하는 문제는 국가가 관여할 수 있는 문제이고, 국가의 정책에 따라서 그 문제가 잘 해결될 수도 있고 더 어려워질 수도 있다. 어떤 국가는 정부가 자녀 양육비를 모두 부담하는 것이 옳다고 볼 수도 있고, 어떤 국가는 부분적으로, 또 어떤 국가는 전혀 부담해서는 안 된다고 볼 수도 있다. 국가의 제도와 정책에 따라서 부모의 삶과 자녀의 인생은 크게 달라질 수 있다.

어떤 부모는 국가에서 보조하는 자녀 양육비가 필요 없을 수 있지만, 어떤 부모는 그 덕분에 자신의 직업에 더 충실할 수 있어서 그렇지 않은 경우에 비해 더 안정적이고 풍요로운 삶을 살 수도 있다. 어떤 자녀는 국가의 보조금 없이도 훌륭한 교육을 받을 수 있지만, 어떤 자녀는 보조금이 없다면 충분한 교육을 받지 못해서 결국 자신이 원하는 삶을 살지 못할 수도 있다.

이처럼 우리 삶의 문제 대부분은 정치와 국가의 역할에 큰 영향을 받는다. 긍정적인 영향을 받는다면 정치와 국가는 문제가 아니라 도움이 될 것이다. 그러나 부정적인 영향을 받는다면 정치와 국가는 그것 자체가 우리 삶에 또 하나의 문제로 다가오게 된다. 혹시 정치와 국가 그 자체가 우리에게 문제가 안 된다고 하더라도 우리는 여전히 정치와 국가를 통해서 해결할 수밖에 없는 문제들을 가지고 있다. 즉, 정치와 국가가 초래하는 문제도 있고, 정치와 국가를 통해서만 해결할 수 있는 문제도 있다. 예를 들어, 소득의 극심한 불평등과 빈곤은 국가를 통해서 해결할 수 있는 문제임과 동시에 정의롭지 못한 정치가 만들어내는 문제이기도 하다.

따라서 우리는 정치와 국가에 무관심할 수가 없다. 정치가 문제를 해결하기는커녕 오히려 더 많은 문제를 만들어내고 있다 보니 정치에 희망을 걸지 않고 정치적 무관심할 수도 있다. 국회의원들이 자신들의 이익에 따라서 법을 만들고 그 입법 정보를 흘려보내고 또 그 대가로 이익을 취하는 모습을 보면 정치에 무관심하게 되는 것은 어쩌면 당연한 일인지 모른다. 그러나 무관심은 정치가 어떻게 되어도 괜찮다는 암묵적 동의이고 암묵적 동의 뒤에서 정치는 더 큰 문제를 만들어낸다. 그리고 그 결과는 다시 우리에게 심각한 문제가 되어 부메랑처럼 돌아온다.

## 2. 정치철학은 필요한가?

조금 더 넓게 생각해보자. 우리 인간은 세상을 이해하려고 한다. 그리고 우리 자신이 누구인가에 대해서도 빠르게 학습한다. 나아가 우리의 삶이 도대체 무엇인가에 대해서도 알고 싶어 한다. 그 이유는 아마도 우리의 생명을 보존하고 존재를 유지하되 품위 있게 유지하기 위함 일 것이다. 세상에서 어떻게 해야 먹고 사는 문제를 해결하고 편안할 수 있는지, 우리 자신은 서로가 서로에게 어떻게 대해야 마음의 불안을 없애고 평안할 수 있는지, 그리고 우리의 삶을 어떻게 살아야 지루하지 않고 의미 있고 재미있게 살 수 있는지에 대해서 알고 싶어 한다.

세상, 우리 자신, 그리고 우리의 삶, 거기에서 빼놓을 수 없는 것이 바로 정치다. 존재를 유지하기 위해서는 에너지가 필요한데, 정치 권력이야말로 가장 궁극적이고 효율적인 에너지이기 때문이다. 인간은 관계를 벗어나 살 수 없는데, 관계에서 권력의 우위를 점하는 것이야말로 우리의 존재를 확고히 해주고 편안하게 만들어준다. 그래서 권력을 둘러싼 모든 활동으로서 정치는, 그것이 옳건 그르건, 우리의 삶에서 빼놓을 수 없다.

따라서 우리의 삶에서 정치가 실제로, 표면적으로든 이면적으로든, 어떻게 작동하고 있는가를 이해하는 것은 안전하고 안정되고 품위 있는 삶을 위해서 꼭 필요하다. 정치 권력은 어떻게 생성되고 유지되는가? 정치 권력은 어떻게 행사되고 있는가? 그리고 무엇을 위해서 실제로 사용되고 있는가? 정치를 이해한다는 것은 권력을 이해하는 것이고, 권력을 이해하는 것은 우리의 삶을 지속하되 품위 있게 지속하기 위해서 필수적이다.

정치가 누군가의 삶을 편안하고 평안하고 재미있게 만들어줄 수 있는 하나의 에너지라면, 그것은 다른 누군가에게는 불편하고 불안하고 외면하고 싶은 압력으로 작동할 수 있다. 힘은 필요한 것이지만 그것 자체가 옳은 것이 아니고 나쁘게 사용될 수도 있듯이, 정치도 마찬가지다. 그래서 권력을 핵심으로 하는 정치는 방향이 필요하다. 어떤 방향으로 그 힘을 사용해야 하는가에 대한 안내가 필요하다. 바로 거기에 정치철학이 요구된다. 정치 권력은 정당성을 가져야 하고, 윤리적으로 행사되어야 하고, 그리고 공정하게 사용되어야 한다고 주장하는 것이 정치철학이다.

정치철학이 없다면 정치는 방향을 잃고 그 권력을 제어하지 못해서 결국 그 권력을 가진 사람까지 포함해서 권력의 영향 아래 있는 모든 사람을 멸망의 길로 인도할 것이다. 방향과 목적지 없이 그저 달리기만 하는 자동차는 피곤함을 더해줄 뿐이다. 물론 방향이 안내되어 있다 하더라도 자동차가 실제로 그 방향으로 나아가는 것은 다른 문제다. 적절한 시점에 가속하거나 감속해야 하고, 적절한 지점에서는 핸들을 돌려서 방향을 바꿔야 한다. 목적지가 잘 정해져 있어도 실제로 운전하는 일은 운전자가 할 일이다. 즉, 정치철학이 정치의 방향을 잘 안내해줘도 실제로 정치적 결정을 내리고 실행하는 일은 정치의 일인 것이다.

그러나 방향성이 전혀 없어서 문제가 되는 권력과 방향성이 있는데 실제로 그 방향으로 나아가지 않는 권력은 질이 다르다. 방향성이 전혀 없는 권력보다는 주어진 방향으로 나아가지 않는 권력이 개선될 수 있는 여지가 있다. 따라서 권력을 잘 세우고 잘 사용하려면 우선 필요한 것이 정치철학이다. 정치철학이 있어야 정치가 그 에너지를 잘못 사용하지 않고 필요한 곳에 적절하게 사용할 수 있도록 안내하고 요구할 수 있다. 바로 그 정치의 일을 하는 사람의 됨됨이와 뽑는 방법 그리고 사용하는 방법까지 제시하는 것도 정치철학이 해야 하는 일이긴 하다. 어쨌든 정치철학은 우리의 삶을 유지하되 품위 있게 유지하는 데 있어서 꼭 필요한 것이다.

## 3. 쓸모 있는 정치철학

정치적인 문제와 정치에 대한 무관심의 문제는 어제오늘의 일이 아니다. 그런 문제에 대해서 이미 역사적으로 수많은 사람이 고민했다. 우리와 같이 그들도 그 시대에 그들의 삶의 문제를 해결해 주거나 오히려더 큰 문제를 초래하는 정치와 국가가 있었고, 그러한 정치와 국가가 무엇이며 무엇을 해야 하는가에 대해서 많이 생각했다. 그 사람들은 이제는 존재하지 않지만, 그들의 고민을 통해 만들어진 사상은 우리에게 지적 유산으로 남아 있다. 물려받은 유산이 있는데 그것을 마다하고 우리가 처음부터 고민을 시작하는 것은 어리석은 일이다. 그러나 물려받은유산을 우리의 필요에 맞게 잘 매만지고 적용해서 문제를 해결하는 것은 우리가 하기 나름에 달려 있다.

인류의 지적 재산은 우리에게 마치 구슬 보따리처럼 주어져 있다. 도서관과 온라인에는 수없이 많은 정보가 있다. 그런데 '구슬이 서 말이라도 꿰어야 보배'라는 말이 있다. 아무리 가치 있는 것이 많이 있어도 그것을 필요나 목적에 맞게 연결해서 사용해야 소중하고 쓸 데가 있다는 뜻이다. 즉, 취향이나 목적 등에 맞게 색깔을 배치하고 모양을 만들어서하나의 물건을 만들어 낼 때 비로소 각각의 구슬이 아름답게 되는 것이다.

이와 마찬가지로 정치철학에도 수많은 구슬이 있다. 플라톤으로부터 시작해서 역사적으로 위대한 철학자들이 뛰어난 아이디어와 개념 및이론들을 내놓았고 또 내놓고 있다. 각각의 구슬에 비유될 수 있는 훌륭한 철학자, 아이디어, 개념, 그리고 이론 등은 분명 그것 자체로 나름대로 가치를 가지고 있다.

그러나 구슬을 꿰어야 보배가 되듯이 정치철학의 다양한 구슬도 꿰어야 의미가 있다. 우리는 왜 플라톤을 읽는가? 물론 플라톤이 어떤 말을 했는가를 이해하는 것은 중요하다. 그러나 플라톤이 어떤 문제에 대해서 어떤 말을 했는가를 아는 것이 더 중요하다. 특히 우리가 겪고 있는 문제에 대해서 그가 어떤 말을 했는가를 아는 것이야말로 우리에게 의미 있고 소용 있는 일이 아니겠는가?

기존의 정치철학은 우리가 필요로 하는 것을 만드는 데 이용할 수 있는 구슬이기도 하지만, 그것 자체가 하나의 정교한 완성품이기도 하다. 그러나 구슬을 꿰어내서 하나의 아름다운 귀금속 장식을 만들어냈다 하더라도 그것이 모든 사람의 사랑을 받는 바로 그것이 되는 것은 아니다. 색상이 마음에 들어도 모양이 마음에 안 들 수 있고, 모양이 마음에 들어도 재질이나 무게 또는 크기 등이 마음에 안 들 수 있다.

마찬가지로 위대한 철학자들의 잘 짜인 생각이 우리의 문제에 명답을 제공하지만, 항상 정답을 제시하는 것은 아니다. 우리가 처한 문제에 플라톤이 하나의 명답을 제공했다고 이해하는 것은 중요하다. 그렇다 하더라도 그 명답이 곧 우리에게 정답은 아니다. 왜냐하면, 우리가 직면하고 있는 문제에 대해서 플라톤이 답변을 제시한 것도 아니고, 설사 비슷한 문제에 대한 답변을 제시했다 하더라도 우리가 처한 상황을 플라톤이 정확히 알고 이해했던 것은 아니기 때문이다.

사실 우리가 처한 정치적 문제에는 (이미 주어진) 정답이 없다. 그러므로 정치철학에는 끝이 없고 그래서 어려울 수밖에 없다. 그러나 바로 그래서 정치철학은 매력적이다. 우리의 상상력을 자극하기 때문이다. 정답이 있는 문제를 다룰 때는 상상력이 필요 없다. 이미 주어진 공식이나 규칙을 적용해 정답만 찾으면 되기 때문이다. 그러나 정답이 없는 문제는 끊임없이 우리의 상상력을 요구한다. 마치 여러 색깔과 모양의 레고 블록을 조합해서 새로운 장난감을 만들어내듯이, 정치철학을 할 때 우리는 여러 철학자와 그들의 생각을 이용해서 우리에게 필요한 작품을 만들어낼 수 있다. 그래야 재미도 있고, 의미도 있고, 또 가치도 있다.

정치철학에서 지식보다는 이해가 더 중요하다. 누가 어떤 말을 했

는가를 아는 것은 중요하다. 그러나 왜 그런 말을 했는가를 이해하는 것
이 더 중요하다. 예를 들어, 플라톤이 말한 철인통치론을 아는 것은 중
요하지만 그것이 우리가 처한 어떤 문제에 대한 하나의 답변인가를 이
해하는 것이 더욱 중요하다. 그러한 이해 없이 정치철학에 대한 지식을
쌓는 것은 학문적 사치에 지나지 않는다.

그러나 어떤 모양과 크기 그리고 색깔의 레고 블록이 있는지 모른
다면 우리가 원하는 것을 만들어낼 수 없을 것이다. 우리가 원하는 것을
만들어내기 위해서 때로는 크고 넓은 블록이, 때로는 작고 좁은 블록이,
때로는 다양한 색깔의 블록이 필요할 수 있다. 이처럼 우리가 처한 정치
적 문제를 이해하고 해결하는 데 있어서 도움을 줄 수 있는 철학자는
누가 있으며 누가 어떤 말을 했는가를 알고 있는 것이 중요하다. 이런
뜻에서 정치철학에 대한 지식의 중요성도 부인할 수 없다.

레고 블록의 장점은 아주 기본적인 모양으로 만들어져 있어서 그것
을 응용하면 전혀 새로운 모양과 디자인의 물건을 만들어낼 수 있다는
것이다. 정치철학의 수많은 아이디어와 개념들은 아주 기본적인 것으로
서 그것들을 잘 구성해내면 새롭고 훌륭한 이론을 만들어낼 수 있다. 그
러므로 하나의 완성된 이데올로기나 이론보다는 그 이전에 기본이 되는
주요 개념이나 논리 또는 가치들에 대한 이해를 갖추어야 한다. 그런 뜻
에서 기존의 위대한, 매우 기본적이어서 위대한, 철학자들의 생각을 잘
이해하는 것은 큰 도움이 될 것이다.

그리고 기본적인 개념, 논리, 또는 가치들에 대한 이해는 가능한 한
명료해야 한다. 마치 각각의 레고 블록이 단단하고 정교해야 서로 견고
하게 잘 연결될 수 있듯이, 정치철학적 아이디어와 개념들도 더욱 세련
될수록 더욱 잘 연결되어 훌륭한 이론을 만들어낼 수 있다. 각각의 레고
블록이 느슨하면 만들어진 물건이 쉽게 무너지듯이, 관련된 개념이나
논리가 정교하지 못하면 다루려고 하는 문제를 명확하게 이해할 수도

없고 산뜻하게 해결할 수도 없다.

나아가 때론 우리에게 필요한 개념이나 이론을 우리가 직접 만들어 낼 필요도 있다. 기존의 철학자들이 탐구해온 것들이 우리의 문제에 대한 이해와 해결을 위해서는 충분하지 않을 수 있다. 그러므로 기존의 위대한 철학자들과 그들의 사상을 잘 알고 조합해서 이용할 수 있어야 함과 동시에, 거기에 만족하지 않고 새로운 개념이나 이론 심지어 사상이나 학파까지 만들어내야 하며 만들어낼 수도 있다는 가능성을 열어두어야 한다. 기존의 레고 블록만 가지고는 우리가 처한 새로운 상황에서 새롭게 원하는 물건을 만들어내지 못할 수 있다. 새로운 물건을 만들기 위해서는 새로운 블록이 필요할 수 있다.

여기에서 우리가 이해해야 하는 다른 하나는 우리의 정치철학적 문제가 과연 무엇인가 하는 것이다. 어떤 문제가 우리에게 문제가 되고 있으며 그것을 해결해서 도달하고자 하는 목적지가 과연 어디인가에 대한 이해이다. 그 문제가 기존의 철학자들이 고민했던 문제와 같다면 그들의 고민이 도움이 될 것이다. 그러나 우리가 직접 고민함으로써 그 문제를 이해하고 풀어낼 수도 있다. 만일 우리가 겪고 있는 문제가 기존의 철학자들이 고민했던 문제와 같지 않다면 어떻게 왜 다른가를 이해하는 것도 중요하다.

## 4. 책의 구성

이 책에서 새롭게 시도하는 정치철학 강의는 다음과 같이 구성된다. 우선 다음 장에서 정치철학은 무엇이며 왜 어떻게 하는가에 관해서 설명한다. 이어지는 장에서는 기존의 정치철학을 이해하는 새로운 궤, 즉 정치철학 전체를 하나의 궤에 꿰어서 이해할 수 있는 틀을 설명한다. 앞으로 설명하겠지만 이것은 국가, 권력, 권한, 그리고 정부 등으로 이해되는 개념을 중심으로 만들어진 틀이다. 아직 여기에서는 모호하지만 가장 보편적으로 사용되고 있는 개념인 국가를 선택해서 사용한다. 그 후에는 새롭게 제시된 궤에 따라서 정치철학의 주요 문제들을 다룬다. 각장에서 다루는 내용은 다음과 같다.

1장. 삶의 정치철학 안내
2장. 정치철학이란 무엇인가?
3장. 정치철학은 왜, 어떻게 하는가?
4장. 국가를 어떻게 이해할 것인가?

5장. 권력의 정당성
6장. 권력의 근거
7장. 권력의 목적
8장. 권력의 종료

9장. 권위의 상호성
10장. 권위의 형태
11장. 권위의 역할
12장. 권위에 따른 의무

13장. 정부의 책임성
14장. 정부 책임의 범위
15장. 정부 책임의 내용(1)
16장. 정부 책임의 내용(2)

에필로그. 정치철학을 넘어서

## 5. 등장인물

이 책에서 등장하는 한 인물을 소개하면 다음과 같다. 이름은 김지민(金智民). 이름의 뜻은 '지혜로운 시민'이다. 여성이고 21세 대학생으로서 호기심이 많은 무정부주의자. 이 책이 진행되면서 김지민도 나이가 들어가고 대학생에서 취준생, 직장인, 기혼자, 학부모, 연금수급자 등으로 사회적 신분이 변화해 간다. 이렇게 신분이 변화해 가면서 삶에서 겪게 되는 다양한 문제들을 지민은 어떻게 이해할 것이며 어떻게 해결할 것인가? 각각의 문제를 이해하고 해결하는 데 필요한 개념들과 이론들을 알아보는 방식으로 책이 진행된다.

정치는 사실 우리가 태어나면서부터 죽을 때까지 우리의 삶에서 떼려야 뗄 수 없는 현실이다. 음식에 소금이 없으면 안 되듯이 우리의 삶에도 정치가 없으면 안될 만큼 필수적인 것이 정치이다. 그러나 소금이 제 역할을 하지 않으면 맛이 없거나 건강에 해로울 수 있다. 마찬가지로 정치도 제 역할을 하지 않으면 우리의 삶은 위험할 수도 있고 억울할 수도 있다. 우리의 일상과 일생에서 정치가 어떤 것이어야 하며 어떤 것을 해야 하는 가에 관해서 알아보는 것은 지혜로운 시민이라면 당연한 일이다. 이 책에서는 지민이 일생을 살면서 겪게 되는 다양한 문제들을 통해서 정치에 대해서 문제의식을 가지고 고민하고 생각해보는 시간을 갖는다.

# 2장
# 정치철학이란 무엇인가?

삶의 정치철학을 수강 신청한 지민(智民)은 기대 반 걱정 반이다. 정치
철학은 정치학 전공자이자 민주 국가의 시민이라면 꼭 들어야 하는 과
목이면서도 왠지 어려울 것 같은 느낌이 들기 때문이다. 무엇이든지 철
학이 기초가 되어야 근거가 있고 의미가 있을 것 같은데, 막상 철학을
그것도 정치철학을 공부하려니 도대체 얼마나 어렵고도 많은 것을 배워
야 할지 걱정이다. 그래도 혼자서만 강의를 듣는 것이 아니고, 돌아보니
꽤 많은 학생들이 강의실에 앉아 있다. 상대 평가로 학점을 받기에 다른
학생들이 경쟁상대이긴 하지만 그들에게도 정치철학은 그리 만만한 과
목은 아닐 것이라는 생각이 들자 조금은 위로가 된다. 게다가 '정치철학
이란 무엇이며 왜 그리고 어떻게 하는가?'라는 제목의 첫 강의는 지민과
같은 초보자에게는 큰 도움이 되는 길잡이가 될 것으로 기대가 되어 다
행이라고 생각한다.

## 1. 문제 중심의 정치철학

정치철학이라고 하면 어떤 사람은 유명한 철학자들을 머릿속에 떠올릴
것이다. 플라톤부터 시작해서 아리스토텔레스, 마키아벨리, 홉스, 로크,

루소 등등. 아마 어떤 사람들은 중요한 가치들을 생각할 것이다. 예를 들어, 자유, 평등, 인권, 복지, 정의 등등. 또 다른 어떤 사람들은 잘 알려진 이론들인 자유주의, 보수주의, 사회주의 등등. 정치철학은 그렇게 유명한 철학자들이 어려운 개념들을 가지고 복잡한 이론들을 주장하는 것으로 생각할 수 있다. 실제로 많은 정치철학 서적이나 강의들은 그런 내용을 역사적 순서 등에 따라서 다루곤 한다. 또는 선호하는 철학자, 개념, 그리고 이론을 중심으로 정치철학을 이해하기도 한다.

　그러나 이 책이 정치철학을 이해하는 방법은 조금 다르다. 이 책은 철학자, 개념, 또는 이론 등을 정치적인 문제를 기준으로 다시 정렬한다. (정치적인 문제가 구체적으로 무엇인가에 대해서는 뒤에서 다룬다) 하나의 정치적인 문제를 이해하는 데 필요한 도구로서 개념들을 설명하고 그런 문제들을 해결하기 위해 제시된 이론들을 알아보는 방식으로 정치철학을 이해한다. 즉, 우리 삶의 현실에서 부딪히는 정치적인 문제를 중심으로 정치철학의 내용을 재구성한다. 마치 온라인에서 물건을 사려고 검색할 때 인기순이나 신제품순으로 정렬된 물건들을 최저가 순서에 따라서 다시 정렬하듯이 말이다.

　이렇게 정치적인 문제를 중심으로 정치철학을 이해하면 정치철학이 무엇인가에 대한 이해도 정해진 셈이다. 간단히 말하자면, 정치철학이란 정치적인 문제의 해결을 위한 이론적인 노력의 일환이다. 실천적인 노력은 정치적인 문제를 해결하는 행위, 즉 정치 행위 자체를 말하지만, 이론적인 노력은 정치라는 행위가 당위적으로 어떤 것이어야 하는가에 대한 성찰로서 정치철학인 것이다.

　그래서 정치철학을 정치이론(political theory)이라고 부르기도 한다. 실천이 아니라 이론이기 때문이다. 또는 정치사상(political thought)이라고도 하는데, 그것은 행동이 아니라, 생각이라는 점을 나타내는 표현인 셈이다. 그러나 이 책은 정치철학(political philosophy)이라는 표현을 사용하는데, 그 이유는 정치적인 문제에 대해서 철학적으로 성찰한다는 의미를 담아내기 위함에 있다. (학자에 따라서는 정치이론, 정치사상, 정치철학 등을 의미 있게 구분하기도 하지만, 이 책에서는 용어에 큰 의미를 두지 않는다.)

정치적 문제를 중심으로 정치철학을 재구성하는 이유는 두 가지다. 하나는 실천성이고 다른 하나는 객관성으로서 서로 연결되어 있다. 우선 정치철학은 실천성을 가져야 하므로 정치적 문제를 중심으로 재구성되어야 한다. 정치철학은 정치이론이라고 부르기도 할 만큼 이론적이라는 비판에서 완전히 벗어날 수는 없다. 그럼에도 불구하고 실천을 위한 지침으로서 이론은 불가피하며 오히려 필요하다. 실천하되 일관되고 체계적으로 실천하기 위해서는 반드시 이론이 필요하기 때문이다. 바로 그래서 정치철학은 이론적이어야 하지만, 그때 이론은 실천을 위한 이론이어야 하는 것이다. 그러므로 이 책은 정치철학을 정치적 문제라고 하는, 우리의 일상과 일생을 통해 실천적으로 경험하는 문제를 중심으로 재구성한다.

정치철학을 정치적 문제 중심으로 재구성하는 것은 기존의 이론에 대한 객관적 이해를 위해서도 필요하다. 수많은 철학자가 그들이 직면했던 정치적 문제의 해결을 위해 다양한 이론을 발전시켜왔고, 우리는 그 이론들의 도움을 받고 있다. 그중 하나의 이론을 선호할 수도 있다. 하나의 이론을 통해 현실을 보면 정치적 문제를 이해하는 데에 큰 도움이 될 수도 있다. 그러나 하나의 이론을 통해 한 사회의 정치적인 문제를 보면 그 이론의 틀에 맞게 문제들을 끼워 넣으려는 오류를 범할 수 있다. 특히 그 이론이 그 사회가 아닌 다른 사회에서 만들어진 것이라면 더욱 그렇다. 예를 들어, 서양 사회에서 만들어진 이론을 동양 사회에 그대로 적용하다 보면 동양 사회만의 고유한 특성을 간과하기 쉽다. 그러므로 하나의 이론을 중심으로 정치적 문제를 이해하기보다는, 정치적 문제에 대해서 다양한 이론들은 어떤 입장에 있는가를 설명하는 방식으로 정치철학을 이해하는 것이 필요하다. 그렇게 할 때 한 사회의 정치적 문제들을 제대로 이해하고 그 사회에 알맞은 해결책을 제시할 수 있을 것이기 때문이다.

이 장과 다음 장에서는 정치적 문제를 중심으로 정치철학을 한다는 것의 의미를 조금 더 자세히 다루고자 한다. 그 과정 중에 정치철학이란 무엇이며 도대체 왜 필요한 것인지 드러날 것이다. 그리고 정치철학을 어떻게 할 것인가에 대해서도 다룬다. 특히 정치적 문제의 이해와 해결을 위한 성찰의 구체적인 방법을 소개한다.

## 2. 정치란 무엇인가?

우린 이미 정치철학이란 정치적인 문제의 해결을 위한 이론적인 노력의 일환이라고 정의했다. 이때 말하는 정치란 무엇인가에 대한 논의를 통해 정치적인 문제를 구체적으로 설명할 것이다. 그리고 정치적인 문제와 관련지어서 철학은 무엇인가에 관해서 설명함으로써 비로소 정치철학이란 무엇인가에 대한 설명을 완성하게 될 것이다.

정치철학이란 정치에 대한 철학이라고 단순하고 쉽게 말할 수 있다. 여기에서 정치란 무엇인가 그리고 철학이란 무엇인가에 대해 이해를 할 수 있다면 정치철학에 대해 꽤 정교한 정의를 내릴 수 있을 것이다.

정치란 무엇인가에 대해서 유명한 정의들이 있다. 예를 들어, 데이빗 이스턴은 '정치란 가치의 권위적 배분'이라고 비교적 단순하고 기능적으로 설명한다. 그리고 칼 슈미트는 '정치란 적과 동지의 구분'이라는 의미심장한 정의를 내리기도 한다. 공자는 '정치란 바르게 하는 것'이라고 도덕적으로 정의하기도 한다.

정치에 대한 정의는 그 내용이 상이하지만, 매우 기본적인 공통점을 가지고 있다. 즉, 정치란 무엇인가를 하는 것이다. 우리 인간은 무엇인가를 의도적으로 하는 존재이다. 물론 그 의도는 직접적일 수도 있고 간접적일 수도 있다. 어쨌든 의도를 가지고 무엇인가를 할 때는 그것을 해야 하는 이유와 그것을 함으로써 성취해내려고 하는 어떤 목적이 있다는 것을 뜻한다. 달리 말해, 인간은 활동함으로써 해결해야 하는 문제를 가지고 있으며 활동을 통해서 이루어내려고 하는 어떤 목적이 있다. 정치라는 활동도 그 이유와 목적이 있으며 그것이 무엇인지 알기 위해서는 정치 활동의 주체인 인간은 어떤 존재이며 인간이 처한 상황은 어떤 곳인지 알아볼 필요가 있다.

인간이 어떤 존재인가에 대해서는 수많은 견해가 존재한다. 그중에서 정치철학적으로 관련 있는 것은 인간의 실존적 본성과 도덕적 본성일 것이다. 인간의 실존적 본성은 약하기도 하지만 강하기도 하다. 이때 강약은 신체적 힘을 포함해서 정신적 힘의 강약을 의미한다. 즉, 인간은 신체적으로 정신적으로 약한 존재여서 다른 강한 존재에게 의존하지 않으면 생존할 수 없다. 예를 들어, 갓난아기는 혼자만의 힘으로는 안전하고 따뜻하게 잠을 잘 수도 없고, 심지어 자신의 손으로 젖병을 들 힘조차 없다. 그러나 바로 그런 갓난아기를 돌볼 수 있는 어른은 강하다. 갓난아기가 심각한 상황에 처하지 않을 수 있도록 먹이고 입히고 재울 수 있다. 자신은 잠을 자지 못하면서 아기를 돌볼 수도 있고, 어떤 위험한 상황에서 아기를 구해낼 수 있는 용기와 힘도 있다. 이러한 예를 통해서 볼 수 있듯이 인간은 약하지만, 또 강한 존재이기도 하다.

다른 한편, 인간의 도덕적 본성은 선악을 모두 포함한다. 맹자는 인간이 선한 존재라고, 순자는 인간이 악한 존재라고 말한다. 개인마다 차이는 있겠지만 인간은 누구나 선하기도 하면서 악하기도 하다. 인간의 선악이 타고난 것일 수도 있고, 습득된 것일 수도 있다. 어쨌든 중요한 것은 인간은 선하기도 하고 악하기도 하다는 사실이다. 인간은 자신을 희생해가면서 다른 사람을 돕기도 하는 선한 존재이다. 그런가 하면 인 간은 심지어 살인까지도 저지르는 악한 존재이기도 하다. 모든 인간은 선하기도 하고 악하기도 하다는 사실은 부인하기 어려워 보인다.

약함과 동시에 강하다는 실존적 본성과 선하기도 하지만 악하기도 하다는 도덕적 본성이 만나는 곳이 인간이다. 그런 인간들이 모여 사는 인간 사회는 문제가 발생하지 않을 수 없다. 강하고 악한 인간들 사이에 서는 충돌과 반목과 갈등이 일어날 것이다. 강자와 약자 사이에서는 약 자를 억압하는 일이 일어날 것이다. 약자와 약자 사이에서도 갈등과 분 쟁은 피할 수 없는 일이다. 인간이 약하다고 해서 반드시 선한 것은 아 니기 때문이다.

인간 사회의 갈등, 억압, 그리고 분쟁 등은 내면적으로 그리고 외부 적으로 구분해서 이해할 수 있다. 우선 내면적으로, 인간 사회는 자존감 및 소속감 등과 관련해서 문제가 발생한다. 자기 자신의 존재를 무시당 하는 것이야말로 인간이 가장 참을 수 없는 일이다. 그리고 인간은 소속 감이 해결될 때 심리적으로 안정될 수 있다. 사회적 동물이기에 그렇다. 이렇게 자존감과 소속감을 지키는 일은 인간의 악한 본성을 고려할 때 그리 쉬운 일이 아니다. 그러므로 갈등이 빚어지고 때로는 억압이, 그리 고 때로는 분쟁이 발생하기도 한다.

그리고 인간은 외부적으로도 많은 문제를 가진다. 이것은 주로 생 존, 평등, 그리고 번영에 필요한 자원을 두고 일어난다. 그러한 자원은 모자라도 문제지만 적당하거나 많아도 문제다. 모자란다면, 약한 누군가 는 평등이나 번영은커녕 생존하기도 어려울 수 있다. 자원이 적당하면 누구나 평등하게 가져야 한다는 비교의식이 발동한다. 그리고 자원이 많으면 누가 얼마나 많이 가져야 하느냐를 결정해야 하는 문제가 발생 한다. 특히 자원이 많을 때 그 분배는 심각한 불평등을 초래한다. 그러 므로 자원을 두고 벌어지는 갈등, 억압, 그리고 분쟁 등의 문제는 인간이 해결해야만 하는 문제로서 인간 사회 앞에 주어져 있는, 피할 수 없는 현실이다.

이러한 문제의 해결을 위해서는 사회 내의 어떤 강한 자보다 더 강한 힘을 가진 존재를 필요로 한다. 그래야 강자들 사이에서 일어나는 갈등과 분쟁을 해결할 뿐만 아니라 강한 자의 약자에 대한 억압의 문제도 해결할 수 있을 것이다. 즉, 최고의 막강한 권력이 필요하다.

그리고 갈등과 분쟁은 옳고 그름의 판단을 통해 해결할 수 없는 조정의 문제이기도 하다. 단순히 선호의 차이 때문에 갈등과 분쟁이 발생할 수도 있다. 그런 경우에는 옳고 그름의 판단과 상관없이 어느 쪽으로든 결정을 내려야 하는 상황이 발생한다. 예를 들어, 한 운전자는 좌측 주행을, 다른 운전자는 우측 주행을 선호한다고 가정하자. 이 둘은 나란히 주행할 때는 문제가 없지만 서로 마주칠 때는 반드시 충돌할 수밖에 없다. 이 경우 옳고 그름의 판단 없이 어느 한쪽으로 통행할 것을 누군가가 결정해야 한다. 이러한 결정을 공식적으로 내릴 수 있는 자격으로서 권한이라는 것이 필요하다. 물론 그 권한은 최고이자 최종적인 권한이어야 한다.

나아가 최고의 막강한 권력을 가지고 공식적인 권한을 실제로 행사하는 행위자로서 정부가 필요하다. 그런 행위의 원칙을 만들고 원칙에 따라서 정책을 만들고 또 그 원칙을 때때로 평가하는 행위자로서 입법부, 행정부, 그리고 사법부로 이루어진 정부가 필요한 것이다. 정리하자면, 인간 사회의 갈등, 억압, 그리고 분쟁의 문제를 해결하려면 권력과 권한을 실제로 행사하는 정부로서 국가라는 것이 필요하다.

이때 국가는 인간 사회가 필요에 따라서 역사의 한 시점에서 만들어낸 인공물이라고 볼 수도 있다. 또는 인간이 존재하게 된 시점부터 자연스럽게 존재하는 것이라고 볼 수도 있다. 그러나 국가가 인공물이든 자연물이든 지금 중요한 것은 권력, 권한, 그리고 정부를 가진 국가가

2장 정치철학이란 무엇인가? 33

있어야만 인간 사회가 겪고 있는 갈등, 억압, 그리고 분쟁 등의 문제를 해결할 수 있다는 것이다. 그것이 없다면 약자는 소멸해 버릴 것이며, 강자도 결코 행복하고 편안한 삶을 살 수가 없다. 그렇기에 국가의 필요성은 대체로 인정되고 있다.

물론 국가가 반드시 필요한 것은 아니라고 주장하는 무정부주의자도 있다. 국가의 권력, 권한, 그리고 정부 등이 없이도 인간들은 충분히 합리적이어서 자신들의 문제를 스스로 해결하면서 살 수 있다는 것이다. 무정부주의자들의 주장이 얼마나 설득력이 있는가를 가늠하는 일은 여기에서 다루지 않기로 한다. 왜냐하면, 그들의 주장이 설득력이 있다고 해도 현실에 국가가 존재하는 것은 부인할 수 없는 사실이며 그렇게 존재하고 있는 국가를 어떻게 이해해야 하는가는 반드시 필요하고 또 중요하기 때문이다.

인간 사회가 겪고 있는 갈등, 억압, 그리고 분쟁의 문제를 해결하기 위해서 존재하는 것이 국가라는 사실을 돌이켜 보자. 이때 국가는 그러한 문제를 해결하는 기능을 순수하게 발휘하는 존재로서 그렇게 '착한' 존재만은 아니라는 점을 기억해야 한다. 사실 인간 사회의 갈등, 억압, 그리고 분쟁의 문제는 그들의 생존에 직접 필요한 자원을 두고 벌어지는 일에 한정되지 않는다. 바로 그러한 문제의 해결을 위해 존재하는 국가 자체가 바로 그 갈등, 억압, 그리고 분쟁의 원인이 되기도 한다. 왜냐하면, 국가의 권력, 권한, 그리고 정부는 인간 사회의 생존에 필요한 자원을 보장해주는 수단적 가치를 가질 뿐만 아니라 그것 자체가 하나의 가치로서 인간에게 만족을 주는 내재적 가치도 가지고 있기 때문이다. 그러므로 인간 사회에는 권력, 권한, 그리고 정부인 국가를 필요로 하는 문제, 그리고 바로 그 국가로 인해 발생하는, 갈등, 억압, 그리고 분쟁의 문제가 발생한다. 이것은 옳고 그름의 문제가 아니라 사실과 현실의 문제이다.

국가가 해결해야 하는 갈등, 억압, 그리고 분쟁의 문제가 정치의 일차적 문제라면, 국가 자체로 인해서 발생하는 갈등, 억압, 그리고 분쟁의 문제는 정치의 이차적 문제라고 할 수 있다. 이것은 정치의 일차적/이차적, 본래적/부가적, 또는 도구적/내재적 문제라고 부를 수도 있겠지만 그 명칭에는 큰 의미를 두지 않기로 한다. 다만, 정치적 문제에는 국가가 해결해야 하는 문제도 있지만, 국가로 인해 발생하는 문제도 포함된다는 사실을 기억하는 것이 중요하다.

그리고 더욱 중요한 것은 정치의 일차적 문제를 해결해야 하는 주체는 국가이지만, 정치의 이차적 문제, 즉 국가 자체를 두고 벌어지는 문제를 해결해야 하는 주체는 국가이어서는 안 된다는 것이다. 권력, 권한, 그리고 정부를 가진 국가라고 하는 재화를 국가가 스스로 가져가도록 내버려 두면 정치의 이차적 문제는 영원히 해결될 수 없기 때문이다. 국가의 권력을 가진 단체의 임기가 끝났을 때 다음 권력을 누가 소유할 것인가를 그 단체가 스스로 결정하도록 내버려 두는 것은 고양이에게 생선을 맡겨두는 것과 같은 일이다. 그러므로 국가의 권력, 권한, 그리고 정부를 향한 갈등과 분쟁 그리고 국가가 초래하는 억압의 문제를 해결해야 하는 주체는 다름 아닌 국민이어야 한다. 국민 사이에서 벌어지는 문제를 국가가 해결해야 하듯이, 국가라는 권력, 권한, 그리고 정부 자체와 관련해서 발생하는 문제는 국민이 해결해야 한다. 그러므로 정치는 국가의 일로서 끝나는 것이 아니라 국민의 일로서도 주어져 있는 것이다.

국가를 통해서 정치의 일차적 문제를 해결하고, 국민이 정치의 이차적 문제를 해결한다면 그런 사회는 '좋은' 사회일 것이다. 그런 '좋은' 사회란 사람들 사이에 갈등, 억압, 그리고 분쟁 등이 없는 안전한 사회, 그리고 국가의 권력을 향한 갈등과 분쟁도 없고 국가의 억압도 없는 평화로운 사회를 말한다.

그러나 그런 문제들이 전혀 문제가 되지 않는 사람들도 있다. 갈등과 분쟁의 승자이거나 억압의 피해자가 아니라 오히려 가해자일 경우 정치적인 문제가 없는 좋은 사회를 향한 노력은 오히려 불필요한 것이 된다. 그런 기득권자들에게 정치라는 것은 정치적인 문제를 해결하지 않고 오히려 그대로 유지하는 일이어야 할 것이다.

그러므로 '좋은' 사회라는 목표는 정치의 목표로서 적절치 않아 보인다. 적어도 '모두에게 좋은' 사회를 만드는 일이 정치의 목표라고 말해야 할 것이다. 즉, 특정 부류의 사람들에게만 좋은 사회가 아니라 모두에게 좋은 사회가 정치의 존재 이유여야 한다. 이것을 간단하게 달리 말하자면 '옳은' 사회라고 할 수 있다.

그러나 옳은 사회란 정치적인 문제가 없는 사회라는 설명은 여전히 추상적이다. 옳은 사회를 만들기 위한 정치 활동을 통해 해소하려고 하는 갈등, 억압, 그리고 분쟁 등의 구체적인 내용이 무엇인가에 대해서 다양한 입장이 있을 수 있다. 같은 억압의 문제를 놓고 누군가는 해결해야 하는 문제라고, 다른 누군가는 해결이 필요 없는 문제라고 주장할 수 있다. 그리고 정치적인 문제들이 없는 사회가 과연 옳은 사회로서 충분한 사회인가에 대해서도 이견이 있을 수 있다. 심지어 국가가 없는 사회가 정말로 옳은 사회라는 무정부주의 입장도 있다. 그러므로 옳은 사회에 대한 보다 더 정교한 탐구가 필요하다. 이러한 탐구를 위해 필요한 것이 바로 정치철학이다.

## 3. 정치철학이란 무엇인가?

이 책에서 철학이란 무엇인가를 온전하게 설명하려는 시도는 하지 않는다. 그러나 철학의 중요한 부분 중 하나는 옳은 사회에 대한 성찰이라고 이해한다. 이러한 과제를 수행하기 위해서 철학은 상당히 정교한 작업을 수행해 왔다. 옳은 사회를 위한 원칙이라는 것이 과연 존재하는가, 존재한다면 우리가 그것을 (어떻게) 알 수 있는가, 사회를 구성하는 인간과 인간으로 구성된 사회의 본성은 무엇인가, 그리고 옳음의 기준이란 도대체 무엇인가 등등. 이러한 질문들은 각각 존재론, 인식론, 인간/사회론, 그리고 윤리학 등의 철학 분과를 만들어냈다.

존재론에서 정치철학과 관련해서 핵심적인 질문은 옳은 사회를 위한 원칙이라는 것이 존재하는가이다. 이 질문에 대해서는 그런 원칙이 존재한다는 실재론과 존재하지 않는다는 비실재론 입장이 있다. 실재론자는 옳은 사회가 따라야 하는 원칙이 존재하는데 그것은 우리가 그것을 인식(못)하는 것과 상관없이 존재한다고 주장한다. 즉, 우리가 그것을 알 수 없다고 해도 우리의 인식 여부와는 별도로 원칙은 존재한다고 믿는 것이다. 다른 한편, 비실재론자는 그런 원칙이 어떤 경우에도 존재하지 않는다고 믿는 강한 입장으로부터 그런 원칙은 우리의 인식 밖에서는 존재할 수 없다는 약한 입장까지 다양하다.

예를 들어, 한 사회의 구성원 스스로가 중요한 결정을 하는 민주정부가 최선의 정부 형태라는 주장과 관련해서 실재론자는 숙의 민주주의를, 비실재론자는 참여 민주주의를 지지할 것이다. 실재론자가 지지하는 숙의 민주주 입장에 따르면, 구성원이 중요한 결정을 내린다고 하더라도 그 결정의 내용이 옳거나 그를 수 있으므로 옳은 결정을 내리기 위해서는 구성원이 토론과 논쟁 등의 숙의 과정에 참여해야 한다. 구성원의 단순한 선택은 옳은 결정을 보장하지 않기 때문이다. 그러나 비실재론 참여 민주주 입장에 따르면, 옳은 결정이라는 것은 없다. 다만, 결정을 만들어내는 과정이 민주적이라면 그런 결정은 받아들일 수 있다고 본다. 그러므로 결정을 만드는 과정에 구성원이 참여한다는 사실 자체가 중요한 것이지 결정의 내용에 대해서는 옳고 그름의 판단을 할 수 없다고 본다. 이처럼 실재론 또는 비실재론 입장에 따라서 다른 민주주의를 지지할 수 있다.

우리의 인식과는 별도로 사회에 옳은 원칙이라는 것이 존재한다고 믿는 실재론은 극단적으로 주장될 경우 전체주의로 빠질 수 있다. 사회의 구성원들이 인식하든 못하든, 찬성하든 반대하든 모두가 반드시 따라야 하는 원칙이 있다고 강하게 주장하면 그 사회는 구성원의 개별적 의사를 전혀 존중하지 않는 전체주의 사회로 빠지게 된다. 반대로, 옳은 원칙이 존재하지 않는다고 믿는 비실재론의 극단적 형태는 상대주의 또는 허무주의이다. 모든 구성원에게 공통으로 적용될 수 있는 원칙이 없기 때문에 나타날 수 있는 상대주의 또는 허무주의 사회는 아주 혼란스러운 사회일 것이다. 이런 양극단의 사회는 정치가 해결해야 하는 억압의 문제와 갈등의 문제를 전혀 해결하지 못하는 사회로서 정치가 없는 사회와 다른 바가 없는 사회이다.

정치 활동을 통해서 옳은 사회를 성취하려면 옳은 원칙이 우리의 인식과 상관없이 존재하든 우리의 인식을 통해서만 존재하든 우리는 그것을 알 수 있어야 한다. 알아야 적용하고 실천할 수 있기 때문이다. 이때 알 수 있다는 것은 옳은 원칙을 인지하고 그것을 찾아내고 또 해석할 수 있다는 것이다. 그러나 이러한 의미에서 우리가 옳은 원칙을 알 수 없다 하더라도, 즉 옳은 원칙의 인식에 대해 불가지론 입장을 취한다고 하더라도, 우리는 옳은 사회가 필요로 하는 옳은 원칙을 만들어낼 수 있다는 입장이 있다. 다시 말해, 옳은 원칙이 독립적으로 존재하지도 않고 우리가 그것을 인식할 수 없다 하더라도 우리는 그것을 새롭게 만들어낼 수 있다는 것이다.

옳은 원칙이란 독립적으로 존재하며 우리가 그것을 알 수 있다고 주장하는 가지론에 따르면, 우리는 합리적 직관을 통해서 그 원칙을 알 수 있다. 합리적 직관주의자는 우리의 인식과 독립적으로 이미 존재하고 있는 원칙을 우리의 이성을 통해 인지하고 찾아내고 또 해석할 수 있다고 본다. 예를 들어, 플라톤에 따르면 옳은 사회란 구성원이 각자의 역할을 잘 수행하는 조화로운 사회인데, 이러한 원칙은 이미 존재하고 있으며 우리는 우리의 이성을 활용해서 그것을 알아낼 수 있다.

사회에 적용될 수 있는 옳은 원칙이란 존재하지 않는다고 보는 불가지론 입장도 옳은 원칙을 합리적으로 구성해낼 수 있다. 합리적 구성주의자는 옳은 원칙이 우리의 인식과 독립적으로 존재하지는 않지만 모든 구성원이 동의할만한, 또는 모든 구성원이 거부하기 어려운, 원칙을 만들어낼 수 있다고 본다. 예를 들어, 롤즈에 따르면, 정의의 원칙을 만들어내는 과정이 공정하다면 그 원칙은 공정하다.

만일 가지론 입장에 서서 합리적 직관을 강하게 주장하면 가부장제나 엘리트주의로 흐르기 쉽다. 옳은 원칙을 알 수 있는 자들이 정치 권력을 가져야 하고, 그런 원칙을 모르는 자들을 가르치고 지도해야 한다고 보기 때문이다. 다른 한편, 불가지론 입장을 가지되 우리가 옳은 원칙이라는 것을 만들어낼 수 있다고 주장하면 그 원칙은 상대적 또는 맥락적 가치만 가질 것이다. 옳은 원칙이라는 것을 만들어낸 자들에게만 적용될 수 있는 원칙이기 때문이다.

옳은 사회는 어쨌든 인간으로 구성된 사회다. 인간의 사회가 어떤 특성이 있는가에 대한 이해에 따라서 옳은 사회에 대한 청사진도 달라진다. 인간 사회는 유기적이라는 입장과 기계적이라는 입장으로 구분된다. 유기적 사회를 주장하는 입장은 인간이 본성적으로 의존적이라고 이해한다. 인간은 서로에게 의존하지 않고는 생존할 수 없는 존재라고 보는 것이다. 기계적 사회를 주장하는 입장은 인간이 독립적인 존재라고 이해한다. 인간은 각각 독립적인 개인으로서 존재하며 유기적이 아니라 기계적으로 연결되어 있을 뿐이라고 본다.

유기적 사회를 주장하는 입장은 상생을 외칠 것이고 공동체주의를 지지할 것이다. 상대방이 무시당하면 나 자신도 무시당할 수밖에 없고,

상대방이 살아야 나도 살 수 있다는, 공동체 의식이 강하다. 반면, 기계적 사회를 주장하는 입장은 개인의 자유를 외칠 것이고 자유주의를 지지할 것이다. 무엇보다 나 자신이 중요하고 나 자신이 존중받아야 한다는 개인의식이 강하다.

인간 사회의 유기성을 지나치게 강조하면 개인의 독립성을 무시하기 쉽다. 개인보다 사회가 우선이라는 주장을 하게 된다. 물론 개인의 생존을 위해 사회가 우선되어야 하는 경우도 있다. 그러나 모든 경우에 그런가? 반대로 인간 사회의 기계성을 극단적으로 강조하면 사회의 중요성을 무시하기 쉽다. 사회보다 개인이 우선이라는 주장을 하게 된다. 물론 사회가 유지되려면 각각의 개인이 중요하다. 그러나 사회 없이 개인이 생존할 수 있는가?

위 문단에서 인간 사회에 대한 두 입장을 의도적으로 대비시켰듯이 두 입장은 모두 나름대로 타당하지만, 절대적으로 그렇지는 않다. 인간의 의존성과 독립성, 사회의 유기성과 기계성, 이 양자는 정확히 대비되듯이 똑같이 타당하다. 그러므로 두 입장의 상대적 타당성을 증명하기보다는 상호 보완성을 논의하는 것이 더 현명해 보인다.

존재론, 인식론, 그리고 인간/사회론을 통해서 우리가 찾으려고 하는 것은 결국 정치철학의 궁극적 질문, 즉 옳은 사회란 무엇인가에 대한 명답이다. 이 질문에 대한 답이 명답이 되려면 어떤 조건을 갖추어야 할까? 옳은 사회에 대한 명답은 (1) 옳음의 기준을 제시할 수 있어야 하고, 그리고 (2) 사회에 대한 적절한 이해를 제시할 수 있어야 할 것이다.

우선, 옳은 사회의 기준은 다음 두 질문을 통해 제시할 수 있다. 하나는, 어떤 상태의 사회가 옳다고 말할 수 있는가? 다른 하나는, 사회가 무엇을 해야 옳은가? 후자는 사회가 할 수 있고 해야 하는 옳은 행동은 무엇인가를 묻는 질문이고, 전자는 사회가 어떤 상태에 있어야 옳다고 볼 수 있는가를 묻는 질문이다.

옳음에 대한 질문을 던지고 탐구하는 것은 윤리학이다. 옳음의 다양한 기준에 따라서 윤리학에는 크게 세 가지 이론이 있다. 행위에 초점을 맞추는 윤리학은 결과론과 의무론으로 구분된다. 그리고 행위자에 초점을 두는 윤리학은 덕이론이 있다. 결과론은 행위의 결과에 따라서 행위의 옳음을 평가하고, 의무론은 행위 자체의 옳음을 평가한다. 반면, 덕이론은 행위 주체가 덕스러울 때 옳다고 평가한다.

옳은 사회의 기준에 관한 탐구는 옳음의 기준에 대한 다양한 입장에 따라서 이루어질 수 있다. 결과론을 따라서, 사회가 어떤 일을 할 때 그 일의 결과가 좋으면 그 사회는 옳은 사회라고 설명할 수 있다. 의무론을 따라서, 사회는 어떤 일 자체가 옳은 일을 할 때 옳은 사회라고 설명할 수 있을 것이다. 덕이론을 따르자면, 사회는 덕스러울 때 옳다고 설명할 수 있다.

사회가 하는 일의 결과가 좋다는 것은 무슨 뜻일까? 사회는 어떤 일을 할 때 그 일 자체가 옳다고 볼 수 있을까? 사회가 덕스럽다는 것은 어떤 의미일까? 이 세 가지 윤리학 이론의 질문은 사회에 대한 적절한 이해와 함께 다루어야 할 것이다. 사회를 적절하게 이해한다는 것은 사회의 본성에 알맞게 이해한다는 것이다. 사회의 본성에 알맞다는 것은 부정적 본성은 통제하고 긍정적 본성은 실현한다는 것이다. 왜냐하면, 부정적 본성을 방치하면 사회가 존속하기 어려울 것이고, 긍정적 본성을 실현하면 사회를 가치 있는 것으로 만들 것이기 때문이다. 그러므로 옳은 사회는 단순히 본성에 충실한 사회가 아니라 본성에 적절하게 대처함으로써 사회를 가치 있게 존속시킬 수 있는 사회이다.

옳은 사회에 대한 논의는 다음과 같이 진행될 수 있다. 일단, 옳음의 기준에 부합하고 사회의 본성에 알맞은 사회가 옳은 사회라고 할 수 있다. 그리고 옳음에 대한 기준의 다양한 입장을 적용하면 다음과 같다. 결과론을 따르자면, 사회가 하는 일의 결과가 사회의 본성에 알맞을 때 옳은 사회가 된다. 의무론을 따르자면, 사회의 본성에 알맞은 일을 하는 사회가 옳은 사회다. 그리고 덕이론에 따르면, 사회의 본성에 알맞은 모습을 보일 때 덕스러운 사회가 옳은 사회가 된다.

우리는 옳음의 기준에 맞고 본성에 알맞은 사회를 정의로운 사회라고 부른다. 정의로운 사회는 존속하되 가치 있고 품위 있게 존속할 수 있는 사회이다. 그러므로 정의로운 사회는 존속에 위협이 되는 것들을 통제할 수 있고, 품위 있는 존속을 위해 필요한 것을 실현할 수 있는 사회이다. 예를 들어, 인간의 긍정적 본성 중 하나가 자유로움이라면 자유를 존중하는 사회가 정의로운 사회일 것이다. 그렇다면 자유를 억압하는 문제들을 해소하는 사회가 정의로운 사회이다. 인간이 의존적이고 사회가 유기적이라고 가정한다면 타인을 배려하는 사회가 정의로운 사회이다. 이처럼 인간과 사회의 본성에 알맞은 사회가 옳고 정의로운 사회이다.

이상의 논의를 통해 우리는 정치란 국가와 국민이 정치적인 문제를 해결함으로써 정의로운 사회를 실현하는 일이라고 정의할 수 있다. 그리고 정치철학이란 정의로운 사회가 무엇인가 그리고 정의로운 사회의 실현을 위해서 국가와 국민은 무엇을 해야 하는가에 대한 탐구라고 정의할 수 있다.

이렇게 정치철학을 정의한 후 정치철학의 특징으로서 강조해야 하는 것은 그 핵심 주제와 문제 접근 방식이다. 우선 정치철학은 도덕철학의 한 부분이지만 정치철학만의 핵심 주제를 가진다. 그것은 정치철학이 국가와 관련된 문제를 다룬다는 것이다. 국가의 권력, 권위, 그리고 정부 등과 관련된 문제가 아니라면 정치철학의 주제라고 볼 수 없다. 예를 들어, 낙태는 옳은가의 문제는 도덕철학의 주제이다. 낙태라는 개인적 행위는 태아의 생명권과 여성의 자율권 중 어떤 것을 더 중요하게 보느냐에 따라서 그 도덕성을 판단할 수 있다. 그러나 국가가 낙태를 허용해야 하느냐의 문제로 접어들면, 그것은 정치철학의 주제가 된다. 왜냐하면, 이 문제에서 낙태는 여전히 개인적 행위이지만 그것의 허용 여부를 결정하는 주체는 국가이므로 국가 권력의 행사 범위와 정부가 해야 하는 일의 종류 등과 관련된 문제가 되기 때문이다. 그러므로 정치철학은 국가라는 핵심 주제를 다루는 특징을 가지고 있다.

　　그리고 정치철학은 정치과학과 그 핵심 주제를 공유하지만, 문제 접근 방식에서 차이점이 있다. 정치과학은 국가와 관련된 현상을 객관적으로 설명하지만, 정치철학은 국가와 관련된 문제에 대해서 비판하거나 제안하기 위해 규범적인 주장을 한다. 예를 들어, 정치과학은 국가가 경제를 계획적으로 주도할 때 경제가 발전할 수 있는가를 설명한다. 입장에 따라서는 국가의 계획이 경제 발전에 필수적이라고 설명할 수 있다. 그러나 정치철학은 국가가 경제 영역에 개입하는 것이 옳은가의 문제에 대해서 규범적인 주장을 한다. 어떤 견해에 따르면, 국가는 경제에 개입하지 않아야 한다. 왜냐하면, 경제는 사적인 영역이므로 국가가 경제활동 주체의 자유를 침해해서는 안 된다고 보기 때문이다. 이처럼 정치과학은 국가와 관련된 문제의 객관적 설명을, 정치철학은 같은 문제에 대한 규범적 주장을 한다는 뜻에서 핵심 주제를 공유하지만, 문제의 접근 방식에서 차이점을 보여준다. 그렇다면 핵심 주제로서의 국가와 관련된 문제를 규범적으로 접근하는 정치철학은 도대체 왜 하는가?

# 3장
# 정치철학은 왜, 어떻게 하는가?

## 1. 정치철학, 왜 하는가?

'왜'라는 질문은 중요하지만 어려운 질문이기도 하다. 그 어려움을 조금 덜기 위해서 다이어트를 '왜'하는가라는 질문을 두 차원으로 구분해서 이해해보자. 우리는 체중을 줄여서 몸매를 가꾸거나 건강을 회복/유지하기 위해서 다이어트를 한다. 이때 다이어트를 하는 본질적 이유는 체중을 줄이는 것이다. 그것이 다이어트의 본질이기 때문이다. 그리고 우리가 다이어트를 하는 수단적 또는 메타적 (어떤 것의 본질을 넘어서는) 이유는 그것을 통해 몸매를 가꾸거나 건강을 회복/유지하는 것이다. 다이어트를 수단으로 삼아서 얻어내려고 하는 것, 즉 몸매나 건강이 다이어트를 하는 메타적 이유이다.

위에서 말했듯이 정치철학이란 정의로운 사회가 무엇인가 그리고 정의로운 사회의 실현을 위해서 국가와 국민은 무엇을 해야 하는가에 대한 탐구이다. 이러한 정치철학을 왜 하는가? 이 질문에는 본질적 이유와 메타적 이유가 주어질 수 있다.

먼저 정치철학을 하는 본질적 이유는 그것 자체가 고유하게 기능하는 내용으로서 그 정의에 잘 드러나 있다. 즉, 정치철학의 본질이 그것을 하는 이유를 이미 설명해 주고 있다. 우리는 정의로운 사회를 규명하고 그것의 실현을 위해서 국가와 국민이 무엇을 해야 하는가를 탐구하기 위해 정치철학을 한다. 어떤 학자가 무슨 말을 했는지 알기 위해 정치철학을 하는 것이 아니다. 우리는 정의로운 사회를 가로막는 문제들을 해결하는 데 이론적인 도움을 주기 위해서 정치철학을 한다. 그 작업은 무엇이 정의로운 사회이며 그 실현을 위해서 국가와 국민이 무엇을 해야 하는가에 대한 이해를 포함해야 할 것이다. 간단히 말해, 정치철학을 하는 본질적 이유는 정의로운 사회를 규명하여 궁극적으로 그것의 실현에 도움을 주는 데에 있다.

그런데 우리는 왜 정의로운 사회를 실현하려고 하는가? 정의로운 사회란 옳음의 기준에 맞고 본성에 알맞은 사회라고 했는데, 우리는 왜 그런 사회를 구체적으로 규명하고 궁극적으로 추구하는가? 이 질문에 대한 답변은 정치철학을 하는 메타적 이유를 설명해 줄 텐데, 그 설명은 적어도 다음과 같은 뜻에서 중요하다.

정치철학의 본질적 주제를 제대로 파악하기 위해서 메타적 이유는 중요하다. 즉, 정치철학의 범위를 분명히 알기 위해서 정치철학을 하는 메타적 이유를 알아야 한다. 인간 사회에서 정치철학이 차지하는 위치를 확실히 해두어야 그 역할을 정확히 규정할 수 있다. 만일 메타적 이유를 모른다면 정치철학은 '주제넘은' 일을 하게 될지도 모른다. 반대로 말해, '주제'에 맞게 정치철학을 하기 위해서 그 메타적 이유를 이해해야 한다. 정치철학이 그 본질에 충실할 수 있도록 그것을 하는 메타적 이유를 규명하는 일이 필요하다.

정치철학을 하는 메타적 이유는 그것을 포함하는 인간 사회를 포괄적으로 이해할 때 알 수 있다. 정치철학을 넘어서서 그것을 포함하는 인간 사회에 대한 이해가 필요하다. 물론 인간 사회에 대한 포괄적 이해는 이 책의 논의 수준을 넘어선다. 그럼에도 불구하고 인간 사회에서 정치

철학이 차지하는 위치와 역할 그리고 의미 등을 파악할 수 있을 만큼만
이라도 인간 사회를 간단히 이해해보면 다음과 같다.

　정치철학은 공적인 영역을, 인간 사회는 공적인 영역과 사적인 영
역을 모두 포함한다. 사적인 영역에는 경제도 있고 문화도 있다. 인간은
경제 활동을 통해 생존에 필요한 것을 생산하고 교환하고 소비한다. 또
한, 문화 활동을 통해 지루함을 달래려고 다양하고 창조적인 일을 한다.
이때 공적인 영역에 해당하는 정치는 경제나 문화 활동의 직접적인 주
체가 아니다. 정치는 공적인 영역, 경제나 문화는 사적인 영역의 활동이
기 때문이다. 정치는 개인의 권리나 사회 전체의 공익을 보호하고 증진
하도록, 또는 침해하지 않도록, 공정한 규칙을 만들고 그 규칙에 따라서
경제나 문화 활동이 이루어지게 도와야 한다는 뜻에서 공적인 영역에
속한다.

　경제나 문화 영역에도 다양한 세력이 갈등하거나 우세한 권력이 약
자를 지배하고 억압하는 현상이 있으며, 그런 뜻에서 정치가 사적인 영
역에도 작동하고 있다고 볼 수 있다. 경제나 문화 영역에서의 갈등, 지
배, 그리고 억압이 국가와 연결된 측면도 있다. 정치와 경제가 유착되어
있거나 정치와 문화가 이해관계에 얽혀 있는 경우도 있다.

　그러나 인간 사회 안에서 정치는 생산이나 교환 또는 소비의 당사
자가 아니라 부당한 생산이나 교환 또는 소비의 사실상 조장자이거나
당위적 조정자이다. 정치는 창조적 문화 활동을 이끌어가는 주최자가
아니라 다양한 문화 활동의 사실상 교란자이거나 당위적 후원자이다.
정치가 경제나 문화에 정의롭지 못하게 악영향을 주기도 하는 현상은
안타깝게도 하나의 사실이다. 그러나 정치는 정의롭게 선한 영향을 주
어야 한다. 그런 뜻에서 정치는 경제나 문화의 이해 당사자나 주최자가
아니라 훌륭한 조정자이자 공정한 후원자이어야 한다.

　그러므로 정치가 추구해야 하는 가치는 경제적 효율성도 아니고 문

화적 창조성도 아니다. 그것은 정치적 공정성이다. 즉, 누구나 노력한
만큼 생산하고 교환하고 소비할 수 있도록 시장을 공정하게 만들고, 누
구나 자유롭게 자신의 가치를 추구하고 표현할 수 있는 문화적 공간을
공정하게 마련하는 것이 정치의 역할이며, 그 역할을 잘 수행해낼 수 있
도록 이론적으로 도움을 주기 위해 우리가 하는 것이 정치철학이다. 따
라서 정치가 비록 비효율적이어도 공정성을 추구해야 하며, 창조적이지
못해도 옳음을 추구하도록 연구하고 주장하기 위해서 정치철학이 필요
하다. 다시 말해, 정치철학을 하는 이유는 정치가 인간 사회 안에서 그
역할을 제대로 해낼 수 있도록 이론적으로 안내하는 데에 있다. 이것이
우리가 정치철학을 하는 메타적 이유이다.

## 2. 정치철학, 어떻게 하는가?

정치철학을 하는 본질적 이유를 상기해 보자. 우리가 무엇인가를 하는
이유는 그것을 통해 해결하려는 문제를 가지고 있기 때문이다. 반대로
말하자면, 어떤 문제를 가지고 있기 때문에 무엇인가를 하려고 하는 것
이다. 예를 들어, 우리가 다이어트를 하는 이유는 비만이라는 문제를 가
지고 있기 때문이다. 다시 말해, 비만이 문제가 되기 때문에 다이어트를
하는 것이다. 마찬가지로 우리가 정치철학을 하는 본질적 이유는 그것
을 통해서 해결하려는 문제를 가지고 있기 때문이다. 즉, 정치철학으로
해결해야 하는 문제가 있기 때문에 정치철학을 한다.

　우리가 다이어트를 할 때 가장 먼저 인식하는 것은 비만이 있다는
사실이다. 물론 심각한 비만이 없어도 다이어트를 하는 사람이 있다. 그
사람은 다이어트를 하지 않으면 비만해지고 건강하지 않게 된다는 것을
강하게 인식하는 사람일 것이다. 어쨌든 다이어트를 하는 이유, 즉 비만
이 문제가 되거나 될 것이라는 사실을 먼저 인식하는 일이 필요하다. 마

찬가지로 정치철학을 하는 일도 정치적인 문제가 있다는 인식을 먼저 해야 한다. 문제를 해결해야 한다는 인식 없이 어떻게 정치철학을 시작할 수 있겠는가?

역사적으로 모든 정치철학자는 그들의 시대에 그들이 인식했던 정치적 문제로부터 출발했다고 해도 과언이 아니다. 두 가지만 예를 들자면, 플라톤은 현자라고 믿었던 자신의 스승 소크라테스가 당시 민주주의 체제에 의해 사형선고를 받아 죽임을 당했다고 하는 정치적인 문제로부터 그의 철학을 시작했다. 도덕적 정치보다는 권모와 술수의 정치를 역설한 마키아벨리의 경우, 당시 이탈리아 공화국 간의 관계에서 무엇보다도 생존해야 한다는 문제의식이 그가 저술한 군주론의 출발점이었다. 자신이 경험했던 정치적인 문제의식 없이 정치철학을 논의한 철학자는 한 명도 없다고 해도 지나친 말이 아니다.

그런데 우리가 과체중이라는 것은 직감적으로 쉽게 인식할 수 있지만, 정치적인 문제를 가지고 있다는 것은 그렇게 직감적이거나 쉽게 인식하지 못한다. 우리는 다른 누군가가 만든 법을 지키고 있는데 그 이유에 대해서 깊이 생각하지 않는다. 우리는 열심히 일해서 겨우 최저임금을 받을 때 누군가는 불로소득을 누리고 있다는 것을 심각하게 인식하지 못한다. 나에게 직접적인 손해가 되지 않는다면 말이다. 불공정한 법이나 누군가의 불로소득이 바로 그 문제를 해결해야 하는 국가에 의해서 발생하고 또 심화하고 있을 때 문제는 더욱 심각해지는데, 이것을 인식하지 못하는 경우가 대부분이다.

그러므로 우리에게 필요한 것은 질문이다. 우리가 경험하는 문제에 대해서 '왜'라는 질문을 던지는 것이다. '왜' 사회에는 부의 불평등이 초래되는가? '왜' 국가는 부의 불평등을 해결하지 못하고 있는가? 현실에서 벌어지고 있는 일들을 그대로 받아들이지 않고 '왜'라는 의심의 질문을 던지는 것이다.

위에서 던진 불평등에 대한 질문은 불평등과 불평등의 미해결이라는 문제의 원인을 찾는 데 필요한 질문이다. 이러한 질문은 현실에서 실제로 벌어지고 있는 일을 설명하는 데에 목적이 있다. 즉, 불평등의 원인을 찾고, 불평등이 해결되지 않고 있는 원인을 찾는 것이 목적이다. 이러한 질문은 인과관계를 규명하는 과학적 질문에 해당한다.

그런데 부의 불평등은 '왜' 문제인가? 국가에 의해 부의 불평등이 해결되지 않는 것은 '왜' 문제인가? 부의 불평등을 초래하는 원인을 찾아내려고 하는 이유는 무엇인가? 이러한 질문에 대답하지 못한다면 단순히 인과관계를 규명하는 노력은 별다른 의미가 없을 수 있다. 예를 들어, 복부비만을 완화하거나 제거해야 하는 이유를 분명히 알지 못한 채 복부비만의 원인을 찾는 일은 무슨 소용이 있는가? 탄수화물의 지나친 섭취 때문에 복부비만이 발생한다는 사실을 알게 되었어도 복부비만을 해결해야 하는 이유를 분명히 인식하지 못한다면 아무런 일도 일어나지 않을 것이다. 그러므로 우리는 부의 불평등과 같은 문제가 왜 발생하는가의 과학적 질문과 함께 불평등이 왜 문제인가에 대한 철학적 질문을 던질 필요가 있다.

부의 불평등은 이미 나쁜 것이고 우리는 나쁜 것을 원치 않기 때문에 불평등을 완화하거나 제거해야 하는 이유를 우리는 이미 가지고 있다고 말할 수 있다. 비만을 줄이는 것이 건강을 위해서 당연히 필요하듯이 부의 불평등을 문제 삼는 것도 너무나 당연한 것이 아니냐는 것이다. 그러므로 철학적 질문에 대한 답은 이미 우리가 상식적으로 가지고 있으므로 그런 질문을 던질 필요가 없다고 말할 수 있다. 상식만으로도 충분히 불평등이 문제인 이유를 알 수 있다는 것이다.

물론 철학이 상식의 범위 밖에 있는 문제를 다루는 것은 아니다. 그러나 상식을 통한 직관적 이해가 모든 것을 설명해 주지는 않는다. 부의 불평등은 과연 항상 나쁜 것일까? 만일 재산의 격차가 상대적 박탈감을 초래할 정도로 심각하지 않다면? 만일 누가 봐도 정당한 과정을 통해서 빚어진 결과라면? 어디까지가 정당한 불평등인지 어디부터 부당한 불평등인지 정확히 구분하는 일이 어려울 수 있다. 불평등에도 정당한 것과 부당한 것이 있다고 믿는다면 우리는 불평등이 문제가 되는 이유를 정교하게 생각해 보아야 할 것이다.

그러므로 정치적인 문제에 대한 철학적 질문, 즉 정치철학적 질문을 잘 던지는 일은 매우 중요하다. 좋은 질문은 주어진 문제를 정확히 인식하는 데 도움을 줄 뿐만 아니라 해결하는 데에도 큰 도움을 주기 때문이다. 예를 들어보자. 당신은 한밤중에 차가 거의 다니지 않는 도로에서 길을 건너려고 한다. 보행자 신호등을 무시하고 길을 건너도 아무런 사고가 나지 않을 것이라고 확신할 수 있다. 이때 신호등이 빨간색이라면 당신은 녹색불이 들어올 때까지 한참을 기다려야 하는가, 아니면 자신의 판단에 따라서 건너야 하는가? 왜 우리는 안전하다는 것이 확실한데도 불구하고 도로교통법을 따라야 하는가? 상황을 고려하지 못하는 신호 기계와 상황을 고려할 수 있는 당신의 판단 중에 어떤 것이 더 현명한가? 법은 지키는 것 자체에 목적이 있는가 아니면 지킴으로써 얻을 수 있는 안전과 질서에 목적이 있는가? 이렇게 일련의 질문들을 던지게 되면 문제를 정확히 이해할 수 있을 뿐만 아니라 해결할 수도 있다.

위에서 언급한 상황과 그에 대한 일련의 질문들은 문제를 이해하는 데 도움을 주고 해결의 실마리를 제공한다. 이때, 정확한 이해와 확실한 해결을 위해 필요한 것이 개념의 분명한 정의와 이해이다. 상황과 질문 속에 숨어 있는 개념들이 무엇을 의미하는 것인지 분명히 해야 한다. 위의 보행자 신호등 예에서 찾아볼 수 있는 개념은 보행자의 자유와 안전, 그리고 신호등이 상징하는 법규 등인데, 이러한 개념의 뜻을 분명히 밝혀 두어야 한다.

우선, 개념이 의미하는 것을 서로 다르게 이해하고 있다면 함께 문제를 논의할 수가 없다. 보행자의 자유를 보행자 마음대로 할 수 있는 것으로 이해하는 사람과 법규를 지킬 때만 비로소 자유를 누릴 수 있다고 이해하는 사람은 함께 논의할 수 없다. 그들이 함께 이야기할 수 있고 해야 하는 것은 그 상황에 신호등을 지켜야 하느냐 마느냐가 아니라 진정한 자유가 무엇인가이다. 이 개념에 대한 합의가 이루어진다면 신호등 지키는 문제는 어렵지 않게 해결될 수 있다. 이처럼 하나의 문제와 그것에 대한 질문 속에 담겨있는 개념을 분명히 하는 일은 문제의 이해와 해결에 큰 도움을 준다.

　문제에 대한 인식에서 출발해서 '왜'라는 질문을 던지고 문제와 질문 속에 담겨있는 개념을 잘 정리한 후에는, 해결책을 제시하는 데 도움이 되는 이론이 필요하다. 예를 들어, 억압이라는 문제가 왜 문제인지 그리고 억압을 해소하고 자유를 보장하는 것이 왜 중요한지 주장하려면 그것을 뒷받침해주는 이론이 필요하다. 자유를 최고로 중시하는 것은 하나의 입장이 될 수 있다. 그러나 그 입장을 하나의 설득력 있는 주장으로 만들기 위해서는 이론이 필요하다.

　다음의 문제를 살펴보자. 당신은 프리랜서 작가로서 열심히 웹툰을 연재한다. 한 편 한 편 대중의 관심을 받기 시작하자 꽤 오랫동안 연재했고 구독자 수도 상당히 많아졌다. 당연히 광고가 따르기 시작했고 기대치 않게 많은 수입을 올렸다. 한 해가 지나가고 종합소득세 신고라는 것을 하게 되었고, 지난 1년 동안 만들어낸 수입에 대해 약 20%의 세금이 부과되었다. 탈세는 불법이다. 세금을 내지 않으면 법적 절차에 따라서 처벌을 받는다. 왜 우리는 열심히 노력하고 다른 사람과 자발적으로 교환해서 만들어낸 수입에 대해서 세금을 내야 하는가?

　이 문제는 다양한 측면에서 다룰 수 있지만, 국가가 요구하는 것을 국민이 따라야 하는 문제인 정치적 의무의 문제로서 다룰 수 있다. 이 문제에 포함된 개념은 다음과 같다. 우리는 세금을 부과받을 때 우리가 일구어낸 우리의 재산 중 일부를 포기해야 한다는 뜻에서 우리의 자유가 제한을 받는다고 생각한다. 그리고 국가는 법적 절차에 따라서 세금을 부과할 때 강력한 권위를 행사한다. 즉, 국가는 세금을 내라고 명령할 수 있는 권위를 행사한다. 이러한 개념에 따라서 문제를 다시 정리하자면, 국가의 권위를 통해 우리의 자유를 제한하는 납세의 의무는 어떻게 정당화될 수 있는가?

　이러한 문제에 대해 다양한 주장이 나올 수 있다. 그 주장이 무엇이든 설득력 있는 이론을 제시해야 한다. 예를 들어, 정치적 의무에 대한 계약이론은 다음과 같이 주장할 것이다. 우리는 직접적으로든 암묵적으로든 국가의 법을 지키기로 동의했다. 납세의 의무는 우리가 동의한 법의 내용에 포함되어 있다. 국가가 법적 근거로 과세하는 것은 사실 우리가 세금을 내겠다고 동의한 것을 요구하는 것이다. 그러므로 납세의 의무는 우리의 자유를 침해하는 것도 아니고 국가가 자의적으로 권력을 행사해서 부과하는 것도 아니고 우리의 동의에 근거한 것이므로 정당하다. 이처럼 하나의 정치적 문제에 대한 견해를 가지고 그것을 설득력 있는 주장으로 만들기 위해서는 이론이 필요하다.

　그러나 정치철학은 이론을 계발하고 발전시키는 것에서 그 역할이 끝나는 것이 아니다. 이론을 제시하는 이유는 결국 문제를 해결하기 위해서이다. 그러므로 문제의 해결을 위한 구체적 원칙을 제시해야 한다. 물론 이론을 정교하게 만들어내야 할 필요는 있다. 그래야 설득력 있는 주장을 할 수 있기 때문이다. 그러나 이론을 위한 이론으로 그쳐서는 안 된다. 어떤 이론이 더욱 큰 설명력과 설득력이 있는지 따지는 일에 정치철학의 마지막 에너지를 소모해서는 안 된다. 구체적이고 실질적인 원칙을 제시하는 데에서 정치철학의 사명이 완성된다. 위의 예를 이어서 말하자면, 납세의 의무는 정당하다는 이론에 근거해서, '국가는 권위를 가지고 개인의 사유 재산에 과세할 수 있고, 개인은 납세해야 하는 의무를 가진다'와 같은 실질적 원칙을 제시해야 한다.

정치철학을 어떻게 할 것인가를 요약하면 다음과 같다. 우선 문제의식이 필요하다. 하나의 현상을 보고 무심코 지나칠 것이 아니라 '왜'라는 질문을 던진다. 그 문제에 포함된 주요 개념들을 잘 정리한다. 개념의 정의/정리는 정확한 의사소통을 위해서 필요하다. 문제에 대한 하나의 입장을 설득력 있는 주장으로 만들기 위해서 이론을 세운다. 마지막으로는 이론적 근거를 가지고 실질적인 원칙을 제시한다.

지금까지 우리는 정치철학이 무엇이며 왜 그리고 어떻게 하는가에 대해서 알아봤다. 이러한 이해를 바탕으로 다음 장에서는 정치철학의 핵심 주제인 국가를 과연 어떻게 이해할 것인가에 대해서 알아보기로 한다.

# 4장
# 국가를 어떻게 이해할 것인가?

정치철학의 핵심 주제가 국가라는 설명은 지민에게는 조금 싱거울 정도로 당연해 보였다. 그러나 바로 그 설명을 듣고 나니 정치철학을 공부하는데 출발점을 찾은 것 같아서 든든하다. 정치철학이라고 하면 그 주제가 무엇이든지 국가에 관한 것이라고 생각하면 틀리지 않기 때문이다.

사실 정치철학이 국가에 관한 것이라는 설명은 지민에게 반가웠다. 왜냐하면, 언젠가부터 무정부주의의 반항심에 대해 왠지 모를 관심이 생겼기 때문이다. 무정부주의는 마치 정부와 국가를 전복하려는 것처럼 들려서 파괴적으로 보이면서도 개인의 자율성과 자유를 중시한다는 점이 매력적으로 보였다. 그러면서도 무정부주의의 반항심에 단순히 동의하기에는 부담감이 있는 것도 사실이다. 과연 국가를 핵심 주제로 하는 정치철학은 무정부주의자의 부담감을 (어떻게) 덜거나 깨끗이 씻어줄 수 있을까? 지민은 약간의 기대감이 들기 시작했다.

우리는 태어나자마자 국가에 출생신고를 하고, 국가가 제공하는 서비스와 교육을 받는다. 국가의 교육 정책에 따라 바뀌곤 하는 대학입시제도에 민감하다. 국가가 지원하거나 직간접적으로 운영하는 기업체에 취직하는 것이 안정적이라고 생각한다. 국가 밖으로 여행을 하려면 국가가 발행해주는 여권을 지참해야 한다. 국가가 운영하는 연금에 가입하고 국가가 정해 놓은 정년이 되면 퇴직한다. 결국, 사망하면 국가에 사망신고를 해야 삶이 공식적으로 마감된다. 국가가 좋든 싫든 우리는 국가를 떠나서 살 수도, 공식적으로 죽을 수도 없다. 이것은 현실이다.

이렇게 우리의 일상에서 일생까지 아주 밀착해 있는 국가를 우리는 얼마나 알고 있는가? 국가의 모습은 우리가 상상하는 모습에 가까울까? 우리의 예상 밖의 모습을 하고 있을까? 국가는 무엇이어야 한다고 생각하는가? 무엇을 해야 한다고 믿는가? 국가와 분리된 삶은 상상할 수 없으므로 국가가 없는 상태를 상상하는 것은 쓸데없는 짓일까?

국가와 관련된 질문은 매우 다양하다. 다양하다 못해 너무 복잡하다. 어디서부터 시작해야 하는가? 국가라는 단어에 대한 이해부터 다르다. 국가라는 단어가 역사적으로나 언어적으로 어떻게 생겨났는가를 알면 조금 도움이 될 수 있을 것이다. 그러나 국가라는 단어의 생성 과정을 추적한다고 해서 국가가 무엇이어야 하는가 또는 무엇을 해야 하는가에 대해서 자동으로 알게 되는 것은 아니다.

이 장에서는 국가를 더 잘 이해할 수 있는 하나의 방법을 소개한다. 물론 국가를 이해하는 기존의 방법도 참고해야 할 것이다. 기존의 방법을 참고하든 새로운 이해 방법을 만들든, 국가를 이해하는 데 가장 좋고 온전한 방법은 다음 몇 가지 원칙을 충족해야 할 것이다.

첫째, 국가의 전체 모습을 볼 수 있도록 도와줄 수 있어야 한다(포괄성). 부분적 이해보다는 전체를 볼 수 있는 이해가 온전한 이해에 가깝다. 둘째, 국가는 다양한 모습을 가지고 있으므로 그 다양한 모습에 대한 이해의 우선순위를 보여줄 수 있어야 한다(체계성). 우선순위가 뒤바뀐 이해는 좋은 이해가 아니다. 셋째, 국가의 다양한 모습을 유기적으로 연결해서 볼 수 있도록 도와주어야 한다(유기성). 왜냐하면, 국가는 어쨌든 유기적인 인간이 운용하는 어떤 것이기에 국가의 한 모습은 다른 모습과 연결되어 있을 것이기 때문이다. 요약하자면, 국가에 대한 온전한 이해는 포괄성, 체계성, 그리고 유기성을 갖추어야 한다.

## 1. 국가의 기술적 이해와 규범적 이해

이 책에서 우리가 추구하는 국가에 대한 이해는 규범적 이해이다. 즉, 국가는 무엇이어야 하며 무엇을 해야 하는가에 대한 이해이다. 그러나 기술적 이해를 무시하는 것은 아니다. 다만, 규범적 이해에 초점을 맞출 뿐이다. 오히려 우리는 국가에 대한 기술적 설명으로부터 출발하지 않을 수 없다. 왜냐하면, 국가라는 것을 하나의 사실적 현상으로서 일단 인식하는 것이 필요하기 때문이다.

국가에 대한 기술적 설명부터 보면 다음과 같다. "국가의 3요소는 국민, 영토, 그리고 주권이다." "국가는 주어진 영토 내에서 물리적 폭력의 합법적 사용을 성공적으로 독점하는 단체이다(베버)." "국가는 자본가 계급의 노동자 착취를 정당화하는 상부구조이다(마르크스)." "국가는 개인의 자율성을 침해하는 일방적 권력이다(무정부주의)." 국가는 이러이러한 것이라고 국가를 설명하는 견해는 이처럼 다양하다.

다른 한편, 국가를 규범적으로 이해하는 기존의 견해는 다음과 같이 말한다. "국가는 국민에 의해 설립되고 국민을 위해 그 권력을 행사해야 한다." "국가는 전문적인 지식을 가진 엘리트가 운용해야 한다." "국가는 사적인 영역에 개입해서는 안 된다." "국가는 모든 국민에게 인간다운 삶을 살 수 있도록 기본적인 복지를 제공해야 한다." 이러한 주장이 어느 정도 맞든 틀리든 국가는 이러이러해야 한다는 규범적 주장들이 있다.

예를 들어, "국가는 자본가 계급의 노동자 착취를 정당화하는 제도"라는, 마르크스의 국가에 대한 기술적 설명은 국가는 그런 제도이어서는 안 된다는 규범적 주장이 아니다. 국가가 그런 제도라는 것을 묘사하고 설명할 뿐이다. 국가가 노동자 착취를 정당화하고 있다는 설명은 사실관계를 드러내서 보여주고 있을 뿐 국가가 노동자 착취를 정당화하지 말아야 한다고 본격적으로 주장을 하는 것은 아니다. 예를 들어, 썩은 사과를 먹지 말아야 한다는 주장은 사과가 썩었다는 사실을 보여준다고 해서 만들어지는 것이 아니다. 그것은 썩은 사과를 먹으면 배탈이 나고 배탈이 나면 괴롭고 괴로움을 피하려면 썩은 사과를 먹지 말아야 한다 등의 이해로부터 나오는 것이다.

그러므로 국가가 어떤 존재인가 하는 것을 사실 그대로 정확히 설명해 주는 작업도 필요하지만, 국가가 그런 존재이어야 한다거나 아니어야 한다는 것을 설득력 있게 주장하는 작업은 별도로 필요하다. 예를 들어, 자본가가 노동자를 착취하지 말아야 하는 이유, 특히 국가가 자본가의 노동자 착취를 정당화하지 말아야 하는 이유를 제시하는, 국가에 대한 규범적 주장을 만들어내는 것이 필요하다.

위에서 본 것과 같이 국가에 대한 기술적 이해뿐만 아니라 규범적 이해도 많이 발전되어 있다. 그러나 기존의 이해는 국가를 포괄적, 체계적, 그리고 유기적으로 이해하기에 몇 가지 문제점을 가지고 있다.

첫째, 국가라는 단어가 다른 비슷한 단어와 함께 혼용되고 있다. 나라, 민족, 체제, 권력, 정권, 권위, 정부, 지배집단, 등등. 우리에게 문제가 되는 국가의 전체 모습을 특징 있게 보여주는 개념이 간결하고 의미 있게 잘 정리되어 있지 않다.

둘째, 국가가 추상적으로 설명되고 있다. 국가라고 하면 보통 국가의 영토를 보여주는 지도, 국기, 대통령, 국회나 법원 등 국가를 상징하는 것들이 머릿속에 떠오른다. 이런 것들은 각각 그 자체로서 매우 구체적인 실체이지만 국가의 실체를 보여주기에는 여전히 상징적이고 추상적이다. 예를 들어, 국가는 "주어진 영토를 관장하고 통제하는 능력을 가지며 무인격적이고 특권을 가진 법적 또는 입헌적 질서 관념(Held)"

"정치 활동이라는 가면 뒤에 숨어 있는 실체가 아니라 오히려 정치 활동을 있는 그대로 보지 못하도록 방해하는 가면 그 자체(Abrams)"라는 설명처럼 국가는 매우 추상적으로 인식되고 있다.

셋째, 국가의 하위 영역 구분이 명확하지 않다. 절대주의 국가관에 따르면, 국가의 주권이 신으로부터 군주에게 주어졌거나 국민으로부터 군주에게로 완전히 양도되었기 때문에 군주가 절대적인 주권을 가지고 최고의 배타적 권력을 행사하는 것은 정당하다. 이때 절대군주는 국민을 철저히 통제하는 힘을 부여받았다는 뜻에서 국민과 절대적으로 불평등한 권력 관계를 구성한다. 하지만 군주는 자신에게 주권을 부여한 신의 뜻이나 주권을 양도해 준 국민의 뜻대로 그 힘을 행사해야 하는 책임을 지고 있다. 그럼에도 불구하고 군주의 책임은 신 또는 자기 자신을 향한 책임일 뿐 국민을 향한 책임은 아니다. 여기에서 보듯이, 국가에 대한 논의 영역이 구분되어 있지도 않고 체계적이고 유기적으로 정리되어 있지도 않다.

넷째, 국가를 규범적으로 평가하는 기준으로서 정당성이라는 유일한 기준만을 너무 넓게 사용하고 있다. '국가는 정당한가?' '국가는 다수의 지지를 얻어야 민주적으로 정당하다.' '국가의 지배권은 누가 가지는 것이 정당한가?' '국가가 동성결혼을 합법화하는 것이 정당한가?' 이처럼 국가 자체 또는 국가가 하는 일을 평가하는 기준으로서 정당성이 유일하게 사용되고 있다. 이때 정당한가 하는 것은 '옳은가?'라는 표현으로 바꿔 사용해도 문제가 없을 만큼 지나치게 넓은 의미로 사용되고 있다.

국가에 대한 기존의 이해는, 기술적이든 규범적이든, 다양하고 풍부한 것이 사실이지만 포괄성, 체계성, 그리고 유기성 등의 조건을 충분히 만족시키지 못하고 있다. 우리에게 도움이 되는 이해의 방법은 일목요연해서 국가의 전체 모습을 한눈에 볼 수 있도록 도와주고, 체계적이어서 유의미한 순서에 맞게 이해할 수 있도록 도와주며, 그리고 국가의 다양한 문제를 연결해서 유기적으로 이해할 수 있도록 도와주는 것이어야 할 것이다. 특히 국가를 규범적으로 이해할 때 도움이 되는 방법은 국가에 대한 가치평가를 포괄적이고 체계적이고 또 유기적으로 할 수 있도록 도와주는 방법이어야 한다.

## 2. 국가란 무엇인가?

국가는 무엇이어야 하며 무엇을 해야 한다는 주장은 어쨌든 국가에 관한 주장이다. 이때 국가는 상상이나 바람 속에 존재하는 것이 아니라 우리의 현실 속에 존재하는 것이다. 우리의 현실에서 우리에게 긍정적이든 부정적이든, 직접적이든 간접적이든, 강력하든 미미하든, 어떤 영향을 주는 실체이다. 그러므로 그 실체가 무엇인가에 대한 분명한 정의부터 시작해야 한다. 즉, 국가란 무엇인가에 대한 현실적 이해로부터 출발해야 한다는 것이다. 국가에 대한 가치를 논의하려면 먼저 국가에 대한 사실, 그것이 옳건 그르건, 국가라는 개념이 뜻하는 바를 분명히 해야 한다.

나는 국가에 대한 기존의 기술적 이해를 가능한 한 객관적으로 재구성하는 방식을 통해 국가에 대한 사실을 정리하고자 한다. 왜냐하면, 하나의 주관적 입장에 서서 국가에 대한 사실을 묘사하는 것은 사실적 이해가 될 수 없고 따라서 이미 가치판단을 전제하는 이해가 될 것이기 때문이다. 그리고 이미 주관적으로 이해된 국가에 대해 규범적으로 판단하는 것은 협소한 이해가 될 것이다. 그러므로 국가에 대해 누구도 부인하기 어려운, 매우 기본적인 사실로부터 시작하고자 한다.

국가에 대해 부인하기 어려운 객관적 사실 첫 번째는 국가가 존재하되 최고의 배타적 권력으로서 존재한다는 것이다. 로크는 국가가 사형선고를 내리고 성공적으로 집행할 수 있을 만큼 강력한 힘을 가지고 있는 존재라고 정의한다. 국가가 사형선고를 내릴 수 있는가의 규범적 문제가 아니라, 현실에서 국가가 그렇게 하는 권력을 실제로 행사하고 있다는 사실의 문제다. 물론 제도적으로든 실질적으로든 사형제 폐지 국가도 있다. 국가가 사형까지 강제하는 권력을 행사하지 않는다고 하더라도, 국가는 국가의 안전을 위해 목숨을 걸고 전쟁에 참여할 것을 강요하는 힘을 가지고 있다. 불복종할 경우 성공적으로 강요하거나 처벌할 수 있는 강한 힘을 가지고 있는 것이 국가가 존재하는 하나의 모습이다. 이렇게 인간의 생명에 심각한 영향을 줄 만큼 강한 권력을 가진 것이 국가가 가지는 사실적 모습 중의 하나이다.

이러한 권력이 국가의 한 모습이기 때문에 이 책에서 다루는 국가는 근현대 국가만 포함하지 않고 최고의 배타적 권력으로서 존재하는 모든 국가를 포함한다. 예를 들어, 고대 아테네 도시 국가도 그 구성원들에게 강력한 권력을 행사하는 실체였다는 뜻에서 논의의 대상에 포함된다. 그러나 권력 현상이 발견되는 모든 영역을 포함하지는 않는다. 예를 들어, 국제 관계에서 주도권을 장악한 하나의 집단, 시장에서 실질적인 권력을 행사하는 대기업, 또는 사적인 영역에서 남성중심주의적 전통과 관습에 따라 권력을 행사하는 남성 등은 포함하지 않는다. 전통적으로 이해되는 국가만 포함한다.

이렇게 강력한 권력을 가진 국가를 규범적으로 논의하는 영역에 대해서 노직은 다음과 같이 말한다. "정치철학의 근본적인 질문은 국가를 어떻게 조직해야 하는가에 앞서서 국가라는 것이 과연 필요한 것이냐고 묻는 것이다." 국가가 권력을 어떻게 행사해야 하는가를 묻기에 앞서서 국가가 과연 그런 권력을 가지는 것 자체가 어떻게 정당할 수 있는가를 물어야 한다는 것이다. 즉, 국가의 권력 행사에 대해서 논의하기 이전에 국가의 권력 자체에 대해서 논의해야 한다는 것이다. 예를 들어, 한 사람의 배우자가 배우자의 역할을 다하고 있는가를 묻기에 앞서서 배우자로서의 존재 자체를 인정받았는가에 대해서 먼저 확인해야 한다는 것이다.

　여기에서 드러난 국가에 대해 부인할 수 없는 객관적 사실 두 번째는 국가는 활동한다는 것이다. 사실 국가에 대한 규범적 논의의 대부분은 국가의 활동에 그 초점이 맞춰져 있다. 국가는 무엇을 해야 하는가? 국가는 정의로운 활동을 해야 하는데, 무엇이 정의로운 활동인가? 국가 활동의 범위는 어디까지인가? 국가는 반인륜적 활동인 전쟁에 참여해도 되는가? 국가는 국민의 생활에 어디까지 책임지는 활동을 해야 하는가? 생명과 안전의 책임을 져야 한다면, 어떻게 해야 하는가? 이 모든 질문의 공통점은 국가는 무엇인가를 하는 활동적 주체라는 것이다.

　이 주체로서 국가는 입법부, 행정부, 그리고 사법부 등 정부를 가지고 있다. 활동의 원칙을 세우고, 원칙에 따라 활동을 하고, 그리고 필요할 때 활동에 대해 평가를 하는 각각의 기관을 가지고 있다. 국가가 권력을 가지는 이유는 바로 그 권력을 가지고 무엇인가를 하기 위함에 있다. 최고의 배타적 권력을 행사하는 국가가 단순히 존재하는 것에서 그치지 않고 권력 행사를 통해서 무엇인가를 하는 것이 국가인 것이다. 그러므로 국가의 활동은 그 존재 자체와는 구분해서 논의할 수 있는, 국가에 대한 매우 기본적이고 객관적인 사실 중 하나이다.

　국가의 존재와 활동을 평가하는 기준으로서 각각 정당성과 정당화가 있다(시몬즈). 국가는 그 존재의 정당성(legitimacy)을 확인받아야 하고, 그 활동은 정당화(justification)되어야 한다는 것이다. 예를 들어, 한 사람의 배우자는 배우자로서 존재할 수 있는 정당성을 인정받아야 하고, 또 배우자로서 어떤 역할을 제대로 했는가 못했는가와 관련해서 그 활동이 정당화되어야 한다. 존재의 영역에서 국가는 정당성을 확보하고, 활동의 영역에서 국가는 정당화되어야 한다. 정당성과 정당화의 뜻은 아래에서 더 자세히 설명한다.

　어떤 관점은 국가의 활동만 정당화되면 그 존재의 정당성도 인정받을 수 있다고 주장한다. 활동을 통해서 존재의 정당성을 증명할 수 있다는 것이다. 이 입장에 따르면, 국가가 국가로서 맡겨진 임무를 제대로 수행해내지 못하면 그 존재의 정당성을 보장받을 수 없다. 물론 새로 세워진 정부가 무능하다면 그 정부는 다음 시기에 새로운 정부로서 정당성을 부여받지 못할 수 있다. 그런 뜻에서 국가 활동의 정당화는 그 존재 자체의 정당성에 큰 영향을 줄 수 있다.

그러나 국가의 권력을 가지고 지배 활동을 한 번도 해보지 않은 후보자가 새롭게 국가로서 존재의 인정을 받으려면 어떻게 해야 하는가? 국가가 국가로서의 활동을 정당화 받으려면 그 전에 국가로서 활동할 수 있는 존재를 인정받아야 한다. 그러므로 활동을 통해서 존재의 정당성을 인정받는다는 것은 논리적 순서상 불가능한 일이다. 국가로서 활동하기 이전에 우선 국가로서의 존재를 인정받아야 하므로 활동 이외의 다른 것에서 존재의 근거를 찾는 일이 필요하다.

활동은 그 결과나 의지를 통해서 정당화될 수 있고, 존재는 그 자체의 정당성을 확보해야 한다. 혹시 좋은 결과를 만들어내는 활동을 함으로써 그 존재를 사후적으로 인정받을 수 있을지 모르겠지만, 정당성을 인정받은 존재라고 해서 반드시 훌륭한 활동을 해내는 것은 아니다. 정당성을 가진 배우자라고 할지라도 반드시 정당화될 수 있는 활동을 하는 것은 아니다. 오히려 정당화되기 어려운 활동을 할 수도 있다. 예를 들어, 법적으로 남편이고 가장으로서 인정받았어도 그 역할에 맞는 활동을 충실히 해내지 못하거나 하지 않고 도박 중독에 빠져있는 예도 있다. 그러므로 존재와 활동은 의미 있게 구분되어야 하며 각각 다른 기준에 따라서 평가받아야 하는 영역이다.

예를 들어, 로크는 국가의 존재 자체는 구성원의 동의를 통해서 그 정당성을 인정받을 수 있고, 국가의 활동은 국가가 지배 활동을 함으로써 만들어내는 결과를 통해서 정당화될 수 있다고 말한다. 다시 말해,

국가의 권력 자체는 대다수 국민들의 동의를 통해 정당성을 인정받을 수 있고, 국가의 권력 행사는 국민에게 생명, 자유, 그리고 재산 등을 보호해주는 활동을 적어도 어느 정도 이상 성공적으로 해낼 때 정당화될 수 있다는 것이다. 그러므로 존재의 정당성과 활동의 정당화를 의미 있게 구분하고 각각 다른 기준에 따라서 평가하는 것이 필요하다고 말한다.

국가는 권력으로서 존재하고 또 정부를 가지고 다양한 활동을 하지만, 국가에 대해서 부인할 수 없는 객관적 사실 또 하나는 국민 앞에서 권한을 가진 자로서 국민과 명령—복종의 관계를 맺는다는 것이다. 이때 권한은 명령할 수 있는 자격을 말한다. 권한을 가진 국가는 (일단 만들어진) 명령을 명령의 내용과는 상관없이 내릴 수 있으며, 일단 내려진 명령은 국민의 모든 판단을 우선한다는 특징을 가지고 있다. 물론 아무런 명령이든지 국가가 자의적으로 명령을 내릴 수 있다는 것은 아니다. 명령의 내용은 일정한 절차를 통해 만들어진 것이다. 그러나 일단 명령의 내용이 만들어졌으면 그 내용이 무엇이든 상관없이 국가는 그것을 국민에게 강요할 수 있는 권한을 가진다. 그리고 국민은 자신의 판단과 상관없이 그 명령을 따라야 한다. 이것은 국가가 존재하는 한 부인할 수 없는 기본적 사실이다.

국가의 권력과 권한은 비슷하지만 구분된다. 권력은 행위를 강요하되 성공적으로 강요하는 힘이지만, 권한은 행위를 강요할 수 있는 자격 또는 권리이다. 예를 들어, 권총을 든 강도는 나에게 돈을 건네주라고 강요하는 힘을 가지고 있지만, 그렇게 할 수 있는 권한을 가지는 것은 아니다. 권한은, 예를 들어, 경찰이 음주운전 여부를 확인하기 위해 운전자의 혈중알코올농도를 측정할 수 있는 공식적 자격이자 임무이다. 그러므로 권한은 권력과 구분해서 논의해야 하며 권력과는 다른 기준을 가지고 평가해야 하는, 국가의 한 실체이다.

국가의 권한은 권력뿐만 아니라 활동과도 구분된다. 국가의 권한은 명령할 수 있는 자격으로서 국가와 국민 사이에 명령－복종의 관계를 만들어낸다. 반면, 국가의 활동은 국가가 법을 입안하고 정책을 실행하고 평가하는 등 일련의 행위를 뜻한다. 국가가 국민과 어떤 의미에서 좋은 관계를 유지한다고 해서 반드시 좋은 활동을 하는 것이라고 볼 수는 없다. 국가가 국민의 뜻을 존중하는 자세를 가짐으로써 국민과 좋은 관계를 만들 수 있다. 그러나 국민의 뜻을 존중한다고 해서 반드시 훌륭한 정책을 만들고 실행하는 것은 아니다. 훌륭한 정책은 존중의 자세에서 나오는 것이 아니라 유능함에서 나오는 것이기 때문이다.

정리하자면, 국가에 대해서 부인할 수 없는 객관적 사실은 존재, 활동, 그리고 관계이다. 국가의 세 가지 사실 중에서 무엇이 가장 중요한 것이라고 말하기는 어렵다. 국가의 존재가 정당하다고 해서 반드시 좋은 관계를 만들어내는 것이 아니다. 국민과 좋은 관계에 있다 하더라도 반드시 좋은 활동을 하는 것도 아니다. 그리고 국가가 좋은 활동을 통해서 존재의 정당성을 부여받을 수 있는 것도 아니다. 그러므로 국가의 존재, 활동, 그리고 관계는 각각 독자적으로 그 중요성을 평가받아야 한다. 따라서 세 가지 사실의 중요성에 대해 우열을 가리기는 어렵다.

그러나 국가에 대한 세 가지 기본적 사실 중에서 우선순위를 정할 수는 있다. 일단 국가는 존재해야 활동도 할 수 있고 관계도 맺을 수 있다. 그러므로 국가는 그 존재를 가장 우선으로 인정받아야 한다. 배우자가 아닌 사람이 배우자로서 좋은 관계를 유지하거나 배우자로서 활동할 수 없는 것과 마찬가지다. 그리고 국가가 존재하는 궁극적 이유는 기대되는 활동이 있기 때문이다. 기대되는 활동을 하지 않는 국가는 궁극적으로 존재의 의미와 목적을 완성할 수 없다. 국가가 국민과 좋은 관계를 유지하는 것 자체도 중요하다. 그러나 좋은 관계를 유지하는 것이 존재 자체의 인정을 받는 것보다 우선할 수는 없으며 기대되는 활동을 하는 것보다 궁극적 의미가 있는 것은 아니다. 따라서 국가는 우선 그 존재를 인정받아야 하고, 그 후에 좋은 관계를 유지해야 하며, 궁극적으로는 기대되는 활동을 하는 순서대로 세 가지 사실의 우선순위를 정할 수 있다. 따라서 이후로는 국가에 대한 사실을 언급할 때 존재, 관계, 그리고 활동의 순서대로 논의하기로 한다.

## 3. 국가의 평가 기준

위에서 국가의 존재는 정당성을 필요로 하고, 활동은 정당화될 필요가 있다고 말했다. 그렇다면 관계는 어떤 경우에 옳다고 인정받을 수 있는가? 국가의 존재는 정당성이 확보될 경우 옳다고 인정받을 수 있다. 그러나 국가의 활동이 정당화된다는 것은 곧 옳다고 인정받는 것과 같으므로 정당화될 수 있는 구체적 기준이 필요하다. 결국, 국가의 대국민 관계와 활동은 모두 옳다고 인정받을 수 있는 어떤 기준이 필요하되, 각각 필요로 한다.

첫 번째 우선순위를 가지는 국가의 존재는 정당성을 가질 때 옳다고 인정받을 수 있으니, 두 번째 우선순위를 가지는 관계를 생각해 보자. 국가와 국민의 관계는 어떤 상태에 있을 때 옳다고 볼 수 있는가? 물론 좋은 관계는 상대방과 좋은 활동을 주고받는 일과 연관되어 있다. 상대방을 위해서 희생하거나 노력해서 상대방의 외적 상황을 향상해주는 활동을 할 때 그 관계는 좋은 관계를 유지할 수 있다. 그러나 그때 좋은 관계를 유지하게 되는 것은 외적 상황의 향상이라는 활동의 결과 때문이 아니라 상대방의 문제를 해결해주고 처지를 향상하기 위해 희생하고 노력하는 자세 때문이다. 만일 희생하고 노력하는 활동의 결과가 상대방에게 실제적인 유익이 되지 못했다 할지라도 그 관계는 좋은 관계가 된다. 왜냐하면, 상대방의 선한 의도와 진심이라는 자세를 확인할 수 있기 때문이다. 좋은 결과를 만들어내지 못하고 실패했을 때 상대방은 오히려 더 안타깝고 고마운 마음을 가지게 될 것이기 때문에 더 좋은 관계로 나아갈 수 있다. 그러므로 좋은 관계는 좋은 활동을 통해 만들어내는 결과와는 다른 근거를 통해서 만들어져야 한다.

국가와 국민의 좋은 관계에 대해서는 무엇보다도 그 관계의 사실적 특징을 고려하지 않을 수 없다. 국가는 국민에게 명령할 수 있는 권한을 가지고 국민은 그 명령을 따라야 하는 명령—복종의 관계에 있다. 그러나 이러한 명령—복종의 사실관계는 겉으로 드러난 관계이기 때문에 그러한 관계를 현실적으로 유지하는 이유를 살펴볼 필요가 있다.

국가가 명령하는 권한을 행사하는 이유는 궁극적으로 좋은 활동을 통해서 국민에게 어떤 유익을 가져다주는 데에 있다. 그리고 국민도 어떤 유익을 얻기 위하여 국가의 권한을 따른다. 이때 국가가 국민과 좋은 관계를 유지하려면 국민을 위해서 좋은 활동을 하려는 의도와 자세를 가져야 한다. (물론 관계는 양방향성을 가지기 때문에 국민도 국가를 향해 선한 의도와 자세를 가져야 할 것이다. 그러나 지금은 국가가 국민과 좋은 관계를 맺기 위해서 갖춰야 하는 기준을 설정하는 중이기 때문에 국가의 자세에 대해서만 논의한다) 좋은 관계는 훌륭한 결과를 만들어내는 능력에서 나오는 것이 아니라 훌륭한 결과를 만들어내고자 하는 자세에서 나오는 것이다. 즉, 국민의 유익을 위해서 국민을 섬기는 자세를 가질 때 국가는 국민과 좋은 관계를 맺게 될 수 있다.

국가가 국민을 섬기는 자세를 가진다는 것은 다음과 같은 모습을 모두 포함해야 한다. 우선 각각의 국민이 주권을 가진 존재라는 것을 인정하고, 그런 뜻에서 국가와 국민이 대등하다는 것을 인식하고, 나아가 국민의 유익을 위해서 활동을 하겠다는 의지를 진심으로 보여주는 것이다. 이것을 나는 국가가 국민을 향해 상호성을 가지는 것이라고 정리하고자 한다. 국가가 그 존재를 국민으로부터 인정받듯이 국가가 주권을 가진 국민의 존재를 인정하고, 국가가 명령의 권한을 행사하는 대상은 각각 개인으로서 주권을 가진 국민이라는 뜻에서 국가와 국민이 서로 대등한 위치에 있음을 인식하고, 그리고 국민이 국가의 권한 행사를 따를 때 국가는 국민을 위해서 활동을 한다는 의도와 자세를 보여주면 국가와 국민은 좋은 관계를 유지할 수 있다. 바로 이런 뜻을 가진 상호성을 국가가 보여줄 때 국민과의 관계가 옳다고 평가받을 수 있다.

국가가 그 존재의 정당성을 확보할 때, 국민과의 관계에서는 상호성을 보여줄 때 바람직한 국가가 될 수 있다면, 국가의 활동은 어떤 기준에 따라서 옳다고 인정받을 수 있을까? 국가의 활동은 국가가 권력으로서 존재하고 또 국민에게 권한을 행사하는 관계를 맺는 궁극적 이유이다. 다양한 활동을 통해서 국민에게 유익이 되는 결과를 제공할 때, 적어도 그렇게 하려고 노력할 때 그 활동을 긍정적으로 평가받을 수 있다. 무엇이 유익인가에 대해서는 나중에 논의한다. 어쨌든 국민이 기대하는 결과를 만들어 내거나 만들어내려고 노력할 때 국가의 활동은 옳다고 평가받을 수 있다. 나는 이것을 국가가 책임성을 가지고 있는 것이라고 말하려고 한다. 국가로서 기대되는 역할을 (어느 정도) 해내거나 해내려고 노력할 때 국가는 책임성을 가진 국가로서 긍정적인 평가를 받을 수 있는 것이다.

국가의 활동에 대해서 그 효능성보다는 책임성을 평가하는 이유는 활동 자체에 대해서 도덕적으로 평가하기 때문이다. 만일 국가의 활동이 얼마나 좋은 결과를 만들어냈는가에 대해서 평가한다면 그것은 국가의 활동 자체가 아니라 활동의 결과를 경제적 관점에서 평가하는 것이다. 그러나 우리는 국가의 활동 결과가 아니라 활동 그 자체를 평가하는 것이며 그것을 도덕적으로 평가하기 때문에 책임성을 평가한다. 얼마나 선한 의도를 가진 활동인가를 평가하는 것이다. 배우자의 활동을 도덕적으로 평가할 때도 활동의 결과가 아닌 활동 그 자체를 평가하기 때문에 책임성이 얼마나 있는가를 평가하는 것과 마찬가지다.

이상의 설명을 정리하자면, 국가에 대한 이해는 논의 영역, 논의 영역에 따른 국가의 실체, 그리고 국가의 실체를 평가할 수 있는 기준으로 구성된다. 즉, 국가의 존재 자체를 논의하는 영역에서는 국가의 권력을 평가하되 정당성이라는 기준으로 평가하고, 국가의 대국민 관계를 논의하는 영역에서는 국가의 권위를 평가하되 상호성이 있는가를 평가하고, 그리고 국가의 활동을 논의할 때에는 국가의 정부를 평가하되 얼마나 책임성을 다하고 있는가를 평가한다.

국가의 권력, 권위, 그리고 정부를 정당성, 상호성, 그리고 책임성이라는 기준과 관련하여 그 관계를 정리하면 다음과 같다. 우선 국가의 권력은 정당성을 필요로 한다. 정당성을 확보한 권력은 곧 지배할 수 있는 자격과 권한으로서 권위를 가지게 된다. 그러므로 권위는 이미 정당성을 확보한 권력인 셈이다. 그러나 권위는 국민과의 관계에서 명령－복종의 관계를 만들므로, 그 상호성을 평가받아야 한다. 관계에서 중요한 가치는 상호성이기 때문이다. 그러나 상호성을 갖춘 권위라 할지라도 반드시 기대되는 활동을 해내는 것은 아니다. 그러므로 정당한 권력으로서 권위를 가진 국가는 그 활동에 있어서 책임성을 평가받아야 한다. 이처럼 국가의 권력, 권위, 그리고 정부는 연결되어 있으면서도 각각 다른 기준에 따라서 평가를 받아야 한다.

다음 장에서부터는 권력의 정당성, 권위의 상호성, 그리고 정부의 책임성에 대해서 각각 보다 더 자세히 설명한다.

## 2부

국가의 존재

# 5장
# 권력의 정당성

## 1. 권력은 필요한가?

평소에 호기심이 많던 지민은 자주 상상에 빠지곤 한다. '사람들이 동의해서 국가를 세웠다고 하는데, 나는 동의한 적이 없는데 그럼 난 국민이 아닌가? 법도 사람들의 약속과 동의를 통해서 만들어졌다고 하는데, 그럼 법에 동의한 적이 없는 나는 법을 지키지 않아도 되는 것 아닌가? 나는 법을 지키겠다고 동의하지 않았는데 내가 법을 어긴다고 해서 가두거나 재판에 넘겨서 유죄를 선고하고 감옥에 보내는 국가는 도대체 무슨 권한을, 나를 향해 무슨 권한을 가지고 있는 것인가? 예를 들어, 부모님이 나를 출생 신고하실 때 모종의 동의를 하셨다면 나는 자동으로 국가와 법에 동의한 셈인가? 국가가 필요한 것 같긴 한데, 나와 구체적으로 어떤 관계에 있는 것인가? 국가가 없는 난민들의 고충을 알 것 같긴 하지만, 국가가 있는 국민의 고난을 인류의 역사가 잘 말해주고 있지 않은가?'

만일 국가가 외부의 침입으로부터 국민의 생명을 지켜줄 힘이 없다면? 만일 국가가 범죄자를 찾아내서 체포할 수 있는 물리적 힘이 없다면? 만일 국가가 다른 세력에 의해 그 권력을 물리적으로 빼앗긴다면?

아마 그런 국가가 있다면 그 국가는 더 이상 국가로서 존재할 수 없을 것이다.

역으로 말하자면, 국가가 존재한다는 것은 외부의 침입을 막을 수 있는 군사력이 있다는 것, 범죄자를 제압할 수 있는 경찰력이 있다는 것, 그리고 다른 어떤 세력에 의해서도 그 권력을 빼앗기지 않을 만큼 강력한 사회 통제력이 있다는 것을 의미한다. 즉, 국가로서 존재하려면 군사력뿐만 아니라 경찰력이나 법적 강제력 등을 성공적으로 행사하는 힘을 가지고 있어야 한다. 그렇지 않으면 국가로서 존재할 수 없다.

물론 국가가 이러한 권력을 항상 성공적으로 행사하는 것은 아니다. 국방력이 상대적으로 약할 수도 있고, 범죄자를 찾아내는 일에 실패할 수도 있고, 수감자 관리에 허점을 보일 수도 있다. 국민의 거센 저항에 부딪히기도 한다. 그리고 국가의 권력은 사회 내의 다양한 권력, 즉 경제에서 대기업의 권력, 사회에서 오피니언 리더의 영향력, 그리고 정치에서 야당 세력의 견제력 등에 의해서 상당 부분 영향을 받기도 한다. 나아가 차기 선거에서 재집권하기 위해 유권자들의 요구사항과 지지율 등에 따라 권력 행사의 수위를 조절하기도 한다.

그럼에도 불구하고 여전히 국가의 권력은 정당성을 필요로 할 만큼은 충분히 강력하다. 정당성을 확보하지 않아도 될 만큼 힘없고 의미 없는 권력은 국가의 권력이 아니다. 그리고 다른 어떤 세력보다 더 강한 권력을 행사해야 하는 국가는 그 권력의 정당성을 필요로 한다. 국가의 권력은 가장 강해야 하며, 이것은 당위적으로라도 요구되는 사항이기 때문에 그렇다. 그러므로 국가는 최고의 권력을 가진 존재로서 인정받을 수 있는 정당성을 필요로 한다.

국가라고 하는 최고의 권력이 필요하다는 것은 인정될 수 있다. 최고의 권력이 있어야 국가의 역할을 해낼 수 있기 때문이다. 없으면 안 되는 존재야말로 그 누구보다 더 강력한 정당성을 가지고 있다고 말할 수 있다. 국가가 권한을 행사하고 국가의 역할과 기능을 수행할 때 최고의 권력이 반드시 필요하기 때문에 국가의 막강한 권력은 충분히 정당성을 부여받을 수 있다고 말할 수 있다.

그러나 권력이 필요하다는 것은 수단적 필연성이지 권력의 존재 자체에 정당성을 주지는 못한다. 예를 들어, 건물을 짓기 위해서는 기초공사가 필요하다. 건물이 존재하는 것은 튼튼한 기초와 기둥이 있기에 가능하다. 이때 기초와 기둥의 역할은 건물이 튼튼하게 존재할 수 있도록 버텨주는 것이다. 그러나 건물이 존재할 수 있는 정당성을 부여해 주고 있는 것은 아니다. 건물이 정당하게 존재할 수 있는 것은 그 기초와 기둥을 포함해서 건물 자체가 정당한 대지 위에 세워졌을 때 가능하다. 남의 땅 위에 내가 건물을 지었을 때 그 건물은 나의 정당한 건물이 될 수 없다. 비록 기초와 기둥 위에 튼튼하게 서 있다 하더라도 말이다.

이처럼 국가도 물리적으로 튼튼하게 유지하기 위한 수단으로서 최고의 권력이 필요하지만, 정당하게 존재하려면 정당한 대지에 해당하는 어떤 것을 필요로 한다. 다음 장에서 그 '정당한 대지'로서 제안된 것들을 알아볼텐데, 그 전에 이 장에서는 정당하다는 것의 의미를 조금 더 자세히 알아본다.

## 2. 법적 정당성

국가의 권력이 정당하다는 것은 무슨 뜻일까? 국가가 정당하다는 평가를 받을 수 있는 경우를 알 수 있다면 정당성의 의미를 알 수 있지 않을까? 과연 국가의 막강한 권력은 어떤 '대지' 위에 세워졌을 때 정당성을 가지는가? 앞에서 우리는 권력을 행사한 결과가 좋을 때도 아니고, 좋은 결과를 만들어내기 위해서 권력이 필요한 경우도 아니라고 말했다. 그렇다면 어떤 '대지' 위에 세워졌을 때 국가의 권력은 정당하다고 인정받을 수 있을까? 그때 정당하다는 것의 뜻은 도대체 무엇일까?

어떤 것의 의미를 찾는 좋은 방법의 하나는 그 반대의 의미부터 시작하는 것이다. 그래서 일단, 정당하지 않다는 것의 의미를 알아보자. 정당하지 않은 것의 사례 중 하나로서 사생아(illegitimate)가 있다. 사생아란 사적인 관계에서 태어난 아이인데, 사적인 관계란 공적으로 인정받지 못한 또는 인정받지 않은 관계를 말한다. 즉, 법적인 절차에 따라서 부부로서 혼인신고를 하지 못하거나 하지 않은 남녀 사이에서 태어난 아이가 사생아다. 이러한 의미의 사생아가 정당하지 않은 것의 예시 중 하나다. 다시 말해, 법이 인정하는 범위 밖에 있는 것을 두고 정당하지 않다고 말한다.

이것을 역으로 말하면, 정당한 것은 법적인 절차를 통해 공식적인 것으로 인정받은 것을 말한다. 법의 규정에 따라서 혼인신고를 한 부부가 정당한 부부이고 그 사이에서 태어난 아이는 정당한 아이가 된다. 예를 들어, 일부일처제를 따르는 법은 독신 남녀가 자발적인 혼인신고를 할 때만 정당한 부부가 될 수 있다고 규정한다. 이러한 규정에 따라서 혼인신고를 한 정당한 부부 사이에서 아이가 태어날 때 그 아이는 정당한 아이가 된다. 즉, 정당하다는 것은 법이 요구하는 내용에 맞으므로 유효하다고 인정받은 것을 말한다.

법적 정당성은 어떤 것이든 법의 요구사항에 부합하는지가 유일하게 중요하다. 법적 정당성은 어떤 문제에 관한 법의 내용이 옳으므로 주어지는 것이 아니다. 또는 법적 요구사항에 맞추기로 한 당사자들의 의지 때문에 주어지는 것도 아니다. 다만, 법이 요구하는 사항대로 어떠한 일이 이루어졌는가 하는 것이 유일하게 중요하다. 예를 들어, 독신 남녀가 법적으로 정당한 부부가 되는 것은 법의 규정에 따라서 혼인신고를 했기 때문이다. 법의 내용이 예를 들어, 독신 남녀가 아닌 동성 간의 혼인을 인정한다면 동성 부부도 절차에 따라서 혼인신고만 하면 법적으로 정당한 부부가 될 수 있다. 그러므로 법이 요구하는 내용이 옳은지 그른지 또는 합리적인지 상관없이 어떤 것이든지 법의 요구사항에 부합하기만 하면 주어질 수 있는 것이 법적 정당성이다.

법의 요구사항에 맞기만 하면 주어지는 법적 정당성은 어떤 것이 법의 요구사항에 어긋나면 그것을 정당하지 않은 또는 불법적인 것으로 만들어 버릴 수 있다. 만일 법이 동성 부부를 인정하지 않는다면, 동성 부부는 혼인신고를 할 수가 없으며 그들의 부부관계는 법적으로 정당하지 않은, 불법적인 관계가 될 수밖에 없다. 또 다른 예를 들자면, 하나의 결정을 내릴 때 법이 과반수의 찬성을 요구한다면, 과반수의 입장은 정당하거나 합법적인 입장이 되지만, 소수의 입장은 정당하지 않거나 불법적인 입장이 되고 만다. 단지 소수에 속했다는 이유만으로 법적으로 정당하지 않은 무리가 되는 것이다. 예를 들어, A는 51%의 지지를, B는 49%의 지지를 받았다면, B는 법적으로 정당하지 않은 입장이 되고 계속해서 그 입장을 주장하면, 아무리 그 입장이 합리적이라 하더라도, 불법이 된다.

그럼에도 불구하고 법적 정당성을 폐기하거나 무시할 수는 없다. 기준이 어떤 내용으로 구성되어 있든 하나의 기준에 따라서 결정은 내려져야 하기 때문이다. 예를 들어, 한 국가에서 두 명의 대통령을 가질 수는 없으므로 한 사람만 대통령으로 세워야 한다. 그러기 위해서는 과반수이든 종다수이든 하나의 기준으로 결정을 내려야 한다. 비록 소수 의견을 정당하지 않은 것으로 만들어 버릴 수 있음에도 말이다. 법이 규정하는 기준은 결정을 위해 필요하므로 법적 정당성은 중요하다.

그리고 법적 절차를 따라야 하는 다른 이유는 일관성을 유지하기 위함이다. 하나의 결정을 내릴 때마다 뒤바뀔 수 있는 구성원의 뜻을 따른다면 일관된 결정을 내릴 수 없다. 틀리든 맞든 하나의 정해진 기준을 가지고 결정을 내려야 일관될 수 있다. 나아가 이러한 일관성은 사회에 안정성을 가져다준다. 다음 결정이 어떤 기준에 따라서 내려질 것인지 예측할 수 있기 때문이다. 그러므로 법적 정당성은 법의 테두리 밖에 있는 사람들을 정당하지 않은 불법자로 만든다고 하더라도 결정의 필요성, 일관성, 그리고 안정성 등의 이유로 무시할 수 없는, 중요한 정당성이다.

## 3. 합리적/도덕적 정당성

그러나 동성 부부는 혼인신고를 할 수 없다는 법의 내용은 합리적인가? 새로 선출될 대통령이 유권자의 과반수가 아니라 예를 들어 37%의 지지율을 얻어도 충분한 대표성을 가진다고 볼 수 있는가? 유권자의 나이를 18세로 제한하는 것은 적절한가? 만 65세가 되면 반드시 은퇴해야 한다는 법은 100세 시대에 합리적인가? 이러한 질문들은 법의 형식적 절차를 따르는 것뿐만 아니라 법의 내용도 합리적으로나 도덕적으로 옳아야 한다는 것을 말해준다.

　만일 법이 남녀를 비합리적으로 차별하는 내용을 가지고 있다면, 그러한 법을 잘 지키는 것은 법적 정당성을 가질 수는 있어도 온전한 의미에서 정당성을 가진다고 말할 수 있을까? 다른 예를 들자면, 법이 규정하는 일정 금액의 최저임금이 있다고 가정하자. 고용주가 노동자에게 최저임금을 지급하는 것은 합법적이고 법적으로 정당하다. 그러나 25년의 경력을 가지고 있으며, 처음 일을 시작했을 때에 비해 훨씬 더 일을 잘하고, 또 부양의 책임을 져야 하는 식구들이 있는 50대 가장인 노동자에게 여전히 최저임금을 지급하는 것은 정당한가? 합법적이지만 합리적이라고 보기는 어렵다. 그러므로 어떤 것이 정당하다는 것은 법적으로뿐만 아니라 합리적 또는 도덕적으로도 정당하다는 것을 포함해야 한다.

물론 무엇이 합리적이며 도덕적인 것인가에 대해서는 그 기준이 시대와 장소에 따라 달라질 수 있으며 구성원들의 합리성과 옳음에 대한 이해에 따라서도 다양한 기준이 제시될 수 있다. 그리고 절대적인 하나의 기준이 있다는 주장과 없다는 주장이 부딪힐 수도 있다. 합리성과 도덕성의 기준을 어떤 방법으로 결정해야 하는가에 대해서도 다양한 입장이 있을 수 있다.

그러나 이 모든 어려움에도 불구하고 무엇이 합리적이며 도덕적인가에 대한 물음 자체를 폐기하는 것은 지성을 가진 인간 사회에서 바람직하지 않은 일이다. 이상의 어려움은 합리성과 도덕성에 대해서 끊임없이 고민하고 토론해야 한다는 것을 의미하는 것이지, 고민과 토론 자체를 그만두어야 할 것을 의미하는 것은 아니다.

우리가 끊임없이 지속해야 하는, 합리성과 도덕성에 관한 고민과 토론 중에서 중요한 하나의 문제는 합리적/도덕적 정당성의 한계는 누가 결정할 것이냐의 문제다. 동성 부부를 합법화할 것인지, 선거연령을 17세로 하향 또는 19세로 상향 조정할 것인지, 어떤 사안을 과반수 또는 종다수로 결정할 것인지 등을 누가 결정할 것인가? 주어진 문제가 도덕적으로나 합리적으로 정당하다는 것을 누가 판단할 것인가의 문제가 남아 있는 것이다. 즉, 누가 법을 만들 것이며, 누가 법의 내용을 결정할 것인가의 문제는 법의 내용이 도덕적으로 옳거나 합리적이라는 사실만으로는 해결될 수 없는 문제이다.

## 4. 민주적 정당성

법이 정해 놓은 대로, 예를 들어 국회가 법률을 입안하고 의결한다는 법의 규정을 따라서 국회가 법의 내용을 결정할 수 있다. 즉, 법적 정당성을 따르는 것이다. 위의 언급대로 법적 정당성은 몇 가지 장점이 있다.

그러나 국회가 입안하고 의결한다는 법의 내용은 과연 옳은 것이며 또 누가 결정할 것인가? 그 옳음을 검토해야 할 뿐만 아니라 옳음 여부의 결정은 누군가가 내려야 한다.

국회가 모든 법률을 입안하고 의결하는 것이 옳다는 결정을 국회가 스스로 하는 것은 국회의 독재다. 예를 들어, 국회의원 선출방식에 대한 공직선거법이나 국회의원 보수에 관한 법률을 국회의원이 스스로 결정하도록 맡기는 것은 합당하지 않다. 국회가 전문성을 가지고 법률을 입안하고 의결하는 것은 효율적이고 합리적일 수 있다. 대의 민주주의는 불가피하다. 그러나 불가피한 것이 옳은 것은 아니다. 효율성과 합리성을 가진다는 이유로 입안 및 의결권을 전적으로 그리고 배타적으로 국회에 주는 것은 대의 민주주의 맹신이다.

법의 내용을 직접 결정하든 국회에 맡기든, 궁극적으로 시민이 주체가 되어 결정해야 한다고 믿는 민주주의는 거의 진리에 가깝다. 법은 시민이 따라야 하는 것이기 때문에 시민은 직접적으로든 간접적으로든 자신이 주체가 되어 결정한 법을 따를 때 비로소 자율성과 주권을 가질 수 있다. 더 근본적으로는, 시민은 자율성과 주권을 가질 때 자유의지를 가진 인간으로서 존엄성을 가진다. 그러므로 스스로 따라야 하는 법의 내용을 시민이 직간접적으로 결정하는 일은, 인간으로서 가지는 자유의지와 존엄성을 포기하지 않는 한, 반드시 요구되는 일이다.

위의 예에서 혼인신고를 하는 독신 남녀는 서로가 서로를 서로의 배우자로서 받아들이고 인정할 때 혼인신고를 할 수 있다. 한 사람이 다른 사람의 배우자가 되기 위해서는 그 사람의 인정을 받아야 한다. 일방적으로 배우자가 되겠다고 주장하는 것으로는 충분하지 않다. 상대방 몰래 혼인신고를 해서 법적으로 부부가 된다고 하더라도 당사자의 승인이 없는 부부관계는 정당하다고 볼 수 없다. 법적으로도 무효가 될 것이다. 제삼자가 볼 때 잘 어울리는 부부라고 아무리 합리적으로 설득해도 가장 중요한 것은 당사자의 뜻과 인정과 승인이다. 즉, 민주적 정당성이 가장 중요하다.

그러나 온전한 정당성은 법적, 합리적/도덕적, 그리고 민주적 정당성을 모두 필요로 한다. 두 사람이 서로의 배우자가 되는 것을 인정할 때 민주적 정당성을 가지지만 민주적 정당성을 가졌다고 해서 온전히 정당한 부부가 되는 것은 아니다. 두 사람이 법적으로 혼인 관계에 들어가기 위해서는 각각 독신 남녀이어야 한다거나 동성이어도 가능하다는, 법의 형식적 절차에 따른 요구를 충족시켜야 한다. 즉, 법적 정당성을 필요로 한다. 나아가 그들의 관계가 합리적/도덕적으로도 옳다는 합리적/도덕적 정당성도 필요하다. 예를 들어, 서로를 충분히 존중하는 부부 관계가 합리적이고 도덕적으로 정당한 관계라고 할 수 있다. 이렇게 어떤 것이 온전하게 정당성을 가지려면 민주적, 법적, 그리고 합리적/도덕적 정당성을 모두 충족시켜야 한다.

다시 강조하지만, 그럼에도 불구하고 가장 중요한 것은 민주적 정당성이다. 법적 정당성은 결정의 필요성, 일관성, 그리고 안정성 등 때문에 필요하다. 합리적/도덕적 정당성은 양심과 이성을 가진 인간으로 구성된 사회가 옳고 합리적이어야 한다는 요구사항에 부합한다. 그리고 민주적 정당성은 인간이 자유의지를 가진 주체로서 인간의 존엄성을 유지하기 위해 요구된다. 결정의 필요성, 일관성, 그리고 안정성보다 인간의 존엄성이 더 중요하다. 그리고 인간은 심지어 옳지 않거나 비합리적인 결정을 하더라도 자유의지를 발휘하고 그 결과에 책임을 지는 자유로운 주체일 때 인간으로서의 정체성과 가치를 가진다. 그러므로 자신이 따라야 하는 법을 스스로 만들고 그 내용을 스스로 결정할 때 주어지는 민주적 정당성이 가장 중요하다.

민주적 정당성의 핵심은 자신을 지배할 권력을 자신이 주체가 되어 선택한다는 사실에 있다. 즉, 구성원의 주체성이 그 핵심이다. 그러나 구성원이 주체가 되어 권력을 승인하면 민주적 정당성이 완성되는가? 자신이 스스로 승인하지만 강요된 승인이라면? 구성원이 주체가 되어 자신의 사익을 위해서 권력을 승인한다면? 그렇게 승인된 권력이 민주적 정당성을 가진다고 볼 수 있을까?

만일 강요된 상태에서 승인한다면 자발적이지 않기 때문에 민주적 승인이라고 보기 어렵다. 예를 들어, 1972년 유신 헌법 개정 당시 계엄령 선포 하에 이루어진 국민투표는 민주적 정당성을 가진다고 보기 어렵다. 찬성하지 않으면 어떤 처벌을 받을지 모른다는 두려움 가운데 진행된 투표의 결과는 시민들의 자발적인 뜻을 반영했다고 보기 어렵다. 시민의 자발적인 승인을 받는 국가 권력이어야 민주적 정당성을 가질 수 있다.

구성원이 자발적으로 권력을 승인한다는 것의 의미를 조금 더 살펴보자. 보통 우리는 자발적인 것은 강요되지 않은 것이며 그것은 곧 자유로운 것이라고 생각한다. 그리고 우리는 여러 개의 선택지가 있을 때 자유롭다고 생각한다. 선택의 여지가 많으면 많을수록 자유롭다고 본다. 그러나 아무리 선택지가 많다 하더라도 정작 자신이 원하는 것이 선택지에 없다면 과연 우리는 자유롭다고 말할 수 있을까? 우리가 진정으로 자유로운 것은 우리의 외부에 펼쳐져 있는 선택지의 숫자가 아니라 우리의 내부에서 진정으로 원하는 것을 선택할 수 있을 때이다. 그러므로 강요되지 않고 자유로운 것으로 이해되는 자발성이란 우리의 외부에 선택지가 많은 상태가 아니라 내적 의지가 원하는 것을 선택할 수 있는 상태를 말한다.

(자발적인 것과 원하는 것은 항상 일치하지는 않는다. 우리는 원치 않는 것을 자발적으로 선택할 수도 있으며, 원하는 것이면서도 비자발적으로 선택할 수도 있다. 원하는 것은 우리 내면의 욕구로부터 나오는 것이 보통이지만 외적 상황에 따라 나올 수도 있다. 그러나 자발적인 것은 항상 우리

의 내면으로부터 나오는 것이다. 그러므로 자발적인 것은 원하는 것과 반드시 일치한다고 볼 수 없다.)

구성원이 주체적으로 그리고 내적 의지를 발휘해 자발적으로 승인하는 권력은 민주적 정당성을 온전히 확보한다고 볼 수 있을까? 만일 자발적으로 자신이 개인적으로 원하는 것에 이끌려 승인을 한다면? 권력의 후보자 중에 자신의 사적인 이익을 가장 잘 채워줄 것으로 판단하는 후보를 승인한다면, 그런 지지를 받고 승인된 권력은 과연 민주적인 정당성을 확보했다고 볼 수 있을까?

시민은 각자의 개인적 이해득실에 근거해서 승인할 것인가 아니면 사회 전체에 이익이 된다는 근거로 승인할 것인가? 한 명의 사적인 개인으로서 사적인 이익에 도움이 될 것으로 판단되는 국가의 권력을 승인하는 것은 사적 합리성을 가진다. 그러나 민주적 승인이라고 보기는 어렵다. 민주적 승인은 공적 합리성을 가져야 한다. 공공의 가치를 증진할 것이라고 기대되는 국가의 권력을 승인할 때 민주적 승인을 하는 것이라고 볼 수 있다. 즉, 시민이 국가의 권력을 승인하는 근거는 공적 합리성을 갖추어야 한다. (물론 무엇이 공적 합리성인가에 대한 질문은 끊임없이 이어질 수 있다.)

민주적 정당성을 정리하면 다음과 같다. 우선, 구성원은 스스로 주체가 되어 권력을 승인할 수 있어야 한다. 이때 승인은 자발적 승인이어야 하는데, 그것은 단순히 다수의 선택지 중 하나를 승인하는 것이 아니라 자신의 내적 의지가 원하는 것을 승인하는 것을 말한다. 그러나 자신이 원하는 것이 사적 합리성을 가진다면 민주적 정당성을 완성할 수 없다. 공적 합리성을 가진 승인이야말로 민주적 정당성을 완성한다. 그러므로 민주적 정당성이란 구성원이 스스로 주체가 되어 자발적으로 공적 합리성을 발휘해 승인할 때 완성될 수 있는 정당성이다.

## 5. 소결

지민의 호기심 많은 상상은 틀린 것이 아니었다. 그렇게 막강한 권력을 행사하는 국가는 정당성이라는 것을 가져야 한다. 정당성이 없는 국가는 받아들일 수 없다. 정당성이 있다면 국가는 어떤 정당성을 가져야 하는가에 대해서 조금은 이해가 되는 것처럼 보인다. 국가는 법적, 합리적/도덕적, 그리고 민주적 정당성을 가져야 한다. 그중 민주적 정당성이 가장 중요하지만, 국가의 권력이 온전한 정당성을 가진다는 것은 법적, 합리적/도덕적, 그리고 민주적 정당성을 모두 가지는 것이다.

그렇다면 국가의 권력은 어디 위에 세워질 때, 궁극적으로는 어떤 목적을 추구할 때, 그리고 어떻게 종료할 때 정당성을 확보할 수 있는가? 이러한 질문에 대해서 다음 세 장에서 각각 하나씩 생각해보자.

# 6장
# 권력의 근거

## 1. 권력은 어떻게 세워져야 하는가?

고등학생 때부터 투표하고 싶었던 지민(智敏)은 드디어 평생 처음 대통령 선거에서 투표하게 된다. 어렸을 때는 그저 어른들만의 일인 줄 알았는데 이제 드디어 직접 투표를 하게 되었다. 각 정당의 대선 후보들은 이미 정해져 있었다. 후보자들의 얼굴과 이름은 이미 텔레비전과 인터넷 뉴스 등에서 여러 번 보았기 때문에 잘 알고 있다. 그리고 그들이 속한 정당의 정치적 성향도 대충은 파악하고 있다.

그러나 막상 투표일이 다가오자 지민은 도대체 누구에게 자신의 소중한 한 표를 던져야 할지 확신이 서질 않는다. 텔레비전에서 대선 후보 정책 토론회를 열심히 시청했지만 어떤 판단을 내리기가 어렵다. 우편으로 배달된 후보자들의 공약집을 읽어봐도 마음을 결정할 수가 없다. 투표 당일 아침이 되었는데도 지민의 고민은 정리되지 않았다. 그러면서 몇 가지 질문들이 머릿속에 떠오른다.

- 어떤 후보가 좋은 후보일까?
- 나의 한 표가 과연 결정에 영향을 미치기나 할 것인가?

- 아무리 찾아봐도 내 소중한 한 표를 던질 후보가 없다면?
- 내가 표를 던진 후보가 선거에서 지면 나의 표는 버려지는 것 아닌가?
- 득표율이 과반도 안 되는 당선자가 국가 전체를 대표하는 대통령이 될 수 있는가?
- 과연 선거는 대통령을 뽑기에 가장 좋은 방법일까?

단순하게 생각해도 국가는 필요한 것 같고, 국가를 대표하는 대통령도 꼭 필요한 인물인 것 같다. 그러나 누가 바로 그 대통령이 되어야 하는가는 조금 생각해 볼 문제다. 왜냐하면, 대통령은 국가를 대표해서 중요한 결정을 내리고 그 결정은 우리의 삶에 막대한 영향을 끼치는데, 특히 그 결정은 개인의 신성한 자율성을 부분적으로나마 침해할 수도 있기 때문이다.

어쨌든 국가는 존재한다. 사회 안에서, 국민 앞에서, 그리고 다른 국가를 향해서, 국가는 최고의 막강한 권력으로서 존재한다. 최고의 권력을 특징으로 하는 국가가 인류 역사상 언제부터 존재하기 시작했는지는, 전해지는 문서, 옛날 사람들이 사용했던 연장 또는 무기 등을 단서로 추측할 수는 있다. 인간의 존재와 함께 시작했을 수도 있고, 나중에 필요에 따라서 만들어졌을 수도 있다. 발생 경위가 어쨌든 국가가 최고의 권력으로서 존재한다는 것은 지금 우리가 부인할 수 없는 하나의 사실이다.

우리는 국가의 권력 아래에서 살고 있다. 좋든 싫든 하나의 국가 안에서 태어났으면 국적법에 따라 출생신고를 해야 하고 국적을 취득해야 한다. 현행 국적법에 따르면 한국 국적을 가진 자는 외국 국적을 후천적으로 취득하면 한국 국적은 포기해야 한다. 의무 교육을 받아야 하며, 국방의 의무도 이행해야 한다. 헌법에는 근로의 의무도 있고 납세의 의무도 규정되어 있다. 이러한 의무들을 이행할 때 반드시 따라야 하는 법률도 있다. 만일 의무를 이행하지 않으면 법적 절차에 따라서 처벌을 받는다. 처벌 중에는 가벼운 벌금도 있지만, 심지어 무기징역이나 사형도 있다. 국가의 강요나 처벌은 최고의 막강한 권력을 통해 실천된다. 내란이 일어나면 군사력이 동원되고, 반란이 일어나면 경찰력이, 범죄나 분쟁에는 형법이나 민법에 따른 재판과 감옥이 기다리고 있다.

칼 슈미트는 국가가 비상상태와 전시상태를 선포할 수 있는 막강한 권력을 행사한다고 말한다. 비상상태를 선포할 수 있다는 것은 비상상태를 선포하지 않을 수 있다는 것이고, 비상상태를 선포하지 않을 수 있다는 것은 정상상태를 인정할 수 있다는 것이다. 그리고 다시, 정상상태를 인정할 수 있다는 것은 그것을 부인할 수도 있다는 것을 포함한다. 즉, 사회가 기존의 법에 따라서 작동하는 것을 인정할 수도 있고 부정할 수도 있는, 달리 말해 법의 유효성과 강제력 유무를 결정할 수 있는, 강력한 권력을 가지고 있는 것이 바로 국가의 권력이라는 것이다. 나아가 국가가 전시상태를 선포하면 군인들은 전쟁에 나가서 목숨을 걸고 싸워야 한다. 국가의 전쟁 선포는 곧 일부 국민의 생명을 희생할 것을 요구하는 것이다. 그런 뜻에서 국가가 막강한 권력을 가지고 행사하는 것은 부인하기 어려운 사실이다.

국가의 권력을 부인하기 어렵다고 해서 반드시 받아들여야 하는가? 이렇게 막강한 국가의 권력에 대해서 우리가 직관적으로 던지게 되는 질문은 바로, 권력은 어떻게 정당성을 확보해야 하는가이다. 그중에서도 첫째 질문은 다음과 같다. 권력은 어떤 근거 위에 세워질 때 정당한가? 국가는 법적, 합리적/도덕적, 그리고 민주적 정당성을 어떻게 온전하게 모두 확보할 수 있을까? 이 장에서는 국가 권력의 정당한 근거로서 제시된 주요 이론들을 각각 살펴보면서 각 이론이 국가 권력의 정당성을 얼마나 설득력 있게 확보해주고 있는지 확인해 본다.

인간이나 인간으로 구성된 사회 또는 인간이 운용하는 그 무엇도 스스로 존재하는 것은 없다. 인간은 스스로 태어날 수 없다. 생물학적으로는 부모가 인간이 존재하는 뿌리이자 근거다. 인간으로 구성된 사회도 자연적으로 발생했든 인위적으로 만들어졌든 스스로 만들어진 것은 아니다. 가족보다 큰 규모의 사회가 존재하게 된 근거는 신체적 정신적 생존 또는 그 이상의 무엇인가를 필요로 하는 인간의 본성 또는 의지이다. 즉, 인간 사회가 존재하게 된 근거는 인간의 생존을 둘러싼 본능과 본성 그리고 의지이지 사회 그 자체는 아니다. 스스로 존재하는 인간이나 인간 사회는 없다.

우리의 주제인 국가, 막강한 권력으로서 존재하는 국가, 인간이 운용하는 국가도 존재하는 근거를 스스로 가지고 있지 않다. 국가의 권력이 자연적으로 발생했을 수도 있고 인위적으로 만들어졌을 수도 있다. 그러나 국가의 권력이 스스로를 발생시키거나 만들어낸 것은 아니다. 어떤 방법으로든 무엇인가에 따라서 그리고 무엇인가에 의해서 존재하게 된 국가의 권력은 존재의 근거를 가진다. (다음 장에서 살펴보게 될 존재의 목적도 가진다.)

국가가 역사적 사실상 어떤 근거 위에서 실제로 존재하게 되었는가는 우리의 관심사가 아니다. 예를 들어, 근대 이전 대부분 국가의 권력은 세습으로 설립되거나 기존의 권력을 대체할 만큼 강력한 무력을 가진 세력에 의해서 사실상 세워졌다. 그러나 이러한 사실로부터 당위를 끄집어낼 수는 없다. 즉, 세습이나 무력이 국가 권력의 존재근거가 되어야 한다는 당위성을 역사적으로 그래왔다는 사실에서 도출해낼 수는 없다. 사실은 사실에 불과하다.

물론 하나의 사실은 그래야 한다는 당위의 영향을 받기도 한다. 가장 강한 권력이 국가 권력이 되어야 한다는 당위적 믿음에 따라서 더 강하고 새로운 권력이 이전의 권력을 대체하는 사실이 벌어졌을 수도 있다. 세습으로 권력이 창출되어야 한다고 믿었기 때문에 세습에 의한 권력이 사실상 세워진 측면도 있다. 사실은 당위를 반영하기도 한다.

그러나 모든 사실이 항상 당위를 반영하는 것은 아니다. 우리가 경험하는 모든 사실이 반드시 그래야 해서 발생하는 것은 아니다. 국가가 사실상 세습으로 세워졌던 것은 세습으로 세워지는 것이 반드시 정당했기 때문은 아니다. 세습이 정당하지 않음에도 불구하고 세습에 따라서 국가의 권력을 설립하고 유지했을 수도 있다. 무력을 가지고 권력을 빼앗은 전례가 있다 하더라도 무력에 의한 권력의 쟁취가 항상 정당하다고 볼 수는 없다. 그러므로 당위가 사실을 정당화할 수는 있어도 사실이 당위를 정당화하는 것은 아니다.

사실이 여러 번 반복되고 오랜 시간 동안 경험이 축적되면 관습과 전통이 될 수도 있다. 그리고 관습과 전통에 따라서 새로운 권력을 설립하는 것이 정당하다는 주장이 나올 수도 있다. 하나의 사실이 전통으로 자리 잡은 데에는 충분한 이유가 있으며 전통을 따를 때 안정적이라는 이유가 제시될 수 있다. 세습에 의한 권력의 승계가 전통으로 자리 잡은 것은 그 전통이 타당하다는 것을 보여준다는 것이다. 그러므로 누군가는 전통을 국가 권력의 정당한 존재근거로 제시할 수도 있다.

그러나 하나의 사실이 전통으로 자리 잡게 된 경위를 알아보고 전통의 내용이 과연 정당성을 가지는가를 알아보아야 한다. 하나의 사실이 전통으로 자리 잡게 된 이유가 바로 그 사실이 정당성을 가지기 때문이라면 국가 권력이 존재하는 근거로서 전통을 제시할 수 있다. 그러나 이때에도 전통 자체가 아니라 전통을 구성하는 내용이 가지는 타당성이 정당한 근거가 되는 것이다. 세습이 국가 권력의 존재근거로서 자리를 잡게 되었다면 세습이라는 전통이 국가 권력의 정당한 존재근거로 인정될 수 있다. 그러나 전통 자체가 아니라 전통의 내용인 세습의 타당성이 국가 권력의 정당한 존재근거가 되는 것이다.

그러므로 전통의 내용이 과연 정당한가에 대해서 질문해야 한다.

전통의 내용인 세습이 타당한가에 대해서 살펴보아야 한다. 세습에 따라서 세워진 국가 권력이 어떤 뜻에서 정당성을 가지는가를 알아보아야 한다.

독일의 사회학자 막스 베버는 국가 권력의 정당성이 보통 전통, 카리스마, 그리고 합법성/합리성에 따라서 확보된다고 분석했다. 그의 설명에 따르면, 국가의 구성원들은 전통에 따라서, 강력한 카리스마를 가진, 또는 합법적 절차에 맞는 국가 권력이 정당성을 가진다고 인정한다. 그러나 이러한 설명은 국가의 권력이 정당성을 가지게 되는 근거가 전통, 카리스마, 또는 합법성이어야 한다는 당위를 주장하는 것은 아니다. 역사적으로 대부분의 국가 권력이 그런 근거 위에서 정당성을 확보해 왔다는 사실을, 당위가 아닌 사실을, 설명해주는 것이다.

이 장에서 다루려고 하는 것은 국가의 권력이 정당성을 확보할 수 있는 근거로서 주장된 규범적 이론들이다. 다시 말해, 국가의 권력은 어디 위에 세워질 때 정당성을 인정받을 수 있는가에 관해서 주장하는 규범적 이론들을 알아본다.

## 2. 왕권신수설과 천명론

현대에 왕권신수설을 주장하는 사람은 없다. 정당성을 가지지 못한다고 보기 때문이다. 그러나 왕권신수설은 과거에 오랫동안 국가의 권력에 정당성을 부여했다. 따라서 그것이 어떤 이유로 해서 그때는 정당성을 확보할 수 있었는지, 그리고 이제는 왜 정당성을 확보할 수 없는 이론으로 취급받게 되었는지 알아보는 것은 의미 있는 일이다. 그 이유를 알아보기 전에 우선 왕권신수설의 내용과 특징을 정리한다.

왕권신수설은 왕의 통치 권한이 신으로부터 주어졌다고 보는 이론이다. 왕이 곧 신이라고 믿는 시대도 있었고, 왕은 신과 모종의 관계를 맺은 존재라고 보는 때도 있었으며, 왕이 지배할 수 있는 권한을 신으로부터 직간접적으로 부여받았다고 믿는 일도 있었다. 이 모든 경우 어떤 방식으로든 신으로부터 주어진 통치 권한이 정당성을 가진다는 생각의 전제는 신의 권위가 최고이자 최종적인 권위라는 믿음이다. 신이 창조했고 신의 지배를 받는 인간은 신의 권위를 따르는 것이 당연하며, 그러한 신으로부터 주어진 통치 권한이야말로 가장 정당한 권한이라는 믿음이다.

왕권신수설과 유사한 동양의 이론은 천명론이다. 천명론에 따르면 왕의 통치 권한은 하늘로부터 주어지는데, 왜냐하면 하늘의 뜻과 명령이야말로 인간이 어길 수 없는 절대적인 권위를 가지고 있기 때문이다. 하늘의 뜻이 곧 세상 만물과 인간이 살아가는 이치이며, 그러한 하늘의 뜻에 따라서 부여된 통치 권한은 정당한 권한이 된다. 천명론에서 특이한 점은, 하나의 권위가 하늘로부터 주어졌다는 것은 그 권위가 피통치자의 생명을 보호하고 생활을 증진할 수 있는 능력이 있다는 것을 통해 확인할 수 있다는 것이다. 정당한 군주는 무엇보다도 백성을 사랑하는 인자함의 덕을 보여줄 때 그 정당성을 확인받을 수 있다고 본다.

왕권신수설과 천명론은 관습법과 그 당시의 합리성 그리고 그러한 합리성을 가지고 있었던 구성원의 인정을 통해 권력의 정당성을 확보할 수 있었다. 즉, 관습법, 그 당시의 합리성, 그리고 구성원의 암묵적 승인을 내용으로 하는 정당성을 확보할 수 있었다. 무엇보다도 그 당시에는 신이나 하늘의 뜻이 옳은 것이며 결국 공동체에도 가장 바람직하고 유익하다는 믿음 또는 이해가 중요했다. 그러한 내용의 합리성은 관습법으로 굳어졌으며 결국 구성원 대다수도 자발적으로 권력을 승인할 수 있는 근거로 작동했다. 왕권신수설과 천명론은 인간과 세계에 대한 그 당시의 이해를 기반으로 하는 합리적 정당성과 (관습)법적 정당성, 그리고 구성원의 승인을 내용으로 하는 정당성을 제공할 수 있었다.

그러나 앞에서 설명했듯이 구성원의 자발적 승인이 곧 민주적 정당성이라고 이해하는 것은 충분하지 않다. 왜냐하면, 민주적 정당성은 구성원의 자발적 승인뿐만 아니라 공적인 합리성을 내용으로 하는 자유로운 승인을 포함해야 하기 때문이다. 구성원들은 사적인 이익이 아니라 공동체의 이익을 위해 권력을 승인할 때, 그리고 옳은 것을 분별, 선택, 그리고 결정할 때 비로소 진정한 의미에서 민주적인 정당성을 부여할 수 있다. 그러므로 구성원의 승인을 끌어냈던 왕권신수설과 천명론이 민주적 정당성을 부여할 수 있다는 것은 잘못된 이해이다.

왕권신수설과 천명론을 받아들인 구성원들도 공적 합리성을 가지고 있으며 자유로운 승인을 했다고 볼 수도 있다. 신이나 하늘로부터 통치 권한을 부여받은 특정 인물이 권력과 권한을 행사하는 것이 공동체에 유익하며 또 옳다고 판단했었을 것이기 때문이다. 왕권신수설과 천명론을 주장하는 이들도 그들 나름의 공적 합리성과 자유로운 승인을 내용으로 하는 민주적 정당성을 확보할 수 있었다고 말할 것이다.

그러나 종교개혁, 과학혁명, 인본주의를 근간으로 하는 문예부흥, 영국과 미국 그리고 프랑스 혁명 등을 경험한 근대 이후에는 왕권신수설과 천명론이 정당성을 확보해주는 이론으로서 작동하지 않는다. 왜냐하면, 신이나 하늘의 뜻은 증명되거나 확인될 수 없다고 보기 때문이다. 누가 신이나 하늘로부터 권력을 부여받았는지 알 수 없기 때문이다. 두 이론은 근대적 합리성이 요구하는 것을 충족하지 못하므로 근대적 의미의 합리적 정당성을 제공하지 못한다. 이것은 자연스럽게 법적으로도 제도화될 수 없다는 것을 의미한다. 즉, 합리적 정당성뿐만 아니라 법적 정당성도 확보할 수 없게 되었다.

나아가 왕권신수설과 천명론은 근대적 의미의 민주적 정당성도 보장하지 못한다. 근대적 합리성을 갖춘 구성원들은 특정 인물이 지배할 수 있는 권한을 신이나 하늘로부터 부여받았다고 믿지 않기 때문에 그런 권위를 인정하거나 승인할 수 없다. 오히려 모든 사람이 천부적인 자기 소유권과 그런 권리를 누릴 수 있는 자유를 평등하게 가지고 있다고 본다. 한 사람이 다른 사람을 지배할 수 있는 권리가 신이나 하늘로부터 주어진 것이 아니므로 그런 권리를 주장하는 사람을 최고의 권위자로 승인하지 않는다. 따라서 왕권신수설과 천명론에 근거한 권력은 근대적 이해를 가진 구성원들의 지지를 받을 수 없으므로 공적인 합리성도 없고 공동체에 바람직하고 옳다는 인정 또한 받을 수 없다. 신의 뜻이나 하늘의 이치를 완전히 부정하거나 알 수 없다고 믿는 근대인들은 왕권신수설과 천명론에 근거해 정당성을 주장하는 정치 권력을 받아들이지 않는다. 그러므로 두 이론은 민주적인 정당성을 제공하는 이론으로서 그 설득력을 완전히 잃게 되었다.

특히 천명론은 논리적으로 치명적인 결함을 가지고 있다. 천명론은 지배할 수 있는 권한을 하늘로 부여받았다는 사실이 백성을 사랑하고 돌보는 능력과 실천을 통해 확인되어야 하며 그럴 수 있다고 주장한다. 백성들은 그런 군주를 원할 것이고 민심이 곧 천심이라는 논리에 따라서 천심을 확인할 수 있다는 것이다. 그러나 누군가가 백성을 사랑하고 돌보는 능력과 실천을 보여주어야 그 여부를 확인할 수 있을 텐데 그 누군가를 사전에 어떻게 결정할 것인가? 그 누군가가 우선 통치 권한을 부여받아야 그 통치 능력을 보여주고 확인받을 수 있는데 그 권한은 어떤 기준으로 부여받을 것인가? 능력과 자질의 확인은 그것을 보여줄 수 있는 기본 자격이 주어진 후에나 가능한데 그 기본 자격은 무엇을 근거로 부여할 것인가? 천명론은 이러한 순서의 문제 앞에 가로막혀 있다.

## 3. 주지주의

국가의 권력이 신이나 하늘의 뜻이 아니라 인간의 지적 능력에 근거해

야 한다는 이론으로서 주지주의가 있다. 이것은 크게 두 가지로 분류되
는데, 하나는 플라톤이 주장한 철인통치론이고, 다른 하나는 아리스토텔
레스가 주장한 이성주의다.

플라톤이 생각하는 국가 권력의 근거는 '참된 지식(episteme)'이다.
이것은 억견(doxa)과 구분되는 것으로서 사물이나 사안의 본질과 실재
를 파악할 수 있는 능력을 말한다. 이때 억견이란 겉으로 보이는 것에
대한 지식인데, 어떤 것에 대한 억견은 그 본질이나 실재가 아니라 그것
에 대한 피상적 견해나 입장 등을 말한다. 따라서 근거가 없거나 제시되
지 않은 의견에 해당한다. 예를 들어, 인간의 본질에 대한 지식은 참된
지식인 반면, 인간의 겉모습에 대한 지식은 억견에 불과하다.

참된 지식이 권력의 근거가 되어야 한다는 것은 플라톤의 역할 정
의 이론이 설명해준다. 그에 따르면 국가는 경제, 군사, 그리고 정치의
세 가지 요소로 구성되는데 각각이 제 역할을 맡을 때 정의로운 국가가
될 수 있다. 이것은 마치 인간이 본능, 의지, 그리고 이성을 가지고 있으
며 각각이 제 역할을 감당하고 다른 역할을 방해하지 않을 때 훌륭한
인간이 되는 것과 마찬가지다. 특히 이성이 본능과 의지를 잘 다스릴
때, 즉 이성이 본능을 절제하고 의지를 결단력 있게 만들어줄 때 훌륭한
인간이 된다는 주장과 같이, 국가의 경우 정치가 경제와 군사 영역을 잘
통치해야 정의로운 국가가 된다는 주장이다. 특히 경제와 군사의 본질
을 파악하고 그 본질에 맞게 각 영역을 운영할 수 있는 참된 지식이 정
치의 통치 활동에 필요하다. 본능적 욕구를 따르는 경제 활동의 적절한
범위를 파악할 수 있는 지식, 안보를 맡은 군사 활동의 역할을 제대로
파악할 수 있는 지식, 이러한 참된 지식이 바로 통치하는 데 필수적인
역량이다. 그러므로 통치의 역할을 맡은 국가의 권력은 경제와 군사 그
리고 통치 자체의 본질에 대한 참된 지식에 그 근거를 두어야 한다고
플라톤은 주장한다. 참된 지식을 갖춘 철인이 통치해야 한다는 철인통

치론을 주장하는 것이다.

참된 지식에 근거한 국가의 권력은 어떤 의미에서 정당한가? 우선, 법적 정당성을 가질 수 있을까? 참된 지식이 법의 내용에 포함되어 있다면 철인통치는 법적 정당성을 가질 수 있을 것이다. 참된 지식에 따른 통치는 곧 법을 따르는 통치가 될 것이기 때문이다. 그러나 법이 항상 참된 지식과 일치하는 것은 아니다. 특히 실정법은 참된 지식을 온전히 담아내기에 한계가 있을 수밖에 없다. 본질이 왜곡된 현실을 반영할 수밖에 없는 실정법은 현실을 넘어선 초월적 본질에 충실한 참된 지식을 모두 담아내기에 역부족이다. 참된 지식에 근거한 국가 권력은, 만일 그런 권력이 있다면, 법적 정당성을 확보하기에는 지나치게 이상적이고 또 비현실적으로 보인다.

다른 한편, 국가 권력의 근거로써 참된 지식은 합리적이고 또 도덕적인 정당성을 확보해줄 수 있을 것이다. 경제와 군사의 본질을 제대로 파악하고 통치할 수 있는 국가는 정의로운 국가이며 사회를 정의롭게 만들어줄 것으로 기대되기 때문에 도덕적 정당성을 가진 국가라고 볼 수 있다. 참된 지식 자체가 이미 도덕적이므로 그것에 근거한 국가 권력이 도덕적으로 정당한 것은 당연하다. (물론 그런 권력이 현실적으로 존재 가능한가의 문제는 여전히 남아 있다.)

그러나 정치의 본질을 깨닫지 못한 대부분 사람은 참된 지식을 모르기 때문에 그것을 국가 권력의 근거로 인정할 수 없다. 국가의 권력이 참된 지식에 근거해야 한다는 당위를 인정할 수 있을지는 몰라도, 무엇이 참된 지식인지 모르는 사람들이 어떻게 참된 지식을 국가 권력의 근거로서 받아들일 수 있겠는가? 참된 지식을 깨닫고 알게 된 사람들은 곧 통치자가 되어야 할 것이며, 그렇지 못한 자들은 경제나 군사의 영역에서 자신의 역할을 맡아야 한다. 철인의 통치를 받으면서 말이다. 그러나 그들이 과연 철인의 통치를 인정할 수 있을까? 더군다나 어떤 특정 인물이 참된 지식을 가지고 있다는 것을 확신할 수 없다면, 비록 그가 참된 지식을 가지고 있다 하더라도, 어떻게 그의 지식을 국가 권력의 근거로서 받아들일 수 있을까? 참된 지식은 민주적 정당성을 확보하는 데 현실적인 한계가 있는 것으로 보인다.

플라톤의 제자인 아리스토텔레스는 그의 스승과는 조금 다른 입장을 가지고 있다. 아리스토텔레스가 국가 권력의 근거로서 주장하는 이성은 플라톤의 참된 지식과 비슷하지만 다르다. 참된 지식은 현실 세계를 넘어선 이상 세계에 존재하는 실재와 본질에 대한 이해력을 의미하는데, 이성은 현실 세계 안에서 존재하는 사물이나 사안 자체가 가지고 있는 필연성에 대한 이해력을 의미한다. 참된 지식은 이상에 대한 이해력을, 이성은 현실에 대한 이해력을 뜻한다. 특히 현실에서 존재하는 인간이 누릴 수 있는 최고의 삶은 도덕적으로 행복한 삶인데, 이것은 공익과 정의가 실현된 국가 안에서만 가능하다고 아리스토텔레스는 주장한다. 이때 공익과 정의를 파악하고 실현할 수 있는 능력이 바로 이성이다. 그러므로 이성주의에 따르면, 현실에서 인간의 행복한 삶이 필요로 하는 국가, 그런 국가가 필요로 하는 공익과 정의, 공익과 정의를 실현할 수 있는 능력으로서 이성이 바로 국가 권력의 근거가 되어야 한다.

그렇다면 누가 그런 이성을 가지고 있는가? 아리스토텔레스에 따르면, 노예는 이성이 없고, 여성은 이성을 가지고 있으나 감성에 휩쓸리기 쉽고, 그리고 어린이는 아직 이성이 충분히 발달하여 있지 않다. 그러므로 자유로운 성인 남성만이 이성을 가지고 있으며, 그들만이 통치자의 자격을 갖춘 시민이 될 수 있다. 노예, 여성, 그리고 어린이는 통치의 권한을 가지는 시민에서 처음부터 제외된다. 시민이 될 수 있는 자유로운 성인 남성은 모두가 함께 통치할 수 없으므로 교대로 지배한다. 보통 경험이 많은 장년층이 지배의 역할을 맡는다.

자유로운 성인 남성이 가지고 있다는 이성이 국가 권력의 근거가 되어야 한다는 주장은 어떤 정당성을 가질 수 있을까? 권력의 법적 정당성은 법의 내용이 말하는 대로 국가의 권력이 설립되었을 때 확보될 수 있는 정당성이다. 이성을 가진 자유로운 성인 남성만이 권력을 가질 수 있다는 내용은 과연 현재 시점에서 현실의 법으로 채택될 수 있을까? 그것이 어렵다면, 이성주의의 취지, 즉 공익과 정의에 관한 관심과 이해를 어느 정도 이상 가지고 있는 사람에게 국가의 권력을 줄 수 있다는 요구사항은 법의 내용에 포함될 수 있을까?

현재 대한민국 공직선거법에서 피선거권에 관한 조항은 기본적으로 국적과 연령 등의 조건을 제시하고 금치산자나 범죄자 등을 제외로 하는 내용을 담고 있다. 그리고 결정적으로는, 당선되려면 선거에서 다른 후보보다 더 많은 표를 얻으면 된다. 이러한 내용에는 공익과 정의에 관한 지식으로서의 이성이 권력의 근거로서 제시되어 있지 않다. 그러므로 아리스토텔레스가 제시한 국가 권력의 근거로서 이성은 법적 정당성을 확보한다고 보기 어렵다.

그러나 이것을 두고 이성주의는 국가 권력의 법적 정당성을 확보하는 데 실패했다고 결론지을 수는 없다. 이성주의와 법적 현실의 간극은 이성주의가 법적 정당성을 제공하기에 적절하지 않다기보다는 법의 내용이 아리스토텔레스가 말하는 뜻에서 이성적으로 볼 때 적절하지 않다는 것을 보여주는 것으로 이해되어야 할 것이다. (물론 권력의 근거로서 이성을 어떻게 도입할 것인가의 현실적인 문제는 또 다른 논의가 필요하지만 말이다.)

국가의 권력은 그것을 공익과 정의의 실현을 위해서 사용할 수 있는 이성에 근거해야 한다고 말하는 것은 합리적이고 나아가 도덕적으로 보이기까지 한다. 그러므로 국가 권력의 근거에 대한 아리스토텔레스의 이성주의 이론은 어렵지 않게 합리적 그리고 도덕적 정당성을 가져다주는 데 성공할 수 있는 이론으로 보인다. 물론 이성을 바탕으로 하는 국

가의 통치 행위 안에서 지배와 피지배를 교대로 하는 삶을 통해 도덕적
으로 행복한 삶을 살 수 있다는 아리스토텔레스의 주장까지 합리적이고
도덕적인가에 대해서 현대인들은 다른 견해를 보일 것이다.

마지막으로 이성주의는 민주적 정당성을 제공할 수 있을까? 이성이
권력의 근거가 되어야 한다는 것과 구성원의 자발적이고 자유로운 승인
이 그 근거가 되어야 한다는 것은 서로 다른 주장이다. 그러므로 이성주
의가 민주적 정당성을 반드시 보장한다고 볼 수는 없다.

그러나 공익을 중시하고 어떤 권력이 공동체에 유익한 권력인가를
고민하고 판단할 줄 아는 구성원이라면 국가의 권력이 공익과 정의를
파악할 수 있는 능력으로서의 이성 위에 세워져야 한다는 데에 자발적
으로 그리고 자유롭게 동의할 것이다. 만일, 구성원이 공익과 정의가 아
닌 사익을 추구하며 사익 추구에 도움이 되는 권력을 승인하려고 한다
면 아리스토텔레스의 이성주의를 따르지 않을 것이다. 그러나 그 경우,
민주적 정당성을 제시하지 못하는 것은 이성주의가 아니라 사익을 추구
하려는 구성원의 판단과 선택이다. 결국, 이성주의와 민주적 정당성은
그 형식에서는 다르지만, 그 내용상으로 볼 때는 매우 자연스러운 연결
고리를 가지고 있음을 알 수 있다.


## 4. 민주주의

국가 권력의 근거에 대한 민주주의의 기본 아이디어는 권력의 영향 아
래에 있게 될 구성원이 그 권력을 선택하고 세울 수 있어야 한다는 것
이다. 왜냐하면, 권력을 가지고 지배하는 사람이나 그 지배를 받는 사람
모두 자유롭고 평등하며 자기 주권을 가진다고 보기 때문이다. 주권자
인 인간을 지배할 수 있는 것은 자기 자신일 뿐이므로 자기를 지배하게
될 국가의 권력이 정당성을 얻으려면 자신의 동의를 받을 때만 가능하

다고 보는 것이다. 민주주의는 권력의 근거에 대해서 뿐만 아니라 한번 세워진 권력이 어떻게 운영되어야 하는가에 대한 기본 아이디어도 가지고 있다. 그러나 여기에서는 권력의 근거에 관해서만 논의를 한정하기로 한다.

권력의 국민주권설을 헌법에 명시하고 있는 국가에서 민주주의가 권력의 법적 정당성을 가져다주는 이론인 것은 당연하다. 한국의 헌법은 '대한민국은 민주공화국이다. 대한민국의 주권은 국민에게 있고, 모든 권력은 국민에게서 나온다.'라고 명시하고 있다. 그리고 입법권을 가진 국회는 국민의 선거에서 선출된 국회의원으로 구성하며, 국가의 원수이자 외국에 대하여 국가를 대표하는 대통령도 국민의 선거로 선출하게 되어 있다. 따라서 민주주의가 주장하는 구성원의 동의에 근거한 국가 권력은 한국의 헌법 내용을 고려해 볼 때 법적 정당성을 가지고 있음이 분명하다.

국가 권력의 법적 정당성을 보장하는 민주주의는 합리적/도덕적 정당성도 보장할 수 있을까? 국가 권력의 근거에 대해 민주주의가 주장하는 바의 기초는 권력의 행사자와 행사 대상자가 모두 자유롭고 평등한 인간이라는 것이다. 그리고 자기를 지배할 수 있는 것은 자기 자신뿐이며 자기를 지배하는 권력은 자신의 동의를 얻어야 한다는 것이다. 이것은 모든 인간의 평등과 자기 주권이 더 이상의 논증이 필요 없이 자명하다고 믿는 현대인들에게 매우 합리적이며 도덕적인 사실이다. 따라서 민주주의는 국가 권력의 합리적/도덕적 정당성을 보장하는 이론이라고 볼 수 있다.

마지막으로, 민주주의는 과연 국가 권력의 민주적 정당성을 확보해줄 수 있을까? 직관적으로 볼 때, 이 질문에 대한 답변이 긍정적이라는 것은 당연해 보인다. 민주주의의 기본 아이디어에 따라서 세워진 국가 권력이 민주적 정당성을 가진다는 것은 동어반복처럼 들릴 정도로 당연하게 보인다. 그러나 민주주의의 기본 아이디어와 민주적 정당성의 내용을 각각 자세히 들여다보면 사안은 그렇게 간단하지만은 않다. 민주주의는 본질적 문제와 현실적 문제를 극복해야 한다.

우선, 본질적 문제란 이렇다. 국가 권력에 대한 민주주의의 기본 아이디어를 다시 한번 기술하면 다음과 같다. 권력의 영향 아래에 있게 될 구성원의 승인을 받는 권력이 정당한 권력이다. 즉, 구성원의 승인이 관건이다. 그러나 민주적 정당성은 그 승인이 자발적인 것일 뿐만 아니라 공적 합리성과 옳음을 선택할 수 있는 승인이어야 할 것을 내용으로 한다. 구성원의 승인만을 권력의 근거에 대한 민주주의의 요건으로 제시한다면 그보다 정교하고 풍부한 내용을 가진 민주적 정당성을 확보하는데 실패할 수도 있다. 그러므로 민주적 정당성을 보장하기 위해서 민주주의는 구성원의 승인을, 민주적 정당성의 내용과 같이, 자세하고 풍부하게 갖출 필요가 있다.

국가 권력의 정당한 근거로서 민주주의가 작동하기 위해서는 현실적으로 극복해야 하는 문제도 있다. 민주주의는 구성원의 승인을 받은 권력이 정당하다고 말한다. 그러나 현실적으로 볼 때 구성원 중 일부는 자신이 승인하지 않은 권력의 지배를 받기도 한다. 누구에게 국가의 권력을 맡길 것인가의 결정이 모든 구성원의 만장일치로 이루어진다면 일부 구성원이 경험하는 현실적 문제는 단번에 해결된다. 그러나 현실에는 반드시 반대의 소수 의견을 가진 구성원이 있기 마련이고, 그들은 자신이 승인하지 않은 권력의 지배를 받게 된다. 투표에서 소수가 다수의 뜻을 따르겠다는 동의를 했다손 치더라도, 그 동의가 곧 자신이 승인한 권력의 지배를 받는 결과로 이어지는 것은 아니다. 그러므로 이상적인 민주주의가 현실에서 작동하기 위해서는 구성원 일부의 주권 훼손 문제를 극복할 수 있는 대책을 제시해야 한다.

## 5. 소결: 대통령 선거

이제 지민은 자신의 한 표가 포함된 선거를 통해 새롭게 선출될 대통령의 권력이 얼마나 중요한 의미가 있는가에 대해서 알게 되었다. 자신의 한 표가 다양한 의미의 정당성을 부여하는 데 일조할 것임을 알게 된 것이다. 그래서 후보를 선택하는 일에 더 신중하지 않을 수가 없다.

법적으로 보장된 선거권을 발휘해서 던진 표 한장 한장은 새로운 권력에 법적 정당성을 부여해줄 것이다. 그리고 국가의 권력이 법의 내용에 부합하는 절차에 따라서 세워져야 하는 것은 몇 가지 문제점에도 불구하고 형평성, 일관성, 그리고 안정성 등의 이유를 고려하면 매우 중요하다.

그러나 법적 정당성은 있으나 합리적 정당성이 없는 대통령을 뽑아 놓고 그 권력 아래에서 살게 된다면 그런 삶은 비합리적일 수 있다. 그래서 중요한 것은, 자신의 선택이, 그리고 전체로서의 국민의 선택이 그 존재의 근거를 제시할 권력자에게 합리적인 정당성을 부여할 수도 있고 그렇지 못할 수도 있다는 점이다. 그런 의미에서 후보자에 대한 자신의 판단과 선택이 나름 합리적 근거를 가져야 한다는 것도 알게 되었다.

나아가 지민의 한 표는 그 자체가 대통령에게 민주적 정당성을 더 해주는 일이 될 것이다. 자신이 주체가 되어 던지는, 소중한 한 표이기 때문이다. 그러나 우리가 자세히 이해한 내용의 민주적 정당성을 확실하게 보장하려면 현실의 제도가 보완할 점들이 있다. 대통령은 단순히 국민이 주체가 되어 선출하면 민주적 정당성을 가지는 것이 아니다. 국민이 자발적으로 투표에 참여할 뿐만 아니라 어떤 후보가 공익을 우선시하며 나아가 정의를 실현하는 데 더 적합한 후보인가를 자세히 파악하는 과정도 필요하다. 예를 들어, 후보 중에 내가 원하는 후보가 없다면 나의 투표는 과연 자발적이라고 볼 수 있을까? 내가 지지하지 않는 후보 중에 한 사람을 선택해야 한다면 나는 과연 자발적인가? 국민이 사익을 따라서 지지할 후보를 선택하면 과연 '민주적'이라고 말할 수 있을까? 후보 중에 공익과 정의를 (충분히) 중시하는 후보가 발견되지 않는다면 과연 국민은 자발적이고 공적 합리성을 가진 투표를 할 수 있을까? 그런 상황에서 선출된 대통령은 과연 온전한 의미에서 민주적 정당성을 제대로 확보했다고 볼 수 있을까? 민주적 정당성은 바람직해 보이지만 현실에서 실현하려면 극복해야 하는 문제도 많이 가지고 있다.

그런 문제를 극복하기 위해 고민하는 것이 바로 정치철학이며, 우리와 나의 삶에 필요한 것이 정치철학이다. 그러므로 우리와 나의 삶이 지속하는 한 정치철학은 계속되어야 한다.

# 7장
# 권력의 목적

## 1. 권력의 궁극적 목적은 무엇인가?

아직 대학 졸업을 한창 남겨두고 있지만, 지민은 벌써 취업을 고민하기 시작했다. 주위에 있는 대부분 친구가 취업을 위해 영어 공부와 국가직무표준 능력 시험을 준비하고 있는데, 그런 분위기를 무시할 수 없기 때문이다. 특별한 직업에 관심이 없는 지민으로서도 공무원 시험을 보는 것 외에는 달리 대안이 없어 보인다. 아무래도 안정적이고 자신만의 시간을 가지는 데에는 공무원처럼 좋은 직업이 없는 것 같기 때문이다.

다양한 직종과 직군의 공무원이 있지만, 공무원은 모두 국가 기관에서 정해 놓은 법률과 정책 그리고 맡은 임무 등에 따른 업무를 수행하는 직업이다. 업무의 방법에 대해서는 효율성을 위해 비판과 제안을 할 수 있지만, 업무의 방향에 대해서는 정치적 중립성을 지켜야 하는 것이 공무원이다. 국가의 권력을 가진 자들이 결정한 정치적 방향을 따라야 하고, 그 방향에 따라서 세워진 정책들을 효율적으로 추진하는 일만 하면 된다. 부동산 정책, 대학 입시 정책, 복지 정책, 대북 및 외교 정책 등등, 집권 세력의 정치적 성향에 따라서 그 방향과 내용이 바뀌어도 공무원은 주어진 업무만 성실히 그리고 효율적으로 수행하기만 하면 된다.

공무원의 업무 능력에 의해 뒷받침되는 국가의 정책들은 집권 세력의 정치적 성향에 따라서 달라지곤 한다. 집권 세력이 소위 좌파냐 우파냐, 진보냐 보수냐에 따라서 국가가 추진하는 정책들의 궁극적인 방향이 결정된다. 흔히 자유와 평등, 성장과 분배, 그리고 안정과 변화 등의 축에서 어느 한쪽으로 국가의 권력을 사용하는 방향이 설정되곤 한다.

만일 국가의 권력이 궁극적으로 추구하는 목적이 정당하면, 공무원은 왜 그 정치적 방향에 대해서 중립성을 지켜야 하는가? 정당한 것이라면 지지할 수 있는 것 아닌가? 중립을 지켜야 한다는 것은 곧 집권 세력이 그 권력을 사용하는 방향이 정당하든 정당하지 않든 찬성하거나 반대하지 말아야 한다는 것인데, 왜 그런가? 정당하면 찬성하고 그렇지 않으면 반대하는 것이 오히려 공무원이 해야 하는 일 아닌가? 군대에서 하급자가 상급자의 명령에 무조건 복종해야 하듯이, 공무원도 국가 정책의 큰 방향에 대한 집권 세력의 결정에 무조건 따라야 하는가? 그렇다면, 국가의 행정 조직이 전쟁에서 이겨야 하는 군대 조직과 무엇이 다른가?

공무원뿐만 아니라 일반 시민도 집권 세력의 정치적 방향에 아무런 문제를 제기하지 말아야 하는가? 적어도 일반 시민은 그렇지 않은 것 같다. 일반 시민은 자신의 삶을 규정하는 국가의 권력이 궁극적으로 어떤 방향으로 나아가야 하는가에 관해서 주장이나 비판 또는 제안을 할 수 있고 해야 한다. 그래야 주체성을 가진 주권자로서 시민이다. 그렇다면, 국가의 막강한 권력은 무엇을 위해서 존재해야 할까? 국가의 권력이라는 힘은 어떤 궁극적 방향성을 가질 때 정당하다고 인정받을 수 있을까?

존재의 정당한 근거를 필요로 하는 국가는 그 근거와 별도로 존재의 목적도 필요하다. 존재의 근거가 있다고 해서 반드시 목적도 가지는 것은 아니다. 당신이 자전거 한 대를 샀다고 가정해보자. 그 자전거가 당신의 정당한 소유물 중 하나로 존재할 수 있는 근거는 합의된 가격을 내고 그것을 샀다는 사실에 있다. 그러나 그렇게 산 자전거가 존재하는 목적은 예를 들어 당신이 자전거를 타고 운동을 해서 건강을 증진하는 데에 있는 것이다. 만일 자전거가 고장 나서 수리할 수도 없고 사용할 수도 없다면 더는 존재하는 목적에 충실하지 못하기 때문에 당신은 그 자전거를 처분하고 싶을 것이다. 고장 난 자전거는 당신의 자전거로서 존재할 수 있는 정당한 근거가 있지만, 존재의 목적에는 정당하지 않은 자전거다.

마찬가지로 국가가 존재하는 근거와 목적도 서로 일치하는 것은 아니다. 다음 두 질문은 비슷해 보이지만 분명히 다른 질문이다.

- 국가의 권력은 어디에서 나올 때 존재 자체의 정당성을 가지는가?
- 국가의 권력은 무엇을 향해 나아갈 때 존재 자체의 정당성을 가지는가?

첫째 질문은 존재의 근거를 묻는 것이고, 둘째 질문은 존재의 목적을 묻고 있다. 존재의 근거가 없다면 정당하게 존재할 수 없고, 존재의 목적에 충실해야 정당하게 존재할 수 있다는 뜻에서, 즉 두 질문 모두 존재의 정당성 조건을 찾고 있다는 뜻에서 비슷해 보인다. 그러나 두 질문이 제시하는 정당성의 조건이 다르다는 뜻에서 서로 다른 질문이다. 존재의 근거는 존재를 위해 없으면 안 되는 필요조건이고, 존재의 목적은 존재를 위해 꼭 있어야 하는 충분조건이다.

예를 들어, 배우자가 배우자로서 존재할 수 있는 근거는 상대 배우자로부터 배우자로서 인정받는 것이다. 인정받지 못하면 배우자로서 존재할 수 없다. 그리고 법적으로는 혼인신고를 했을 때 법적으로 정당한 배우자가 될 수 있다. 그러나 배우자는 배우자로서 존재하는 목적을 가지는데, 그것은 예를 들어 상대방을 배우자로서 인정하고 존중하고 상대방을 위해 경제활동을 하는 것 등을 포함한다. 그런 목적에 충실한 배우자가 배우자로서 정당하게 존재할 수 있다.

이것은 국가에도 고스란히 적용된다. 앞 장에서 살펴보았듯이, 국가는 신의 뜻이나 하늘의 명령, 참된 지식이나 합리적 이성, 또는 주체적 구성원들의 자발적이고 공적 합리성을 가진 승인 등에서 존재의 정당한 근거를 찾을 수 있다. 특히 민주 국가는 구성원들의 주체적 승인을 받지 못하면 정당하게 존재할 수 없다. 그러나 동시에 국가는 국가로서 존재하는 목적을 가진다. 그 목적은 자연적일 수도 있고 인위적으로 만들어진 것일 수도 있다. 어쨌든 권력을 가진 국가가 존재하는 궁극적 목적이나 역할이 무엇이어야 하는가의 문제가 있으며, 이것은 국가 존재의 근거에 대한 문제와 구분해서 논의해야 한다.

국가 존재의 근거는 회고적이고, 존재의 목적은 전망적이다. 국가가 정당하게 존재할 수 있는 근거는 국가가 존재하기 이전에 또는 존재함과 동시에 확보되어야 한다. 반면, 국가가 정당하게 존재할 수 있는 목적은 국가가 일단 존재한 후에 국가가 나아가야 할 큰 방향을 말한다. 마치 건물을 지을 때 정당하게 사들인 대지 위에 건물이 올라가야 정당하듯이 권력을 가진 국가라는 존재도 정당한 근거 위에 세워져야 한다. 그러나 정당한 대지 위에 세워진 건물이라 할지라도 건물의 목적에 맞는 기능을, 예를 들어 도서관이면 도서관으로서의 기능을 제대로 발휘할 때 비로소 정당하게 존재할 수 있듯이 정당한 근거 위에 세워진 국가의 권력도 궁극적으로 나아가야 할 큰 방향에 충실할 때 최고의 배타적 권력으로서 존재할 수 있는 정당성을 가지게 되는 것이다.

국가의 권력이 존재하는 목적은 나중에 살펴보게 될 국가의 정부가 활동하는 내용과도 비슷하지만 구분된다. 국가 권력의 존재 목적은 국가의 정부가 보여주는 다양한 활동을 통해서 달성될 수 있다. 예를 들어, 국가의 존재 목적이 국민의 생명을 안전하게 지키는 데에 있다면, 국가는 그 목적을 달성하기 위해 국방과 사회질서를 제공해야 한다. 그런 뜻에서 존재의 목적과 활동의 내용은 긴밀하게 연결되어 있다. 그러나 존재의 목적은 국가가 다양한 활동을 통해서 성취해야 하는 궁극적 상태이지 활동 그 자체는 아니다. 국가 권력의 존재 목적은 국가의 활동과 구분해서 논의해야 하는 부분이다. 예를 들어, 국가의 존재 목적으로서 구성원들의 도덕적 완성을 상정한다면 국가는 그 목적의 달성을 위해서 필요한 활동을 해야 한다. 따라서 국가의 목적과 활동은 구분되는 것이며 구분해서 논의해야 한다.

국가가 존재의 궁극적 목적을 잘 설정함으로써 정당성을 확보해야 하는 이유는 국가가 존재하는 양상으로서 최고의 배타적 권력을 가지고 있기 때문이다. 위에서 살펴보았듯이, 국가는 구성원들의 의지와 상관없이 휘두를 수도 있는 막강한 권력을 가지고 있다. 국가의 권력은 정당성을 확보하면 권력을 행사할 수 있는 권한을 가지게 된다. 예를 들어, 국가는 다양한 방법으로 세금을 걷어서 다양한 영역에 세금을 사용한다. 세금을 어떻게 걷느냐, 그리고 세금을 어떻게 사용하느냐에 따라서 국민의 삶은 크게 달라진다. 개인과 법인의 소득 일부를 국가가 가져가고, 그렇게 걷은 세금을 복지 및 공공시설 등에 사용하는 국가의 권력은 세금을 징수하고 사용하는 궁극적 목적이 무엇이냐에 따라서 정당성이 있거나 없다고 또는 많거나 적다고 평가받을 수 있으며 받아야 한다.

아래에서는 국가가 존재하는 궁극적 목적이 무엇인가에 대한 이론을 소개하고 어떤 목적을 가질 때 어떤 종류의 정당성을 인정받을 수 있는가에 관해서 알아본다.

## 2. 국가의 존재 목적 (1): 도덕적 완성 – 도덕주의

'인간은 정치적 동물이다.' 아리스토텔레스가 한 유명한 말이다. 이 말은 '인간은 사회적 동물이다.'라는 말로 축소되거나, '정치적'이라는 표현이 곡해되어 인간은 기회주의적이거나 계략적이라는 뜻으로 잘못 이해되기도 한다. 그러나 이 말의 정확한 내용은 '인간은 본성적으로 국가 안에서 사는 동물'이라는 것으로서, 인간은 정치에 참여할 때 비로소 본성적으로 주어진 존재 이유와 의미를 발견하고 실현할 수 있다는 것이다. 달리 말하자면, 인간은 국가 안에서 살아야 인간의 본성을 실현할 수 있고, 본성을 실현할 때 도덕적으로 훌륭한 존재가 될 수 있다는 것이다. 거꾸로 말하자면, 국가가 존재하는 이유는 인간의 도덕적 완성에 있다는 말이다. 그렇다면, 아리스토텔레스는 왜 국가의 존재 목적이 인간의 도덕적 완성에 있다고 말했을까?

국가는 인간이 활동하는 조직이므로 국가의 목적에 대해서 알려면 인간에 대한 이해로부터 출발하는 것이 자연스럽다. 아리스토텔레스에 따르면, 인간은 의도를 가지고 활동하며 인간의 모든 활동에는 목적하는 바가 있다. 당연히 그 목적은 무엇이건 좋은 것이지 나쁜 것이 아니다. 인간이 의도하는 좋은 것 또는 좋은 삶, 즉 인간으로서 행복한 삶은 뛰어남/훌륭함/덕성에 따라서 이성이 활동하는 삶이다. 왜냐하면, 이성이야말로 인간에게 궁극적으로 좋은 것이 무엇인지 알게 해주는 유일한 방편이기 때문이다.

좋은 삶과 행복한 삶은 공동체를 떠나서는 이루어질 수 없다. 인간은 본성적으로 사회적이고 정치적인 동물이기 때문이다. 인간은 본성적으로 남녀가 만나 가족을 구성하고, 가족이 해결할 수 없는 문제의 해결을 위해 마을 공동체를 만든다. 나아가 마을이 해결할 수 없는 문제를 해결하기 위해 여러 개의 마을 공동체가 연합하여 국가를 구성한다.

이렇게 가족, 마을, 그리고 국가 공동체를 구성하는 목적은 자족적인 삶, 더 이상의 필요가 없는 삶, 즉 좋은 삶을 사는 데에 있다. 자족적이고 더 이상의 필요가 없는 좋은 삶은 정치적이고 경제적인 독립을 이룬 삶이다. 이러한 삶은 국가 안에서만 가능하며 인간이 이성적 활동을 하는 궁극적 목적이기도 하다. 인간이 본성에 따라서 자연스럽게 국가를 구성해서 정치적이고 경제적인 독립의 삶을 살려고 하는 궁극적 목적은 결국 좋은 삶, 행복한 삶이다. 이것이 곧 도덕적으로 완성된 삶이다.

이러한 일련의 논의 과정에서 드러난 것이 국가가 존재하는 궁극적 목적이다. 즉, 국가의 궁극적인 존재 이유는 인간이 좋은 삶, 도덕적으로 완성된 삶을 사는 데에 있다. 아리스토텔레스의 도덕주의에 따르면, 국가는 구성원의 도덕적 완성을 그 존재 이유로 삼을 때 정당성을 가진다.

이미 드러났듯이, 아리스토텔레스가 주장하는 국가의 궁극적 목적인 도덕적 완성은 국가의 권력에 도덕적 정당성을 부여할 수 있을 것이다. 물론 뛰어남/훌륭함/덕성에 따라서 이성적 활동을 하는 것이 과연 도덕적인 것이냐는 질문이 뒤따를 수 있다. 그러나, 이 질문에 대한 답변이 무엇이든 상관없이, 국가의 존재 목적으로서 도덕적 완성을 주장하는 이론이 국가의 권력에 부여할 수 있는 정당성의 종류는 법적 또는 민주적 정당성이 아니라 도덕적 정당성이다. 무엇이 도덕적인 것인가에 관한 논의는 부차적이다.

국가의 권력은 구성원들이 도덕적으로 선하고 훌륭한 인간이 되도록 사용되어야 하는가? 그런 권력은 도덕적 정당성을 가질 수 있을지 몰라도 법적 또는 민주적 정당성을 자동으로 가지는 것은 아니다. 하나의 권력이 아무리 도덕적으로 바람직한 목적을 추구한다고 하더라도 그것이 법적으로 정당한 권력이 되는 것은 아니다. 마찬가지로, 도덕적 완성을 추구하는 권력을 구성원이 주체적으로 자발적으로 그리고 공적 합리성을 가지고 승인하는 일은 매우 드물다. 공적 합리성에 충실한 구성원은 주체적이고 자발적으로 그런 권력을 승인하려고 할 수 있다. 그러나 도덕성과 공적 합리성이 항상 일치하는 것은 아니다.

예를 들어, 전 세계의 인권을 신장하기 위한 하나의 도덕적인 국가 정책이 그 국가의 구성원들에게는 오히려 공적 비합리성을 가진 정책일 수 있다. 해외 식량 원조는 도덕적인 정책이지만 국내의 가난한 구성원들에게는 공적 합리성이 없는 정책이 될 수 있다. 또 하나의 예를 들자면, 국가는 사회의 빈곤 문제를 해결하기 위해 특권층의 자선과 기부에 의존할 수도 있다. 자선과 기부는 도덕적인 행위임이 틀림없다. 그러나 빈곤 문제를 단순히 자발적 자선과 기부에 의존해서 해결하는 국가는 공적 합리성을 가진다고 볼 수 있는가? 그러므로 국가의 권력이 도덕적 정당성을 가진다고 해서 공적 합리성을 요구하는 민주적 정당성을 반드시 가질 수 있는 것은 아니다.

## 3. 국가의 존재 목적 (2): 공공선의 실현 - 공화주의

국가의 권력을 구성원의 도덕적 성숙을 위해 사용해야 한다는 것이 지나치게 넓고도 과도한 주장이라면, 공공선의 실현을 위해서 사용해야 한다는 주장이 있다. 공공선, 즉 공동체 전체의 안위와 기본적 복지 등 공공의 유익에 이바지하도록 국가의 권력이 사용되어야 한다는 것이다.

공공선을 주장하는 공화주의는 이전에 설명한 도덕주의와 다음에 설명할 자유주의의 중간 즈음에 있다고 볼 수 있다. 도덕주의가 도덕성을 중시할 때, 공화주의는 공공성을 강조한다. 도덕성은 공공성보다 폭넓고 두꺼워서 사적인 영역까지 포함하지만, 공공성은 말 그대로 공적인 범위만 포함한다. 공공선을 중시하는 공화주의는 예를 들어 국가의 안보와 같이 공공성이 있는 가치를 국가의 권력이 궁극적으로 추구할 때 정당하다고 말한다.

공공선을 더욱 잘 이해하기 위해서 그것과 비슷하지만 구분되어야 하는 공동선과 비교해 보자. 공공선과 공동선 모두 공동체와 관련이 있으므로 비슷한 개념이다. 그러나 공공선은 전체로서의 공동체에 유익한 것이고, 공동선은 공동체의 각자 구성원에게 이익이 되는 것이다. 예를 들어, 국가의 안보는 공동체 전체에게 유익한 것이지만, 시장은 공동체의 구성원 각자에게 이익이 된다. 따라서 국가의 안보는 전체로서의 공동체에 유익을 제공하지만, 시장은 전체로서의 공동체에 이익을 제공하는 것은 아니다. 강력한 자본이 지배하는 시장뿐만 아니라 공급과 수요에 의해서만 가격이 결정되는 순수한 시장도 누군가에게는 손해가 되기도 한다. 그러므로 시장은 공정한 거래가 이루어지도록 관리될 때 공동체 전체에게 유익이 되는 공공선으로서의 가치를 가지게 될 수 있다. 그이전에는 공동선의 가치만 가지고 있다. 따라서 공동선보다는 공공선을 중시하는 공화주의는 시장을 있는 그대로 내버려 두기보다는 공공선으로서의 가치를 가지도록 관리할 것을 주장할 것이다.

　공공선과 공동선의 특징을 조금만 더 살펴보자. 공공선의 재화는 비배제적이고 비경합적이다. 반면, 공동선은 비배제적이지만 경합적이다. 공공선의 하나로서 국가의 안보는 그 수혜자를 배제할 수 없다. 국가 안에 거주하면 누구나 국가 안보의 혜택을 받는다. 그리고 비경합적이기도 한 국가의 안보는 일부 구성원이 그 혜택을 받는다고 해서 다른 구성원이 혜택을 덜 받거나 못 받게 되도록 줄어들거나 없어지는 것이 아니다. 그러나 공동선의 하나인 시장은 비배제적이어서 누구에게나 열려있지만, 경합적이어서 누군가는 이익을 누군가는 손해를 보기도 한다. 공화주의는 배제할 수도 없고 경합할 필요도 없는 공공선을 국가가 궁극적으로 추구해야 한다고 말한다. 동시에 비배제적이지만 경합성을 가지고 있는 시장과 같은 공동선은 공동체 전체에게 유익한 것은 아니므로 국가가 궁극적으로 추구해야 하는 목적이 아니라고 말한다.

　공동체 전체에게 유익한 공공선의 실현을 존재의 목적으로 삼는 국가의 권력은 어떤 종류의 정당성을 가질 수 있을까? 법적 정당성은 법의 내용이 무엇이냐에 따라서 달라진다. 현재 한국의 헌법과 많은 법률은 공공선의 실현을 국가 권력의 목적으로 설정하고 있을까? 예를 들어, 헌법 제9장에서는 경제에 대해서 다음과 같이 말하고 있다. '국가는 균형 있는 국민경제의 성장 및 안정과 적정한 소득의 분배를 유지하고, 시장의 지배와 경제력의 남용을 방지하며, 경제주체 간의 조화를 통한 경제의 민주화를 위하여 경제에 관한 규제와 조정을 할 수 있다.' 즉, 시장이 공동선으로서 작동하는 것을 넘어서서 공공선으로서 가치를 가질 수 있도록 국가가 규제하고 조정할 수 있다고 말한다. 그러나 경제 민주화를 위해서 국가가 실제로 얼마나 효과적으로 시장을 규제하고 조정하고 있는지는 다른 문제다. 어쨌든 국가가 공공선의 실현을 위해서 그 권력을 사용하는 것은 법적인 정당성을 가지는 것임을 확인할 수 있다.

공공선의 실현을 국가 권력의 궁극적 목적으로 삼는 것은 합리적일까? 공적 합리성을 가진 구성원의 지지를 받을 수 있을까? 아마도 무엇이 합리적이며 공적으로 합리적인 것인가에 대한 이해에 따라서 그 답이 달라질 것이다. 공공선이 합리적이며 나아가 공적 합리성도 가지고 있다면, 공공선을 권력 행사의 궁극적 목적으로 삼는 국가는 합리적 정당성뿐만 아니라 민주적 정당성도 확보할 수 있을 것이다. 예를 들어, 시장을 적절하게 규제하는 것은 합리적일까? 공적 합리성을 가지는가? 시장을 공공선이 있는 가치로 만드는 것은 (공적으로도) 합리적이지 않다는 의견부터, 그래야 한다는 데에는 동의하면서도 그 방법에 대해서는 색다른 의견을 가지기도 하는 등 다양한 입장이 가능할 것으로 보인다. 결론적으로 말하자면, 공동선이 아니라 공공선을 중시하는 구성원이라면 경제 민주화를 추구하는 국가의 권력에 민주적 정당성을 부여할 것이다.

## 4. 국가의 존재 목적 (3): 분쟁의 해결 - 자유주의

국가 권력의 궁극적 목적에 대한 마지막 입장으로서 자유주의가 있다. 자유주의는 국가가 개인의 도덕적 완성을 위해서 그 권력을 사용해야 한다는 것에 반대하는 것은 물론 공공선을 위해서 사용해야 한다는 것에도 반대한다. 그렇다고 공공선의 하나인 국가의 안보에 반대하는 것은 아니다. 자유주의도 국가의 안보를 중시한다. 그렇지만 자유주의가 국가의 안보를 중시하는 이유는 그것이 공동체 전체를 위한 공공선으로서의 가치를 가지기 때문이 아니다. 구성원 각자의 생명과 재산을 보호하는 데에 이바지하기 때문에, 즉 공동체 전체의 이익이 아니라 개인 각각의 이익을 위해서 국가의 안보를 중시한다.

자유주의는 개인의 자유와 권리를 가장 중시한다. 국가의 권력은 궁극적으로 개인의 자유와 권리를 보호하기 위해 사용되어야 하며, 가장 좋은 방법은 국가의 권력을 가능한 한 축소할 때 그런 목적을 달성할 수 있다고 본다. 그러므로 국가의 권력을 적극적으로 사용하는 궁극적 목적은 개인의 자유와 권리를 보호하는 데에 있다기보다는 한 개인과 다른 개인의 자유와 권리가 충돌하는 것을 해결하는 데에 있다고 주장한다. 즉, 분쟁의 해결에 국가 권력의 궁극적 목적이 있다고 주장한다.

자유주의가 분쟁의 해결을 국가 권력의 궁극적 목적으로 주장할 때에는 다음과 같은 근거를 제시한다. 우선, 보편적으로 옳은 것이나 공동체 전체에게 옳은 것이라는 것은 존재하지 않는다. 다만, 우리는 무엇이 그른 것인지 알 수 있을 뿐이다. 그러므로 어떤 가치관이든지 그르다고 판명되기 전까지는 관용되어야 한다. 모든 인간은 자유롭고 평등하다. 이렇게 다양한 가치관을 추구할 수 있도록 국가가 기본적인 안전을 보장해야 하며, 어떤 가치관도 누구나 자유롭게 추구할 수 있도록 평등하게 기회를 부여해야 하고, 서로 다른 가치관이 충돌할 때에는 분쟁을 해결해 주는 일이 국가의 권력이 존재하는 궁극적 이유이다. 그 이상의 목적을 위해 사용되는 국가의 권력은 정당하지 않다.

국가 권력을 최소화하여 개인의 자유와 권리를 확대하고 권력의 사용은 분쟁의 해결을 위해서만 사용해야 한다는 자유주의 국가의 권력은 법적 정당성을 가질 수 있다. 개인의 생명은 물론 신체, 거주, 직업, 사생활, 통신, 양심, 종교, 언론, 출판, 집회, 결사, 학문, 예술 등 다양한 자유, 그리고 재산권 등을 보호하는 일은 국가의 일이라고 법이 규정하고 있기 때문이다. 이러한 법에 대한 자유주의적 해석에 따르면, 개인의 자유와 권리를 보호하는 가장 좋은 방법은 국가의 권력을 가능한 한 축소하는 것이며, 한 사람의 자유와 권리가 다른 사람의 그것과 충돌할 때만 분쟁의 해결을 위해 권력이 개입하는 것이 정당하다.

국가 권력의 축소된 역할은 과연 합리적이며 공적 합리성을 가질 수 있을까? 자신의 가치관을 추구할 수 있는 평등한 기회가 주어졌으며, 자유롭게 가치관을 추구한 결과의 하나로서 초래된 불평등은 오히려 정의롭다는 자유주의는 합리적으로 보일 수 있다. 그러나 정당한 자유와 불평등이 합리적인 것의 전부일까? 평등한 기회는 온전하게 주어졌을까? 분쟁의 해결을 권력의 궁극적 목적으로 주장하는 자유주의 국가는 (공적) 합리성에 대한 이해의 폭에 따라서 합리적 정당성과 민주적 정당성을 가질 수도 있고 가지지 못할 수도 있을 것이다.

예를 들어, 정의는 공적 합리성을 가지고 있는 가치이다. 정의를 추구하는 국가는 합리적 그리고 민주적 정당성을 확보할 수 있을 것이다. 그런데 정의란 과연 분쟁의 해결에 그치는 것일까? 정의란 각자의 몫을 가지도록 하는 것이라는 기본적 이해를 전제한다면, 국가는 각자의 몫을 파악해서 부여하거나 되돌려주는 일을 할 때 정의롭다고 할 수 있다. 그런 일은 단순히 분쟁의 해결 차원을 넘어서 옳은 분배가 무엇인지 분별하고 실천하는 일이다. 따라서 분쟁의 해결을 추구하는 국가의 권력이 합리적이고 민주적인 정당성을 가질 수 있다는 말은 틀린 말은 아니지만, 완전하게 맞는 말도 아니다. 국가는 분쟁의 해결 이상의 일, 정의의 실현과 같은 일을 궁극적으로 추구할 때에도 합리적이며 민주적인 권력이라고 평가받을 수 있다.

## 5. 소결

대한민국의 2020년 정부 예산은 500조가 넘는다. 그중 가장 많은 부분이 보건, 복지, 그리고 고용 부분에 사용된다. 다음으로 일반 및 지방 행정을 위해, 그다음으로 교육을 위해 사용된다. 예를 들어, 국가는 교육을 위해 70조 이상의 막대한 재정을 할애한다. 그 교육의 내용 중에는 민주 시민 교육이 포함된다. 학교에서는 동료 시민에 대한 배려심 등을 교육한다.

그러나 공교육 과정에 개인의 도덕적 품성을 함양하는 내용이 포함되는 것은 정당한가? 도덕적으로 선한 사람이 되라는 교육은 국가가 존재하는 궁극적 목적이 될 수 있는가? 동료 시민을 배려하는 것은 공공선을 실현하기 위해서 교육해야 하는가 아니면 단순히 분쟁의 방지를 위해서 필요한 교육인가? 국가가 방대한 예산을 들여서 교육을 지원할 때 국공립 학교는 궁극적으로 어디에 목적을 두고 그 예산을 사용하는 것이 정당한가? 도덕적 완성, 공공선의 실현, 또는 분쟁의 해결? 가장 소극적인 분쟁의 해결에서부터 더 적극적인 공공선의 실현, 가장 폭넓게는 구성원의 도덕적 성숙. 국가는 어느 범위까지 그 권력을 사용할 때 정당하다고 말할 수 있을까?

국가 공무원직에 관심이 있었던 지민은 만일 공무원이 된다면 국가가 궁극적으로 추구하는 방향성에 대해서 중립성을 지켜야 하는지에 대해 약간의 의문점이 생기기 시작했다. 국가의 권력을 사용하는 궁극적 방향이 도덕적 완성이든 공공선의 실현이든 분쟁의 해결이든 그것이 정당한 것이라면, 공무원이 그 방향에 대해서 자신의 의견을 표현하는 것은 왜 금지되어야 하는가? 적어도 공무원이 아닌 일반 시민이라면 자신이 권력을 부여한 국가가 궁극적으로 나아가야 할 방향에 대해서 무엇을 말해야 하며, 말할 수 있는지 조금은 알 수 있을 것 같다.

# 8장
# 권력의 종료

## 1. 권력은 어떻게 종료되어야 하는가?

지민의 취업은 한마디로 인간 승리였다. 집안의 든든한 경제적 뒷받침이 없었기 때문에 스스로 생활비 일부와 영어 학원비 등을 마련했어야 했다. 대학에서 4년 동안 공부한 전공과목은 흥미가 없는 것은 아니었지만 취업에 직접적으로 큰 도움이 되지는 않았다. 그렇지만 학점 관리도 열심히 했고, 취업을 위한 영어, 국어, 한국사 공부 등도 인터넷 강의를 찾아 들으면서 틈틈이 공부했다. 가장 어려웠던 것은, 대학을 졸업하고 어디에도 소속되지 못한 채 혈혈단신으로 고군분투하면서 소외감, 고립감, 그리고 무능력감 등이 초래한 심리적 불안을 이겨내야 했다는 것이다.

그런데, 같은 하늘 아래, 다른 부모 밑에 태어난 누군가는 이렇게 말한다. '능력이 없으면 부모를 원망해라, 돈도 실력이다.' 아무리 '노오력'을 해도 성취할 수 없는 사회, 누군가는 노력하지 않아도 이미 많은 것을 가지고 누리는 사회, 이미 가지고 있는 사람은 집권 세력과 결탁해서 더 많은 것을 특혜받는 사회, 그리고 그런 특혜가, 다른 한편에서는 가난이, 대물림되고 있는 사회.

이런 사회라는 것은 모르지 않았지만, 그 구체적 사례가 이화여대 정유라 특혜 논란으로 드러났고, 이 논란을 포함해서 최순실 게이트라는 국정농단 사태가 일파만파 퍼져나가는 것을 목격한 지민은 가만히 있을 수 없었다. 어쨌든 국민의 투표로 세워진 대통령의 권한을 한 사람의 자연인이 그때그때 생각나는 대로 이랬다저랬다 하도록 허락한, 아니 오히려 거기에 의존한 박근혜 전 대통령, 그런 대통령을 더는 대통령이라 부를 수 없었다. 퇴근 후 광화문 집회에 여러 차례 참석하면서 대통령 하야를 강력히 외쳤고 탄핵을 간절히 지지했다. 광화문에는 또 다른 수많은 '지민'이 모여있었다.

그렇게 2016~17년 한국은 당시 대통령 박근혜를 탄핵하는 특별한 경험을 했다. 일련의 국정농단사건을 계기로 2016년 말부터 이듬해 초까지 연인원 1,700만 명 이상이 모여서 대통령 퇴진 운동을 벌였다. 그 결과 국회의 탄핵소추안 의결과 헌법재판소 재판관 8명의 전원일치 판결로 탄핵이 결정되었다. 권력 오남용, 권력의 사유화, 정치 권력과 경제 권력의 유착 등으로 국민으로서 심각한 자괴감을 들게 한 국가의 권력이 대다수 국민의 거센 항의와 최고 법률 기관의 판결에 따라서 종료된 것이다. 촛불 혁명이라고 불릴 만큼 당시에 탄핵은 대세였다.

탄핵이라는 매우 특별한 방법으로 대통령의 임기를 끝내본 경험을 가진 한국은 다른 어떤 국가보다 더 국가 권력의 종료에 대해서 생생하게 논의할 수 있는 입장에 서 있다. 도저히 받아들일 수 없는 국가 권력에 대해 국민은 그렇게 거칠고 거세게 항의했지만, 폭력 사태를 만들어내지는 않았으며 모든 법적 절차를 끝까지 기다렸다. 국가의 권력을 왜 그리고 어떻게 종료시켜야 하는가에 대해서 온몸으로 체험하고 실천한 우리는 국가 권력을 종료시키는 이유와 방법에 대해서 굳이 이론적인 설명이 필요하지 않다. 그럼에도 불구하고 우리의 경험을 이론적으로 잘 정리해 두는 일은 우리의 경험을 정당화하고 또 다음 세대를 위해서도 필요한 일이다.

국가의 권력을 왜 종료해야 하는가? 어떤 근거 위에서 존재하게 되었고 어떤 목적을 위해서 존재해야 하는 국가의 권력은 일정한 기간이 지나면 종료되어야 한다. 왜냐하면, 종료되지 않고 장기 또는 무기한 집권이 보장되는 국가 권력은 독재로 흐르기 쉽고 국가로서의 존재 목적을 성취하는 일에서 멀어지기 때문이다. 액튼 경(Lord Acton)이 말한 "권력은 부패하기 쉽고, 절대 권력은 절대로 부패한다"라는 명언처럼, 통제 및 절제되지 않은 국가 권력은 존재의 본래 의미를 상실하고 타락하기 쉽다. 나아가 국가 권력은 그것 자체가 하나의 매우 유용한 수단이자 목적으로서 많은 사람이 획득하기를 원하는데, 이것은 형평성 있게 재분배되어야 한다. 그러나 국가 권력은 동시에 분배될 수 없으므로, 일정한 시간이 흐른 뒤에 종료됨으로써 재분배되어야 한다. 이때 일정한 시간은 법적으로 규정해 놓은 정기적 시간일 수도 있지만, 우리가 경험했듯이 예정보다 앞당겨진 시간일 수도 있다.

국가의 권력이 종료된다고 해서 일반적 의미의 국가 권력이 소멸하는 것은 아니다. 국가 권력의 종료는 국가의 권력을 가지고 있던 특정 인물이나 세력이 권력의 자리에서 내려오는 것이다. 2017년에 헌법재판소는 당시 대통령 박근혜를 대통령직에서 파면하는 탄핵을 결정했다. 이때 탄핵당한 것은 대통령 박근혜이지 일반적 의미의 대통령이 아니었다. 당시 헌법재판소 소장 권한대행 이정미 재판관의 선고문 결론 문장은 다음과 같다. '피청구인 대통령 박근혜를 파면한다.' 특정 인물이 대통령의 지위에서 파면된 것이지, 대통령이라고 하는 국가의 권력 자체가 사라진 것은 아니었다. 탄핵이 결정되자 곧바로 대통령 권한 대행이 들어섰고 짧은 시간 안에 신임 대통령 문재인을 선출했다. 그 사이에 대통령이라는 권력의 자리에는 어떤 공백도 없었다. 특정한 국가 권력은 생성되고 소멸하지만, 일반적 의미의 국가 권력은 계속해서 그 존재를 유지한다. 정권이 종료된다고 해서 그 정권이 가지고 있었던 국가의 권력 자체가 없어지는 것은 아니다.

물론 하나의 국가 권력이 완전히 소멸할 수도 있다. 그것은 하나의 국가가 지구상에서 사라질 때 발생한다. 그러나 새롭게 정해진 영토에 새로운 이름의 국가가 탄생한다. 게다가 이전 국가의 구성원들이 완전히 사라지고 전혀 새로운 신체적 및 정신적 정체성을 가진 구성원들이 역사의 무대에 새롭게 등장하는 것이 아니다. 그들은 같은 영토 또는 새롭게 정해진 영토에 새로운 이름의 국가 권력 아래 다시 놓이게 되는 것뿐이다. 예를 들어, 고려라는 국가가 사라졌을 때 한반도에 국가 권력이 완전히 사라진 것은 아니었다. 그것은 조선이라는 새로운 이름의 국가로서 그 존재를 유지했다. 국가의 이름만 바뀐 것일 뿐, 영토와 구성원 등은 그대로 유지되었고, 일반적 의미의 국가 권력도 구성원들을 향해서 명백히 그 명맥을 유지하고 있었다.

일반적이 아닌 특정한 의미의 국가 권력이 반드시 종료되어야 하는 것이 필요하고 옳다면, 어떻게 종료되어야 정당한가? 종료의 방법을 알아보기 전에, 국가 권력은 왜 정당하게 종료되어야 하는가? 국가 권력은 정당하게 태어날 때 그 존재를 보장받을 수 있고, 충분한 지지기반 위에서 다양한 정책을 추진할 수 있기 때문에라도 정당성을 필요로 한다. 그러나 종료되고 없어지는 국가 권력의 정당성을 우리는 왜 필요로 하는가? 없어지면 그만 아닌가?

국가 권력의 종료에 대한 논의는 종료되어서 없어질 국가 권력이 아니라 종료되지 않으면 안 되는 국가 권력의 정당성을 검토하는 것이다. 즉 정당한 방법으로 종료되지 않으면 정당성을 가질 수 없는 국가의 권력에 대해서 알아보는 것이다. 예를 들어, 법에서 정해 놓은 임기가 다했는데도 불구하고 권력을 연장해서 유지하려고 한다거나 구성원들이 도저히 받아들이기 어려운 모습을 심각하게 지속적으로 보여주는 국가 권력은 비록 임기 이전이라 할지라도 종료되는 것이 바람직하다. 당장 존재하고 있는 국가 권력이 어떻게 종료되어야 정당한가에 대한 논의는 필요한 것이다.

존재했었지만 더는 존재하지 않는 국가 권력의 종료에 대한 논의도 필요하다. 왜냐하면, 이전 국가 권력의 종료는 새로운 권력의 정당성을 위해서라도 정당하게 이루어져야 하기 때문이다. 만일 이전의 국가 권력이 정당하지 않게 종료된다면 새롭게 설립되는 권력도 정당하지 않게 종료되어야 형평성의 원칙에 맞는다고 억지로 주장할 수 있다. 비민주적 장기 독재 끝에 새롭게 들어서는 국가 권력은 이전의 권력과 같이 독재 권력으로 유지될 경향이 있다. 예를 들어, 박정희 독재정권 후에 들어선 전두환 정권은 이전 정권과 같이 헌법을 개정하면서까지 장기집권하려는 독재정권이었다.

반대로, 이전 국가 권력이 정당하게 종료될 경우 다음 권력도 정당하게 종료되어야 한다는 기대와 요구가 강해질 수 있다. 박근혜 정권이 대다수 국민의 강한 요구에 따라서 탄핵으로 종료된 후 들어선 문재인 정권은 그 어느 때보다도 더 민주적이며 합리적인 정권이어야 한다는 기대와 요구를 가지고 있다. 그러므로 국가 권력이 정당하게 종료되는 것은 매우 중요한 일이다.

국가 권력은 어떻게 종료될 때 정당하게 종료되었다고 말할 수 있을까? 우선 역사에서 실제로 국가 권력이 종료된 방법들을 살펴보자. 국가 권력은 세습으로 종료되기도 했고 찬탈에 의해 국가의 권력이 마감을 내리기도 했다. 프랑스의 루이 16세는 혁명에 의해 권력을 내려놓기도 했다. 현재 전 세계적으로 대부분의 국가 권력은 법에 규정해 놓은 대로 그 임기를 마치고 있다. 이러한 방법들은 역사적 또는 현실적 사실인데, 어떤 의미에서 정당한 또는 정당하지 않은 방법인가에 대해서 살펴보자.

## 2. 찬탈과 세습

인류의 역사에서 권력은 상당히 오랫동안 찬탈로 종료되었다. 권력의 본질적 속성이 잘 말해주듯이, 권력은 더 강한 권력에 의해 대체되곤 했다. 그때 권력은 곧 군사력이었다. 군사력을 통해서 자신을 보호하고 상대방을 제압하는 방식으로 권력은 교체되었다. 기존의 권력을 대체하려면 군사력이 필요했고, 쟁취한 권력 역시 군사력에 의해서 보존될 수 있었다. 강한 군대를 가지지 못한 권력은 언제나 더 강력한 군대를 가진 세력에 의해 무너질 수밖에 없었다. 권력은 곧 무력이었고, 최고의 무력을 가진 세력이 국가의 권력을 장악할 수 있었다. 즉, 권력은 곧 무력에 의해 종료되었다.

세습은 새로운 권력이 들어서는 방법임과 동시에 이전의 권력이 종료되는 방법이기도 했다. 세습은 집권자의 생명이 자연스럽게 끝나거나, 더는 집권을 유지할 수 있는 나이가 아니거나, 또는 집권자의 전략적 판단이 있는 등의 경우에 이루어지곤 했다. 그중 어떤 경우에도 세습은 왕권신수설이나 천명론의 힘을 입어 권력의 종료에 정당성을 부여했다. 기존 권력의 후세로 태어난 자에 의해 권력이 종료되는 것은 신의 뜻이자 자연의 이치로 받아들여졌기 때문이다.

찬탈과 세습은 새로운 권력의 시작에 정당성을 부여하는 방법이기도 했지만, 기존의 권력은 더 강한 권력이나 신 또는 하늘의 뜻에 따라서 종료될 때만 정당하다는 의미도 있는 것으로 이해되었다. 찬탈은 권력의 종료 방법으로 일리가 있었다. 왜냐하면, 권력은 최고의 배타적 힘이어야 하는데, 더 강력한 힘을 가진 세력이 있다면 기존의 권력은 그 자리를 내려놓는 것이 맞기 때문이다. 세습의 정당성 역시 신의 뜻과 자연의 이치에 따라서 기존의 권력이 종료되는 것이 합당하다는 이해에 그 근거를 두고 있다. 그러나 과연 그러한가? 찬탈과 세습, 하나씩 살펴보자.

찬탈, 즉 기존의 권력이 더 강한 권력에 의해 대체되는 것은 정당한가? 국가의 권력은 더 강력한 권력이 나타나면 그 자리를 내려놓아야 하는가? 국가의 권력은 최고의 권력이어야 한다. 따라서 더 강한 권력이 있다면 기존의 권력은 종료되어야 한다. 왜냐하면, 국가가 최고의 권력을 가져야 하는 이유는 국가 내의 다른 권력이 공동체의 구성원을 무력으로 억압하는 일을 방지하는 데에 있기 때문이다. 국가의 권력은 구성원을 억압할 수 있는 위험성을 가지고 있으면서도 구성원을 다른 어떤 권력으로부터 보호하기 위해 최고의 권력이어야 한다. 그러므로 약해진 국가 권력은 더 강한 권력을 가진 자에게 이양되는 것이 일리가 있는 것처럼 보인다.

그러나 국가의 권력은 그것보다 더 강력한 권력에 의해 종료되어야 한다는 주장이 합리적일까? 국가의 권력이 최고의 권력이어야 한다는 생각은 국가가 다른 어떤 권력도 구성원을 억압하지 못하도록 할 때 옳다. 만일 더 강력한 세력에 의해 국가의 권력이 대체되어야 한다면, 국가는 억압의 방지라는 본연의 역할이 아니라 더 강력한 세력의 성장이나 도전을 무마하는 일에 그 힘을 소모하게 된다. 결국, 국가는 최고의 권력을 가지고 해야 하는 일에 충실하지 못하고 최고의 권력을 유지하는 일에 더 몰두하게 된다. 그러므로 국가의 권력이 최고의 권력에 의해 대체되어야 한다는 주장은 그 의미와 취지를 스스로 경시하는 주장이 된다. 그러므로 합리적이지 않다.

나아가 찬탈은 그러한 권리가 없는데 권력을 무력으로 가로채는 것을 말한다. 권리가 없음에도 불구하고 오로지 더 강력한 힘으로 가로채 획득하게 된 권력은 법적 정당성이 없다. 왜냐하면, 더 강력한 세력이 나타나면 기존의 권력은 물러나야 한다는 주장을 공동체의 법에 담아내는 정치 공동체는 없기 때문이다. 그리고 찬탈에 의해 세워진 권력은 더 강한 세력을 구성하는 극소수의 지지만 받을 뿐 대다수 구성원의 지지를 받을 수 없으므로 민주적 정당성도 없다. 기존의 권력보다 더 강한 권력의 지배를 자발적으로 선택하거나 그런 지배가 공적 합리성을 가진다고 판단하는 구성원은, 혹시 없지 않아 있다 하더라도 대다수는 아니다.

세습은 어떠한가? 기존 권력의 후세로 태어난 자에 의해 권력이 종료되어야 정당하다는 주장은 합리적일까? 이러한 종류의 주장은 세습으로 권력이 종료될 때만 정당하다는 주장이다. 다른 방법을 인정하면 세습을 부정하는 것이 되기 때문이다. 그러므로 세습 이외의 방법으로 권력이 종료되어도 정당할 수 있다는 반박만으로는 세습에 의한 권력의 종료가 합리적이라는 주장을 부정할 수 없다. 따라서 세습으로 권력이 종료되는 것이 비합리적이라는 반박이 필요하다.

세습에 의한 권력의 종료는 전근대적 합리성을 가질지는 몰라도 근대와 이후의 합리성에는 어긋난다. 근대적 합리성은 과학적 그리고 이성적 증명을 요구한다. 기존의 권력이 그 신체적 생명을 다할 때까지 유지되는 것이 합리적이라는 주장은 과학적으로 그리고 이성적으로 증명될 수 없다. 특히 국가의 권력은 자유롭고 평등한 국가 구성원에 의해 세워져야 한다고 전제하는 근현대적 합리성은 세습이 매우 비합리적이라고 비판한다. 국가의 권력이 직계가족이나 친인척에 의해서만 종료되어야 한다는 전근대적 주장은 근현대에는 유효하지 않다.

합리성을 인정받을 수 없는 세습은 법적으로뿐만 아니라 민주적으로도 인정받을 수 없다. 합리성과 도덕성의 최소한이라고 일컬어지는 법이 비합리적인 세습을 담아낼 리가 없다. 그리고 모든 인간이 자유롭고 평등하다는 도덕적 사실을 굳게 믿는 구성원이 세습을 자발적으로 승인할 리도 없다. 근현대에 전근대적인 세습은 합리적, 법적, 그리고 민주적 정당성을 전혀 확보할 수 없다.

## 3. 혁명

절대다수 구성원의 뜻에 따라 기존의 권력을 종료시켜버리는 혁명은 역사적으로 자주 발생하지 않았다. 혁명은 정기적인 것도 아니고 예측할 수 있는 것도 아니다. 역사적으로 영국의 명예혁명, 미국혁명, 그리고 프랑스혁명 등은 단 한 번만 발생했다. 한국에서 소위 촛불 혁명이라고 일컫는 사례도 전무후무한 일이다. 그렇지만 공동체 구성원 절대다수의 지지를 받고 발생하는 혁명은 국가의 권력을 종료시키는 방법으로써 역사에서 민주주의의 도약적 발전에 의미 있는 역할을 했다.

혁명에 의한 권력의 종말은 기존의 제도적 방법에 따르지 않고 대다수 구성원의 감정적 폭발로 인해 발생한다. 그러므로 법적 정당성은 없다. 기존의 제도에 대한 폭발적 불만 때문에 발생하는 것이 혁명이므로, 또는 기존의 제도로는 구성원의 거대한 불만을 잠재울 수 없기에 발생하는 것이 혁명이므로, 혁명에 의한 권력의 종료는 법적 정당성을 가질 수 없다. 혁명으로 권력이 그 임기를 마칠 수 있다거나 마쳐야 한다고 법에 규정하는 경우는 찾아볼 수 없다.

혁명으로 권력을 끝내는 일은 합리적일까? 혁명이 비합리적 권력을 종료시키기 때문에 합리적이라고 말할 수 있다. 그러나 비합리적 권력을 끝낸다고 해서 혁명이라는 방법이 자동으로 합리적으로 되는 것은 아니다. 비합리적 권력을 종료시키는 방법의 하나로서 혁명은 비합리적이다. 인류가 역사에서 경험했던 혁명은 대부분 엄청난 희생을 동반한 유혈혁명이었다. 영국의 명예혁명이 명예혁명인 것은 그것이 무혈혁명이었기 때문이라고 하지만, 그것은 결정적인 상황에 기존의 권력이 스스로 물러났기 때문에 가능한 일이었다. 대부분의 혁명은 보통 대중의 강력한 감정적 폭발로 발생했다. 비합리적 권력을 비판하는 것이었기에 합리성이 전혀 없는 것은 아니었다. 그러나 혁명은 비합리적 권력을 향한 감정적 분노로 발생한다. 따라서 혁명이라는 방법은 합리적이지 않다. 물론 대중의 분노에는 합리적 이유가 있다. 그러나 감정적 분노가 없었으면 혁명이 없었기에, 혁명은 이성적 판단에 의한 행위가 아니라 감정적 반응에 따른 사건이라고 평가하는 것이 더 적절하다. 게다가 혁명은 발생 주기에 일관성도 없고 치밀한 계획에 따라 발생하는 것도 아니다. 그래서 실패한 혁명도 많다.

　　과연 혁명은 합리적 정당성을 가질 수 있을까? 여기에서 하나의 중요한 구분은 우리의 이해를 도울 것이다. 혁명을 통해 권력을 종료시키는 것이 합리적인가의 문제와 혁명이라는 방법이 합리적인가의 문제를 구분하는 것이다. 위에서 설명했듯이, 혁명은 구성원의 막대한 희생을 동반하고 감정적 폭발로 발생하며 일관성도 없고 치밀한 계획이 없어서 실패하기도 한다는 점을 고려하면 합리적인 방법이라고 보기 어렵다. 그러나 비합리적인 권력을 종료시켜서 기존 권력의 억압으로부터 구성원 대다수를 해방해주고 상대적으로 합리적인 권력이 탄생할 수 있는 길을 열어주는 것이 혁명이라면 충분히 합리적이라고 말할 수 있다. 즉, 혁명은 권력 종료의 방법으로서 비합리적일 수 있지만, 혁명으로 권력을 종료시키는 일은 합리적이라고 볼 수 있으며 합리적 정당성을 가진다고 평가할 수 있다.

　　나아가 혁명의 민주성은 매우 높다. 구성원 대부분이 지지하기 때문이다. 박근혜 전 대통령 탄핵에 대한 국민 여론조사에서 탄핵 찬성이 대략 80% 선을 유지했다. 국민 여론조사뿐만 아니라 민의를 대변한다는 국회도 대략 80% 정도의 찬성으로 탄핵소추안을 가결했다. 평상시에는 국회가 민의를 그 정도까지 반영한다고 보기 어렵다. 정당에 소속된 국회의원과 국민 개개인의 의사가 일치하는 비율이 그리 높지 않은 것이 보통이다. 그러나 박 전 대통령의 탄핵에 대한 국민의 열망이 혁명적으로 분출했을 때에는 국회도 국민의 탄핵 찬성 비율을 따르지 않을 수 없었다. 절대다수의 지지가 없이는 발생할 수도 성공할 수도 없는 혁명은 민주적 정당성을 매우 강하게 가진다고 볼 수 있다. 따라서 혁명은 민주주의의 도약적 발전에 큰 획을 그어주는 역할을 했다.

법적 정당성은 없으나 합리적 그리고 강한 민주적 정당성을 가진다고 평가할 수 있는 혁명은 그 바람직함을 검토하기보다는 실현 가능성을 검토하는 것이 적절하다. 바람직하다고 해서 반드시 발생하도록 인위적으로 조작할 수는 없는 것이 혁명이기 때문이다. 혁명은 아이러니하게도 혁명을 불러일으킬 만큼 매우 비합리적인 권력을 필요로 한다. 그렇다고 해서 그 정도로 비합리적인 권력을 만드는 일이야말로 비합리적이다. 그러나 그런 비합리적 권력이 횡행하면 혁명은 자연스럽게 발생한다. 따라서 합리적 민주적 정당성이 있는 혁명을 발생시키기 위해서 우리가 할 수 있는 일은 없다. 다만, 권력의 비합리성을 분명히 인식하고 도전할 수 있는, 정치에 대한 냉철한 문제의식과 뜨거운 정의감이 필요할 뿐이다.

## 4. 민주주의

민주주의의 첫째 원칙은 공동체의 구성원이 따라야 할 원칙을 구성원 스스로 만드는 것이다. 즉, 자결과 자치의 원칙이다. 민주적 공동체는 구성원이 스스로 결정하고 스스로 지배한다. 그리고 모든 구성원이 자결과 자치의 원칙에 따라 함께 따를 원칙을 만들 수 있는 권리를 평등하게 가진다는 것이 민주주의의 둘째 원칙이다. 즉, 평등의 원칙이다. 이것은 평등한 법을 만들기 이전에, 그리고 평등한 법을 만들기 위해서, 민주주의가 전제하는 원칙이다. 민주주의의 셋째 원칙은 책임의 원칙이다. 이것은 자결과 자치의 원칙으로부터 파생되는 원칙인데, 스스로 결정했기 때문에 그 결과에 책임을 지는 원칙이다. 타인의 결정이 아니라 자신의 결정을 따르는 주체야말로 도덕적이며 책임 있게 행동하는 존재이다.

여기에서 자연스럽게 파생하는 것이 구성원이 스스로 평등하게 함께 결정해서 따르는 원칙, 즉 법이다. 민주주의와 법의 지배는 다르지만, 민주주의와 (형식적) 법치주의는 바늘과 실같이 언제나 함께 작동한다. 공동체 구성원 자치의 원칙은 언제나 법이라는 형식을 통해서 실천된다. 구성원 사이 평등의 원칙은 평등한 법을 만들어내기도 하고 평등한 법에 따라 보호받기도 한다. 스스로 내린 결정에 대한 책임을 지는 책임의 원칙도 법에 명시될 때 비로소 실천될 수 있다. 그러므로 법치주의는 민주주의가 만들어낸, 그리고 민주주의를 지탱하는 장치이다.

권력을 민주주의 방식으로 종료시킨다는 것은 곧 구성원이 주체가되어 평등하게 함께 만든 법에 따라서 권력을 끝낸다는 것을 의미한다. 중요한 것은 법에 따라서 권력을 종료한다는 것이다. 그러므로 권력 종료의 방법으로서 민주주의는 법적 정당성을 가진다.

그러나 법치주의에 따라 권력을 종료시키는 민주주의는 얼마나 합리적이며 또 얼마나 민주적인 정당성을 가질 수 있을까? 먼저 합리적 정당성을 살펴보자. 민주주의가 합리적으로 되려면 최소한 스스로 전제하는 원칙에 충실하고 일관되어야 한다. 권력의 종료에 대해서 명시한 법은 구성원에 의해 결정되어야 하고 모든 구성원 사이에서 평등하게 결정되어야 하며 그럴 때 구성원이 책임을 질 수 있는 법이 된다. 그러나 민주주의의 세 가지 원칙 또는 전제는 이상적이긴 하지만 완전한 실현은 불가능하다는 현실적 문제에 부딪힌다.

첫째, 공동체의 결정은 만장일치로 이루어지기 어렵다. 따라서 다양한 종류의 다수결로 이루어진다. 권력의 종료와 같이 헌법에 담겨야할 중요한 내용은 가능한 한 다수의 찬성을 통해서 결정되는 것이 현실이다. 그러나 다수결의 원칙은 늘 소수의 배제라는 혹을 달고 있다. 소수는 스스로 결정한 법에 따라서 지배를 받는다고 볼 수 없다. 다수뿐만 아니라 소수를 포함해서 공동체가 스스로 결정한 법이 민주적인 법이라고 볼 수 있다. 그러나 소수의 불가피한 배제는 민주주의가 첫 번째로 전제하는 자결과 자치의 원칙에 부분적이나마 어긋난다.

둘째, 소수의 배제 문제를 초래하는 현실의 민주주의는 평등의 원칙도 위배한다. 다수의 의견은 채택되고 소수의 의견은 버려지기 때문이다. 각 구성원의 의견이 가지는 무게가 결과적으로 불평등하게 매겨지는 것이다. 모든 구성원이 자신의 의견을 관철할 기회를 평등하게 보장하는 것으로 결과의 불평등 문제를 해결하려고 할 수 있다. 그러나 소수는 항상 소수로 남아 패배감 가운데 일생을 마치기 쉽고, 기회의 평등은 그 패배감을 보상 또는 회복시켜 주기에 충분하지 않아 보인다.

셋째, 자결과 자치의 원칙에 어긋나는 현실 민주주의는 필연적으로 책임의 원칙에도 어긋날 수밖에 없다. 스스로 선택하지 않은 원칙의 지배를 받는 소수에게 책임을 부과하는 것은 정당하지 않아 보인다. 나는 권력이 4년 만에 종료되기를 원하는데, 다수가 선택한 것은 5년 만의 종료라고 가정해 보자. 그렇다면, 마지막 1년간의 권력이 과연 나에게도 정당하다고 인정할 수 있을까?

법치주의에 따라서 권력을 종료하는 민주주의는 이렇게 스스로 전제하고 있는 원칙들을 위배하고 있다. 따라서 합리적 정당성을 결여하고 있다. 물론 현실의 민주주의가 가지는 한계가 민주주의의 전제가 가지는 바람직함을 무효화시키는 것은 아니다. 민주주의의 합리적 정당성 결여를 보여주는 것은 민주주의의 이상을 비판하는 것이 아니라, 현실적 민주주의와 이상적 민주주의 사이의 틈을 보여주는 것이고, 그 틈을 어떻게 메울 것인가 고민해야 한다는 것을 말해주는 것이다.

민주주의는 아이러니하게도 민주적 정당성이 충분하지 않다. 특히 혁명과 비교할 때 더욱 그렇다. 혁명은 대략 80% 정도 구성원의 지지를 받는다. 그에 비해, 민주주의는 대략 25% 정도 구성원의 지지만 받아도 권력의 종료를 이끌어낼 수 있다. 현재 한국의 경우 대통령의 임기는 5년 단임제로 헌법에 규정되어 있다. 만일 다른 내용으로 권력을 종료시키기 위해 헌법의 내용을 개정하려면 국회나 대통령이 개정안을 발의해야 한다. 일반 국민이 권력 종료의 시기를 바꾸려고 해도 원천적으로 불가능한 것이다. 간접 민주주의 제도 아래에서 국회가 일반 국민의 의사를 고스란히 반영한다고 믿는 것은 비현실적이다. 국회의원은 소속된 정당과 개인의 이해관계에 따라서 의사를 결정하기 때문이다. 만일 국회나 대통령이 권력의 임기를 바꾸기 위해 개정안을 발의해도, 유권자의 과반수 투표에 과반수 찬성이면 개정안은 통과될 수 있다. 즉, 유권자의 25%만 찬성해도 헌법이 개정될 수 있다는 것이다. 이것은 구성원의 25% 지지만으로도 헌법이 개정될 수 있으며 권력의 종료 방법이 결정될 수 있다는 것을 말한다. 다시 말해, 민주주의에 의한 권력의 종료는 25% 정도의 민주적 정당성을 가지는 데 불과할 수 있다는 것이다. 이것의 의미심장한 결과 중 하나는 25%의 소수가 75%의 다수를 지배하는 기현상이 벌어질 수도 있다는 것이다.

위와 같은 사실은 민주주의가 민주주의를 스스로 훼손하는 것처럼 보일 수 있다. 그러나 민주주의의 이상적 가치를 부인하는 것은 아니다. 현실적 민주주의가 비합리적인 측면을 가지고 있고 약한 민주성을 가진다는 것은 민주주의가 잘못된 이상을 가지고 있다는 것이 아니다. 그것은 오히려, 어떻게 하면 민주주의의 이상적 가치를 현실에서 제대로 실현할 수 있을 것이냐는 질문을 던지고 심각하게 고민해야 할 것을 보여주고 있는 것이다.

## 5. 소결

국가의 권력은 정당하게 세워져야 하고 정당한 목적을 향해야 하지만,

정당하게 종료되기도 해야 한다. 권력을 종료하는 근/현대적 방법 중 혁명은 법적 정당성도 합리적 정당성도 없지만, 혁명으로 매우 비합리적 권력을 끌어내리는 일은 합리성을 가질 수 있다. 더구나 혁명은 매우 높은 민주적 정당성도 가진다. 그런 혁명이 실현되려면 정치적 문제에 대한 분명한 문제의식과 강한 정의감이 필요하다. 법치주의로 실현되는 민주주의는 권력을 종료시키는 방법으로써 당연히 법적 정당성을 가지지만 현실 민주주의의 합리성이나 민주성은 그 이상적 가치에 비교해볼 때 없거나 현저히 떨어진다는 것을 확인했다. 따라서 권력을 민주주의 방식으로 종료해서 충분한 정당성을 확보하려면 민주주의의 현실적 장치를 개선하고 그 한계를 극복해야 한다.

국가의 권력을 종료시키는 방법은 기존의 권력이 어떤 모습을 보여주느냐에 따라서 달라질 수 있다. 박근혜 전 대통령과 같이 매우 비합리적인 모습을 보이는 권력은 혁명이라는 방법이, 비록 법적 정당성은 가지지 못한다 하더라도, 매우 민주적인 방법이 될 수 있으며, 충분히 합리적인 결과를 만들어낼 수도 있다. 어느 정도 받아들일 수 있을 만큼 합리적인 모습을 보이는 권력이라면 법치주의와 함께 작동하는 민주주의 방법이 적절한 방법이 될 수 있다. 그러나, 다시 강조하지만, 현실 민주주의는 합리성과 민주성을 높이기 위해 개선되어야 할 부분이 많이 있다.

박근혜 대통령의 탄핵이 결정되는 순간 주르르 눈물을 흘렸던 지민은 그 눈물의 의미가 무엇인지 이제 조금은 이해할 수 있을 것 같다. 현직 대통령의 하야를 외치는 것은 법적 정당성이 없었기에 두려우면서도 불안한 일이었지만, 참을 수 없이 비합리적인 권력이 국민의 간절한 명령에 따라서 종료된 순간은 합리적 주권자인 국민의 상실된 자존감이 새롭게 회복되는 순간이었다. 그 순간, 지민의 눈물이 얼굴을 타고 조용히 흘러 내려올 때, 지민의 자존감은 가슴을 타고 굳건히 올라가고 있었다.

## 3부

국가의 관계

# 9장
# 권위의 상호성

## 1. 권위는 필요한가?

상상해보자. 지민이 사는 아파트에 절도사건이 일어난다. 절도는 단번에 그치지 않고 계속해서 일어난다. 피해액은 세대마다 아주 크거나 작기도 하다. 지민도 꽤 값비싼 귀중품을 도둑맞았다. 피해액을 모두 합치면 수천만 원에 달한다. 더는 내버려 둘 수 없다고 판단한 지민은 직접 절도범 추적에 나선다. 몇몇 감시카메라를 분석한 결과 예리한 눈초리로 범죄자를 찾아낼 수 있었다. 지민은 그 도피 중인 절도범을 찾아내 물리적으로 제압하여 검거에 성공했다. 그러나 피해를 보상받을 수 없다는 상황을 파악하자 지민은 그를 6개월 동안 아파트 지하실에 가두는 것이 적절하다고 판단한다. 그리고 그를 성공적으로 가둔 뒤 풀어줌으로써 응보 정의를 실현한다. 잘못했으면 상응하는 대가를 치러야 한다는 응보 정의를 실현한 것이다.

이번 상상 속에서 지민은 선량한 깡패다. 지민이 사는 아파트의 한 가정은 정말 가난하다. 월세를 낼 수도 없으며 생필품을 조달할 수 있는 능력도 거의 없다. 그 집 가장은 새벽 노동시장에서 일거리를 찾아보지만, 약간의 지적 장애 때문인지 매번 일용직에 실패하고 만다. 그의 가난은 그의 책임이 아니라고 생각한 지민은 한 가지 계획을 세운다. 아파트의 같은 동 입주자들로부터 매달 3만 원씩 돈을 걷어서 그 가난한 가정이 자립할 수 있을 때까지 도와주는 것이다. 지민은 입주자들의 반발을 무마시키고 돈을 걷을 수 있을 만큼 센 주먹을 가지고 있다. 그 덕분에 지민은 매월 그 가난한 가정이 인간으로서 기본적인 생활을 할 수 있도록 도움을 준다. 인권을 보장해 준 셈이다.

응보 정의를 실현하고 인권을 보장해 주는 일은 옳은 일이다. 그 옳은 일을 위해 절도범을 가두고 입주자들로부터 매달 3만 원씩 돈을 걷는 일은 필요한 일일 수 있다. 그러나 지민이 아파트 지하실에 절도범을 가두고, 입주자들로부터 돈을 거두는 일은 옳지 않다. 특히 문제를 해결하는 당사자로서도 지민은 적절치 않다. 만일 국가가 나서서 절도범을 잡아내고 범죄에 상응하는 처벌을 내린다면 그것은 적절하다. 만일 국가가 그 가난한 가정을 돕기 위해 세금을 징수한다면 그것은 적절하다.

지민은 안 되는데 왜 국가는 되는가? 지민은 절도범을 잡아 가두고 입주자들로부터 매달 3만 원씩 성공적으로 거둘 수 있는 충분한 힘을 가지고 있는데, 왜 지민은 그러면 안 되고, 왜 국가는 그래도 되는가? 지민은 응보 정의를 실현했고 인권을 보장해 주었는데, 왜 그러면 안 되는가?

공식적인 권한이 지민은 없고 국가는 있기 때문이다. 공식적인 일은 공식적인 권한이 없으면 아무리 옳은 일이라도 하면 안 된다. 지민은 절도범을 잡는 일에 도움을 줄 수는 있다. 그러나 응보 정의를 실현한다는 이유로 절도범을 자신의 아파트 지하실에 6개월 동안 직접 가둘 수 있는 권한은 없다. 지민은 가난한 가정이 사회안전망에 들어올 수 있도록 도와줄 수는 있다. 그러나 그 가정의 인권을 위해 무력을 이용해서 다른 사람들로부터 월 3만 원씩 걷을 수 있는 권한은 없다. 지민은 옳은 목적을 이루어내기 위해 충분한 권력(힘)을 국가 못지않게 가지고 있지만, 국가가 가지고 있는 공식적인 권한을 가지고 있는 것은 아니다. 그러므로 지민은 안 되는데 국가는 되는 것이다.

공식적인 권한은 권위(authority)라고도 하는데, 권위란 무엇인가? 권위를 가지는 국가는 어떻게 평가해야 하는가? 국가의 권위는 어떤 형태를 갖추어야 하는가? 어떤 역할을 해야 하는가? 국가가 권위를 가지면 국민은 반드시 복종해야 하는가?

국가가 국가로서 가지는 권위에 대해서 위와 같이 일련의 질문들이 이어질 수 있다. 우선 이 장에서는 국가의 권위가 무엇인지 알아보고 그것을 평가하기 위한 기준으로서 상호성에 집중해서 알아본다.

## 2. 권위란 무엇인가?

권위는 권력과 다르다. 권력은 자기 뜻대로 상대방의 행동을 강요할 수 있는 물리적 힘이다. 마치 물건 하나를 여기에서 저기로 옮겨 놓을 수 있는 완력과 같다. 이러한 권력은 그렇게 할 수 있는 자격이나 권리가 없으면 폭력이 된다. 칼을 들고 돈을 내놓으라고 협박하는 낯선 강도는 권력을 가지고 있다. 그러나 그럴 수 있는 자격도 권리도 없다. 그러므로 강도의 권력은 폭력에 해당한다.

권위는 상대방의 자발적 복종을 이끌어낼 수 있는, 특별한 종류의 권리이다. 권위는 권력과 달리 강요하지 않는다. 그리고 설득하지도 않는다. 독일 출신의 철학자 한나 아렌트는 권위에 대해 다음과 같이 말한다. "아버지는 그의 자녀를 구타하는 순간 또는 그와 논쟁을 벌이는 순간, 즉 그에게 폭군과 같이 행동하거나 그를 평등하게 대하는 순간 권위를 상실한다." 달리 말해, 권위는 폭력과 같이 복종을 유발하지만 폭력을 통해서 강요하지 않고, 설득과 같이 생각이나 행동의 변화를 일으키지만, 설득 없이도 그렇게 할 수 있다.

권위와 권력은 서로 다른 근거를 가진다. 권력의 근거는 우월한 강제력이다. 당신이 나보다 물리적으로 더 강하면 나의 행위를 강제하고 권력을 행사할 수 있다. 권력을 행사해도 된다는 뜻이 아니라 행사할 수 있는 사실상의 힘이 있다는 것이다. 이에 반해 권위의 근거는 우월한 지식 또는 지위이다. 우월한 지식을 가지고 있는 사람은 그렇지 못한 사람에게 권위를 행사할 수 있다. 탁월한 지식이 아니어도 된다. 예를 들어, 해외여행을 가본 사람이 그렇지 못한 사람에게 해외에 관해 설명해주면 그 설명은 권위 있는 설명이 된다. 그리고 권위는 우월한 지위에 있는 사람이 가질 수 있다. 우월한 지위에 있는 사람은 그 지위 아래 있는 사람들에게 심각한 영향을 주는 결정을 내릴 수 있다. 그래서 우월한 지위에는 자발적 복종을 끌어낼 수 있는 권위가 있다.

권력은 두려움을, 권위는 불안감을 동반한다. 권력은 복종하지 않을 때 어떤 손해나 피해가 주어질 것이라는 두려움을 동반한다. 권총을 든 강도의 권력에 복종하지 않으면 죽을지도 모른다는 두려움이다. 다른 한편, 지식에 근거한 권위 앞에서 우리는 그 지식을 모르기 때문에 발생하는 불안감을 느낀다. 마치 눈을 감고 길을 걸을 때 앞에 무엇이 있는지 몰라서 넘어지거나 부딪힐지 모른다는 불안감과 같다. 그리고 우리보다 우월한 지위가 가지는 권위를 따르지 않을 때 우리는 우리의 지위가 불안하다고 느낀다. 우리의 지위에 심각한 영향을 받거나 지위 자체가 없어질 수도 있다는 불안감이다.

권위는 그 근거에 따라서 두 가지로 구분된다. 우월한 지식에 근거한 권위를 이론적 권위라 부르고, 우월한 지위에 근거한 권위를 실천적 권위라 부른다. 이론적 권위와 실천적 권위를 비교해 보면 다음과 같다.

- 이론적 권위: 우월한 지식에 근거
- 실천적 권위: 우월한 지위에 근거

우선, 이론적 권위는 권위 그 자체(an authority)이다. 한 사람이 이론적 권위를 가지고 있으면 그 사람은 권위 자체가 된다. 예를 들어, 의사는 의학적 지식을 가진 권위 그 자체이다. 우리가 한 분야에 전문적인 지식과 충분한 경험을 가진 의사를 그 분야의 권위자라고 부르는 것의 의미이다. 다른 한편, 실천적 권위를 가진 사람은 권위 안에(in authority) 있다. 예를 들어, 경찰은 경찰이라는 지위를 가진 자로서 경찰업무를 수행할 수 있는 권위 안에 있다. 경찰은 경찰업무에 필요한 지식을 가지고 있지만 그러한 지식이 있기 때문에 경찰로서의 권위를 가지는 것이 아니다. 경찰이라는 지위를 가지고 있기 때문에 권위를 가지는 것이다.

우월한 지식에 근거한 이론적 권위가 성공적으로 행사되면 신념의 변화가 생긴다. 의사가 이론적 권위를 성공적으로 행사하면 환자는 어떤 병의 원인은 무엇이며 치료 방법은 무엇이라는, 전에는 가지지 못했던 이해를 하게 된다. 신념의 변화가 일어나는 것이다. 그럼에도 불구하고 환자는 자신의 행동을 변화시켜서 의사의 처방전을 따라 약을 복용한다거나 치료를 받을 필요는 없다. 권위자의 지식에 의해 바뀌는 신념과 달리, 행동은 자신의 필요와 판단에 따라서 스스로 결정한다. 이에 비해 우월한 지위에 근거한 실천적 권위가 행사될 때는 행동의 변화가 수반된다. 우리는 경찰의 지시를 따라서 운전을 멈추고 운전면허증을 보여주어야 한다. 그러나 운전을 멈추고 면허증을 보여주는 행동이 옳거나 바람직한 것이라고 믿을 필요는 없다. 즉 신념의 변화를 일으킬 필요는 없다. 단지 행동만 따를 뿐이다.

이론적 권위의 경우 신념의 변화는 이론적 권위자의 지식에 달려 있다. 우리가 의사의 설명을 들을 때 신념의 변화가 생기는 이유는 의사의 지식이 뛰어나기 때문이다. 의사의 전문적인 설명을 듣고 우리의 생각에 변화가 일어나는 것이다. 그러므로 이론적 권위에 따른 신념의 변화는 권위자가 가지는 지식의 내용에 달려있다. 반면, 실천적 권위가 수반하는 행동의 변화는 실천적 권위자가 지시하는 내용과 상관없다. 경찰이 지시하는 내용이 우리가 보기에 합리적이든 비합리적이든 상관없이 지시의 내용을 따라야 한다. 그러므로 실천적 권위가 초래하는 행동의 변화는 권위자가 내리는 지시의 내용과는 상관없이 일어난다.

이론적 권위자의 우월한 지식에 따라서 우리가 신념의 변화를 일으키고 행동까지 변화를 일으킨다면 그 결과는 그렇지 않은 경우보다 더 좋은 것이 보통이다. 의사의 지식에 따라서 약을 먹거나 치료를 받으면 보통 우리의 문제가 해결된다. 의사의 지식이 우월하면 우월할수록 그 지식을 따른 결과는 그렇지 않은 경우보다 더 좋을 것이다. 그러나 실천적 권위자의 지시를 따를 때 그 결과가 이론적 권위의 경우와 같이 보통 좋은 것은 아니다. 좋을 수도 있다. 음주운전을 단속하는 경찰의 지시를 따르면 더 큰 사고를 피할 수도 있다. 그러나 음주 운전자가 아니라면 계획했던 시간에 목적지에 도착하지 못할 수도 있다.

## 3. 국가의 권위란 무엇인가?

국가의 권위는 지배하는 권리이다. 이 권리는 지배할 수 있다는 뜻의 특권을 포함한다. 국가가 지배의 특권을 가지면 지배하지 말아야 하는 의무가 없다. 그리고 국가가 지배할 수 있는 특권을 가지면 국민은 국가에게 지배하지 말라고 주장을 할 수가 없다. 예를 들어, 운전면허증은 일종의 특권인데, 면허증 소지자는 운전을 할 수 있는 권리를 가지고 있으며, 면허 당국은 심각하게 저하된 시력 등 특정한 문제가 없는 한 면허증 소지자의 운전을 금지할 수 없다. 국가도 지배할 수 있는 일정한 자격을 갖추었기 때문에 지배할 수 있는 특권을 가진다.

국가는 국민의 복종을 요구한다. 복종을 요구 또는 주장한다는 뜻에서 주장이라는 형태의 권리를 가진다. 국가가 국민의 복종을 주장하는 권리를 가지면 국민은 그 주장의 내용에 따라서 복종해야 하는 의무를 가지게 된다. 마치 고용주가 피고용자에게 계약에 따라서 일정 시간 노동할 것을 주장하면 피고용자는 요구사항에 따라서 노동해야 하는 의무를 가지는 것과 같다.

　　국가의 지배하는 권리는 면책(immunity)이라는 형태의 권리이기도 하다. 한 국가가 주어진 영토 안에서 면책 형태의 지배하는 권리를 가지면 다른 국가들은 그 영토 안에서는 어떤 권력도 행사할 수 없다는 뜻에서 무력하다. 예를 들어, 정년이 보장된 교수는 면책 형태의 권리를 가지는데, 대학 당국은 정년보장 교수에게 어떤 권력도 행사할 수 없다. 마찬가지로 국가도 면책 형태의 지배 권리를 가지면 다른 국가들은 어떤 권력도 행사할 수 없다.

　　그러나 국가의 권위는 특권, 주장, 또는 면책 형태의 권리에 그치지 않는다. 국가는 국민의 행위를 강제하는 권리를 가지고 있다. 이것은 단순히 지배할 수 있는 특권, 지배에 대한 주장, 또는 다른 국가의 지배를 무력화시키는 면책과는 다른 것이다. 가장 강력한 권리이다. 그러므로 국가의 강제하는 권리는 권력이라는 형태의 권리라고 말한다. 즉, 강제권이라고 할 수 있다. 국가가 권력이라는 형태의 강제하는 권리를 가지면, 그 권리를 무효로 만들 수 있는 특별한 상황을 제외하면, 국민은 그 강제권을 거부할 수 없으며 강제 받는 대로 복종해야 하는 정치적 의무를 가진다. 따라서 국가가 지배하는 권리는 지배할 수 있는 특권, 지배에 대한 주장, 그리고 다른 국가의 지배를 무력화시키는 특권뿐만 아니라 강제하는 권리로서 권력이라는 형태의 권리를 가장 큰 특징으로 한다.

　　강제할 수 있는 권리를 가진 국가는 실천적 권위를 가진다. 실천적 권위만 가져야 한다는 것이 아니다. 그리고 이론적 권위는 가지지 말아야 한다는 것이 아니다. 현실에서 사실상의 국가가 가지고 있는 권위는 실천적이라는 것이다.

국가가 가지는 실천적 권위는 국가라는 지위에 근거해 있다. 국가가 국민을 지배하는 지식이 뛰어나기 때문에 가지는 권위가 아니다. 국가라는 지위가 주어졌기 때문에 가지는 권위이다. 그래서 국가는 권위 그 자체가 아니다. 권위 안에 있는 것이다. 그리고 국가의 권위 앞에서 우리는 신념의 변화를 일으킬 필요가 없다. 국가가 명령하고 지시하는 내용에 따라서 우리의 생각을 바꿀 필요는 없다. 그러나 우리는 우리의 행동을 바꿔야 한다. 우리는 세금(정책)이 옳지 않다고 믿거나 내고 싶지 않아도 내야 한다. 우리는 군대에 가고 싶지 않아도 가야 한다. 지위에 근거한 실천적 권위는 우리의 행동을 변화시킨다. 우리가 행동을 변화시키는 것은 국가가 명령하는 내용이 합리적이거나 옳기 때문이 아니다. 명령과 지시의 내용과 상관없이 국가라는 우월한 지위로부터 나온 명령과 지시이기 때문에 우리는 복종해야 한다. 이것은 당위가 아니라 사실이다.

## 4. 왜 상호성인가?

국가의 권위란 지배할 수 있는 권리를 말한다. 국가가 권위를 가진다는 사실은 곧 국민은 국가의 명령에 따라야 한다는 것을 수반한다. 국가가 권위를 가지고 지배하기 위해 명령을 내리거나 지시를 하면 국민은 그것을 따라야 한다. 여기에서 중요한 것은, 국가는 국민과 명령하고 복종하는 형태의 관계를 형성한다는 것이다. 이것은 국가가 권위를 가지는 한, 사실의 문제. 국가와 국민이 명령하고 복종하는 관계에 있다는 것은, 옳고 그름의 여부를 떠나서, 현실에서 확인할 수 있는 사실이다. (국가가 명령할 수 있는가 또는 명령할 수 있는 자격이 있는가의, 권력의 정당성 문제는 앞부분에서 이미 다루었다) 국가와 국민의 바람직한 관계에 대

해서는 다양한 입장을 세울 수 있지만, 현실적으로 부인할 수 없는 관계
는 바로 명령―복종의 관계이다.

국가와 국민의 관계를 명령과 복종의 관계로 만들어주는 국가의 권
위는 어떻게 평가하는 것이 적절할까? 그 기준으로서 상호성을 제안하
고 그 의미를 자세히 알아보려고 한다.

그런데 왜 상호성인가? 국가의 권위를 평가하는 기준으로서 왜 상
호성인가? 우선 국가의 권력을 평가하는 기준으로서는 정당성을 제안하
고 알아보았다. 국민은 자신의 자유의지대로 행동하는 인간인데, 그런
국민의 행동을 성공적으로 바꾸어내는 힘을 행사하려면 국가는 정당성
을 필요로 하는 것이다. 즉, 국가는 국민의 자유의지를 거스를 수 있는
권력을 행사하기 때문에 그런 권력의 타당한 근거를 필요로 한다. 그리
고 권력을 행사할 수 있는 정당성을 확보하게 되면 국가는 바로 권위를
가지게 된다. 권력을 행사하여 지배할 수 있는 권리, 즉 권위를 가지게
되는 것이다. 그리고 국민은 국가의 지배를 따라야 하는 상황에 처하게
된다. 이렇게 국가의 권위는 국민과 명령―복종의 관계를 만들어내기
때문에 관계를 평가할 수 있는 기준이 필요한 것이다.

그렇다면, 관계를 평가하는 도덕적 기준으로서 왜 상호성인가? 도
덕적으로 좋은 관계란 어떤 관계일까? 예를 들어, 교사와 학생은 가르치
고 배우는 관계(relation)에 있다. 그리고 교사는 학생에게 충실히 가르
쳐주고 학생은 열심히 배울 때 그 둘은 좋은 관계(relationship)에 있다
고 말한다. 즉, 가르치고 배우는 관계가 좋은 관계가 될 수 있는 것은
서로를 향해 각자의 역할에 충실한 것이다. 이때 교사는 충실히 가르쳐
주는데 학생은 열심히 배우지 않고 게으름을 피운다면 그 둘은 좋은 관
계에 있다고 볼 수 없다. 그러므로 관계에서 중요한 것은 각자의 역할에
충실하되 서로가 그렇게 할 때이다.

그리고 도덕적으로 좋은 관계란 평등한 관계라고 말할 수 있다. 예

를 들어, 두 사람이 평등한 관계에 있을 때 좋은 관계라고 볼 수 있다. 두 사람이 똑같은 대우를 받는다면, 같은 일에 대해서 같은 보수를 받는다면, 그들은 평등하다고 볼 수 있다. 그러나 그들이 서로 평등한 '관계'에 있는 것은 아니다. 평등한 '관계'는 서로가 서로를 자신과 같이 가치있는 존재라고 인정할 때 이루어질 수 있다. 상대방의 가치를 인정하되 상호적으로 그럴 때 평등한 관계로서 좋은 관계라고 볼 수 있다.

사랑하는 관계도 도덕적으로 좋은 관계라고 볼 수 있다. 그러나 한쪽이 다른 한쪽을 일방적으로 사랑하는 관계는 온전히 좋은 관계라고 볼 수 없다. 서로가 서로를 사랑할 때 비로소 좋은 관계라고 볼 수 있는 것이다. 즉, 상호적으로 사랑하는 관계가 좋은 관계인 것이다.

이상에서 본 것과 같이 도덕적으로 좋은 관계는 상호성이 필요하다. 서로가 서로에게 자신의 역할을 충실히 다할 때, 서로가 서로의 가치를 인정할 때, 그리고 서로가 서로를 사랑할 때 우리는 좋은 관계에 있다고 말한다. 관계(relation)는 상호적일 때 좋은 관계(relationship)가 된다.

국가와 국민의 관계도 상호성을 바탕으로 이루어질 때 좋은 관계라고 평가받을 수 있다. 특히 국가와 국민이 명령─복종의 관계에 있는 것을 고려한다면, 권위를 가진 국가가 갖추어야 하는 덕목은 상호성이다. 명령은 일방적일 수 있으며, 게다가 국가는 권력을 가지고 국민의 의사와 반대되는 활동을 할 수 있으므로 더욱더 상호성을 갖출 때 국가는 비로소 국민과 좋은 관계를 형성할 수 있다. 특히 명령─복종의 관계(relation)는 상호성을 갖출 때 도덕적으로 좋은 관계(relationship)를 유지할 수 있는 것이다.

## 5. 상호성이란 무엇인가?

그렇다면 상호성이란 무엇인가? 관계(relation)를 좋은 관계(relationship)로 만들어주는 덕목으로서 상호성이란 무엇인가? 상호성이란 간단히 말해 주고받는 것이다. 주고받는 일에는 상호성의 세 가지 특징이 숨겨져 있는데, 그것은 자존감, 평형감, 그리고 기대감이다.

첫째, 상호성의 출발점은 자존감이다. 상호성은 자존감을 세워줄 때 충족될 수 있다. 자존감은 자신의 존재 자체가 가치 있다고 인식하는 감정이다. 자존감은 스스로 가지는 감정이지만, 존재 자체의 가치를 서로 인정해주는 관계야말로 상호적인 관계이자 바람직한 관계라고 볼 수 있다. 상대방이 활동을 통해 어떤 결과를 만들어냈을 때 그 가치를 인정해주는 것은 상대방을 수단으로 인식하는 것이다. 그러나 어떤 활동도 하지 않고 어떤 이득이 되는 결과물을 만들어내지 않음에도 불구하고 상대방의 존재 자체를 인정하는 것은 상대방을 수단이 아닌 목적으로서 대우하는 것이다. 서로가 상대방을 목적으로 대우할 때 존재 자체의 가치를 인정하게 되고, 그런 관계야말로 상호적인 관계라고 할 수 있다.

국가의 존재는 이미 강력하게 인식되고 있다. 국가의 권력을 거스를 수 없다는 것과 거스를 경우 엄청난 처벌이 뒤따른다는 것을 국민은 잘 알고 있다. 국가는 지배할 수 있는 권리를 가지고 있으며 국민은 지배의 수단인 법을 지켜야 하는 입장에 있다는 것을 국민은 분명히 인식하고 있다. 그러므로 국가의 존재는 이미 자존감을 가지고도 남을 만큼 확실하게 인정되고 있다.

그러나 국가는 국민의 존재를 확실하게 인식하고 있는가? 국가는 어떻게 국민의 존재 자체가 가지는 가치를 인정할 수 있을까? 우선, 국민을 유권자가 아니라 주권자로 인식할 때 국민의 존재 가치를 인정할 수 있다. 국민을 유권자로 인식할 경우 다음 선거에서 정권을 획득할 수 있는 수단으로 바라보지만, 주권자로 인식할 경우 국가가 가지고 있는 권력과 권한이 국민으로부터 주어진 것이라고 봄으로써 국민을 목적으로 대우하고 그 자체로서 가지는 가치를 인정할 수 있게 된다. 국가는 국민이 스스로 주인이라는 것을 인정할 때 상호적인 국가가 될 수 있다.

국민을 주권자로서 인정하는 일은 국민을 권력과 권위 행사의 대상으로서가 아니라 주체로서 인정할 때 이루어진다. 국가가 국민을 대상으로 바라보면, 국민은 국가의 권력과 권한에 종속된 존재가 된다. 따라서 국민은 주체성을 상실하고 자기 뜻과 의지를 인정받지 못하게 되고, 결국 존재 자체의 수단적 가치만 가지는 노예가 되고 만다. 그러나 국가가 국민을 주체로서 바라보면 국민은 마치 자기 뜻과 의지에 따라서 권력과 권한을 행사하는 것과 같이 되고, 결국 존재 자체의 내재적 가치를 가지는 주인이 된다.

국민이 국가 권력과 권한의 행사 주체가 되는 것은 국가가 국민의 필요와 요구 등을 인정하고 그 목소리에 귀를 기울일 때 가능하다. 국가가 권력과 권한을 행사하는 궁극적인 이유는 국민의 필요와 요구를 정당하게 충족시켜주는 데에 있다. 국민이 무엇을 필요로 하는지, 그리고 국민이 요구하는 것이 무엇인지 알려고 애쓰는 모습을 다양하게 보여줄 때 국가는 국민이 권력과 권한의 주체라는 것을 인정하는 것이다. 그러면 국민은 주권자로서 인식되고 그 존재 자체의 가치를 인정받게 된다.

둘째, 상호성의 핵심은 평형감이다. 평형감은 균형을 이루려고 하는 직관적 감각이다. 한쪽으로 기울어지면 다른 한쪽으로 무게중심을 이동해서 균형을 이루려고 하는 감각이다. 예를 들어, 내가 당신에게 진 빚을 갚아야 한다고 생각하는 것은 단순히 빚을 갚겠다고 약속했기 때문이 아니다. 빚을 갚아야 한다는 생각은 받은 것을 되돌려 줌으로써 균형을 이루어야 한다는 감각으로부터 흘러나온다. 빚을 갚겠다고 약속을 하는 것도 바로 그러한 균형 감각이 있기 때문이다.

이러한 평형감은 국가의 경우 어떻게 실천될 수 있을까? 국민에게 명령을 전달하는 국가는 국민으로부터 무엇을 돌려받을 때 평형감을 유지할 수 있을까? 국가의 명령과 균형을 이룰 수 있는 것은 명령에 대한 비판과 도전이다. 이러한 비판과 도전은 명령의 내용이 잘못된 것이라는 지적일 수도 있고, 명령이 명령의 궁극적 목적에 부합하지 않다는 지적일 수도 있다. 이러한 도전에 대해서 국가는 열려있는 자세를 가질 때 상호적이라고 볼 수 있다. 권위에 대한 도전에 열려있지 않으면 국가는 일방적으로 명령을 내릴 뿐이기 때문에 평형감을 잃게 된다.

누군가는 권위를 가지고 명령을 내리는 국가가 평형감을 이룰 수 있는 것은 국민에 의해 다음 선거에서 그 권위를 박탈당할 수 있다는 사실에서 찾을 수 있다고 말할 수 있다. 국가가 명령을 내리지만 바로 그 명령을 아예 내리지 못하도록 결정할 수 있는 권한이 국민에게 있으므로 국가의 권한과 국민의 권한이 평형을 이룰 수 있다고 말하는 것이다.

그러나 명령을 내리는 국가의 권한이 다음 선거에서 교체될 수 있는 것은 맞지만, 그것이 완전히 사라지는 것은 아니다. 선거를 통해 국민은 기존의 특정한 정부가 가진 권위를 박탈할 수 있지만 새로운 정부의 권위를 설립함으로써 일반적 의미의 권위 아래 놓여있다는 사실을 바꿀 수는 없다. (루소는 영국인들이 하원의원을 선출하는 순간에만 잠시 자유로울 뿐 선거가 끝나자마자 다시 의원들의 종이 되고 만다고 말한다. 의원들이 만드는 법에 종속되기 때문이다) 즉, 국민은 권위의 행사 주체를 바꿀 수 있지만, 권위 자체를 없애버릴 수는 없다. 만일 권위 자체가 없어지면 무정부 상태가 될 것이고, 무정부 상태는 우리가 논의하는 영역에서 벗어난다. 무정부 상태를 제외하는 한, 국민은 항상 권위의 명령을 따라야 하는 상황에 놓여있다. 그러므로 기존의 특정한 권위를 교체할 수 있는 국민의 권한은 일반적 의미에서 명령을 내리는 국가의 권한과 균형을 이루어낼 수 있는 것이 아니다.

셋째, 국가의 상호성은 국민에게 기대감을 줄 때 충족될 수 있다.

국민은 국가를 향해 상당한 기대감을 가지고 있기 때문이다. 국가의 권위는 국민의 복종을 요구한다. 국민이 복종할 때에는 그에 상응하는 대가를 기대하기 마련이다. 국가의 요구에 따라서 세금을 내고 국방의 의무를 다하고 다양한 법률과 규제 등을 지켜가면서 사유 재산을 일구어 내거나 교환할 때 국민은 국가로부터 기대하는 것이 있다. 모든 국민의 안전을 반드시 지켜주고, 국민에게 자유를 펼칠 기회를 평등하게 제공하고, 나아가 자유를 보호해줄 것 등을 기대한다. 이러한 일 등에 대한 국민의 기대감을, 실제로 충족시키기 이전에, 충족시키려는 자세를 가진다면 국가는 국민과의 상호성을 충족시킬 것이다. 물론 국가가 (나중에 다룰) 다양한 활동을 통해서 국민의 기대를 실제로 충족시켜주면 줄수록 국민의 기대감은 상승할 것이다. 그러나 국가에 대한 국민의 기대감은 실제로 책임 있는 활동을 할 때뿐만 아니라 책임 있는 활동을 하려는 자세와 의도를 보여줄 때 충족될 수 있다.

## 6. 소결

이상에서 우리는 국가의 권위에 대해서 알아보고, 그것이 국민과 명령－복종 관계를 만들어낸다는 사실을 확인했다. 그리고 국가의 권위가 도덕적으로 평가받기 위해서는 상호성을 충족시켜야 하는 이유와 함께 상호성의 의미에 대해서 알아보았다.

사실상 실천적 권위인 국가의 권위는 실천적 권위에 머물러야 하는가? 이론적 권위도 갖추어야 하는가? 아니면 이론적 권위만 가지면 충분한가? 국가의 권위는 어떤 형태를 가져야 하는가? 이 질문에 대해서 다음 장에서 알아본다.

# 10장
# 권위의 형태

## 1. 권위는 어떤 형태로 행사되어야 하는가?

3년 정도의 연애 끝에 지민은 드디어 결혼을 결심한다. 대학을 졸업할 때만 해도 경제적 사정 때문에 결혼은 물론 연애도 못 할 것 같았는데, 그래도 사랑하는 사람을 만나고 알아가게 되면서 남은 평생을 서로 의지하면서 살아가고 싶다는 확신이 들었다. 소소하지만 감동적인 청혼 이벤트도 받으면서 지민의 사랑은 결혼으로 이어지고 있었다.

그러나 결혼은 분명히 현실이었다. 결혼은 개인과 개인의 만남 이상으로서 집안과 집안의 만남이라고 했던가? 자식을 처음 결혼시키는 약혼남의 부모님은 신세대이신지라 아들과 며느리 될 사람에게 많은 것을 요구하시지는 않았다. 그러나 당신들이 오랫동안 출석해오던 대형교회에서 결혼식을 치르는 것만큼은 포기하실 수 없었다. 지민과 약혼남은 양가 가족들만 모시고 조촐하게 결혼식을 올리고 싶었기 때문에 고민에 빠지게 된다. 그들은 형식적이고 의무적으로 참석한 하객들 앞에서 마치 신고하듯이 보여주기식의 결혼식이 아니라 소중한 가족들 앞에서 진심 어린 백년가약을 맺고 싶었다.

이때, 장가를 가면서 철이 들어야 한다고 생각한 지민의 약혼남은 부모님의 명령 아닌 명령에 자발적 복종의 길을 선택한다. 부모님의 뜻이 자신이 보기에 합리적으로 보이진 않았지만, 그 부탁을 해오시는 것이 다름 아닌 자신의 부모님이시라는 이유 하나만으로 말이다. 지민은 약혼남의 마음을 이해하지만, 그의 생각을 받아들이기 어려웠다. 분명히 자신들의 결혼식이기 때문에 자신들이 합리적이고 좋다는 방식으로 결혼식을 올리고 싶었기 때문이다. '내가 하는 결혼을, 내가 원하는 방식대로 할 수 없다니.' 과연 지민은 약혼남과 함께 시부모님의 암묵적인 강요에 복종해야 하는가? 아니면 거역하고 자신들의 자율성과 자유를 지켜야 하는가?

결혼식을 올린 후에 혼인신고를 하는 일도 마찬가지다. 지민과 남편은 함께 구청에 가서 혼인신고를 하려고 한다. 혼인신고는 두 사람만의 합의로 이루어지지 않는다. 두 명의 증인이 있어야 한다. 이렇게 법적으로 정해 놓은 요구사항에 따라서 혼인신고를 하지 않으면 그들은 부부로서 공식적으로 인정받을 수 없으며, 예를 들어 신혼부부 행복주택 등에 지원할 수도 없다. 사실혼이라는 법률적 장치가 있긴 하지만, 그 역시 사실혼 관계에 있다는 것을 보여주는 증거들을 법률적으로 인정받아야 한다. 즉, 사적인 개인이 하는 결혼도 공식적인 결혼 관계로 인정받기 위해서는 국가가 정해 놓은 법률에 따른 혼인신고가 이루어져야 한다. 두 명의 증인으로부터 연서를 받아오라는 국가의 명령을 따르지 않으면 혼인신고를 할 수 없으며 공식적인 부부관계로 인정받을 수 없다.

부모님의 권위와 국가의 권위, 거스르기에는 불편하고 따르기에는 부담된다. 완전히 부인할 수도 없고, 전적으로 받아들일 수도 없다. 앞 장에서 우리는 권위란 무엇이며, 특히 국가의 권위란 무엇인가에 대해서 알아보았다. 이 장에서는 어떤 형태의 권위가 있으며, 국가의 권위는 어떤 형태의 권위이어야 상호성을 갖춘 권위라고 볼 수 있을지 알아본다.

## 2. 국가의 권위는 이론적 권위이어야

우선 국가의 권위는 이론적 권위이어야 한다는 주장이 있다. 국가는 정치적 문제에 대해 옳고 우월한 지식을 가져야 한다는 것이다. 권위 자체인 국가는 정치적 문제에 관해서 권위자여야 한다. 국가의 권위는 이론적 권위이어야 한다는 주장을 대략 세 명의 철학자에 따라서 정리하면 다음과 같다.

첫째, 플라톤에 따르면, 국가는 강하고 포괄적인 권위를 가져야 한다. '권위주의적'이어야 한다는 것이 아니다. '권위적'이어야 한다는 것이다. 훌륭한 의사가 해당 분야에 전문적 지식을 갖춘 권위자이듯이, 국가도 정치 분야에 전문적 지식을 갖춘 권위자여야 한다. 왜냐하면, 그래야 정의롭기 때문이다. 플라톤에 따르면, 정치는 의학이나 목공과 같은 예술로서, 참된 지식과 기술을 가진 자가 실천하는 것이 정의롭다. 국가는 바다를 항해하는 배와 같아서 배가 어디로 가야 하는지 잘 아는 선장, 즉 철인왕이 필요하다. 그러므로 명령을 내릴 수 있는 국가의 권위는 정치적 문제에 대해 참되고 우월한 지식을 가져야 한다. 정치적 문제에 권위자인 국가는 사회에 옳은 것이 무엇인지 잘 알고 있을 뿐만 아니라 개인에게 무엇이 좋은 것인지도 잘 알고 있어야 한다.

둘째, 프랑스 철학자 루소가 말하는 국가의 권위는 플라톤의 그것과 같이 이론적 권위이지만 그 근거가 조금 다르다. 플라톤의 국가 권위는 참되고 우월한 지식에 근거하지만, 루소가 말하는 국가의 권위는 모든 사람에게서 나온다. 그러나 지배하고 명령할 수 있는 권리는 국민 자신에게만 속하고 타인 또는 국가에 양도되지 않으며, 국가의 권위는 곧 국민의 명령이어야 한다. 권위자인 국가가 가지는 지식은 모든 사람의, 모든 사람에 의한, 그리고 모든 사람을 위한, 지식이다. 그러므로 국가가 법을 통해 내리는 명령의 내용은 사회에 옳은 것일 뿐만 아니라 개인에게도 좋은 것이다. 루소에게 국가의 권위는 모든 사람의 화신과 같다.

셋째, 플라톤이나 루소보다 약한 권위를 강조하는, 영국의 보수주의 철학자 오크숏은 국가의 권위가 선생님의 그것과 같아야 한다고 말한다. 선생님은 무엇이 학생에게 옳은 것인지 알고 있지만, 학생 개인에게 무엇이 좋은 것인지는 개인에게 맡긴다. 왜냐하면, 사회에는 하나의 가치관만 있는 것이 아니기 때문이다. 그러므로 권위를 가진 국가가 해야 하는 것은 개인이 자신의 가치관을 찾고 실현하는 데 필요한 기본적인 지식을 가르치는 것이다. 그런 정도로 이론적인 지식을 갖춰야 하는 국가의 권위는 플라톤이나 루소의 경우와 같이 강하거나 포괄적이지는 않다. 그러나 여전히 국가의 권위는 기본적인 지식을 갖춘, 이론적 권위이어야 한다.

권위의 근거나 강도가 조금씩 다르긴 하지만, 위 철학자들은 국가의 권위가 이론적이어야 한다고 주장한다. 그렇다면 이론적 권위를 가진 국가는 국민과의 관계에서 얼마나 상호적일까?

철인왕과 같이 참되고 우월한 지식을 가진 플라톤의 국가가 국민에게 내리는 명령은, 그것이 진정으로 국민을 위한 참된 지식에 근거한 것이라면, 국민의 기대감은 상승할 것이다. 국민이 진정으로 필요한 것이 무엇인지 국가가 잘 알고 있기 때문이다. 그러나 국민은 국가의 참된 지식이라는 것이 과연 자신에게 유익하리라는 것을 어떻게 알 수 있을까? 정치적 문제에 관해서는 권위 그 자체이어야 하는 국가에 모든 것을 맡기는 것은 현명한 일일까? 그런 국가는 국민의 주권을 인정할 것인가? 우월한 지식을 가진 국가를 도전하고 비판하는 일은 과연 심각하게 받아들여질 것인가?

루소가 말하는 국민의 화신인 국가, 그런 국가의 권위가 내리는 명령은 국민의 자존감도, 국민과의 평형감도, 그리고 국민의 기대감도 완벽하게 만족시킬 것이다. 왜냐하면, 국가의 명령은 곧 국민이 스스로 내린 명령이기 때문이다. 그런 국가는 매우 바람직할 수 있다. 그러나 국가의 권위는 어떻게 국민의 화신이 될 수 있는가? 국가는 국민의 일반의지가 반영된 법에 따라서 권위를 행사해야 하는데, 그것이 어떻게 가능한가? 실현하기 어려운 이상은 과연 우리에게 실질적인 도움이 될 수 있을까?

자신의 가치관을 찾고 실현하는 데 필요한 기본적 지식을 가르치는, 오크숏이 말하는 국가의 권위는 얼마나 상호적일까? 국가를 운영하는 일에 기본적인 지식에 관한 한 배타적 소유권을 주장하는 국가는 국민의 주권을 인정하고 국민의 도전에 열려있을 것인가? 개인의 가치관만큼은 존중하지만, 정치적 문제에 대한 국민의 지식과 도전에는 닫혀있는 국가가 과연 상호적이라고 볼 수 있을까?

국민에게 명령을 내리는 국가의 권위가 훌륭한 의사의 그것과 같다면 믿고 맡길 수 있을지 모른다. 정치 공동체가 앓고 있는 병을 잘 고쳐줄 것이라는 믿음이 가기 때문이다. 그러나 병을 잘 고치는 훌륭한 의사라고 해서 반드시 환자를 인격체로 대우하거나 병과 처방에 대한 환자의 지식이 자신의 그것과 동등하다고 보는 것은 아니다. 오히려 훌륭한 의사는 훌륭한 만큼 자신의 권위에 대한 환자의 도전에 폐쇄적일 가능성이 크다. 그런 의사는, 자기 일에 있어서 훌륭한 의사일지 모르지만, 상호성의 덕목을 갖춘 의사라고 보기는 어렵다.

당신은 의사가 병을 잘 고치면 됐지, 상호성은 왜 필요하냐고 질문할지 모른다. 친절한 의사보다는 유능한 의사가 더 낫다고 말할 수 있다. 국가는 그것이 해야 하는 일에 유능하기만 하면 된다고 말할 수 있다. 친절하지만 무능한 의사보다는 불친절하지만 유능한 의사가 더 낫다고 볼 수 있다. 자세보다는 능력이 더 중요할 수 있다.

그러나 국가가 잘해야 하는 일은 무엇일까? 국민의 필요를 채워주기만 하면 될까? 국민의 존재 자체를 존중하고 비판과 도전에 열려 있으며 국민의 필요가 무엇인지 살펴보는 자세를 갖추는 것도 국가가 잘해야 하는 일에 포함되어야 하지 않을까? 국민을 주권자로 진지하게 인정하고 그 목소리에 귀를 기울이는 국가와, 국민을 잘 먹이면 행복해하는 '개, 돼지'로 취급하는 국가, 그 사이에서 선택은 그리 어렵지 않은 것으로 보인다.

## 3. 국가의 권위는 실천적 권위일 뿐

영국 철학자 홉스가 주장하는 국가의 권위도 매우 강하다. 그러나 그 이유는 플라톤과 루소의 경우와 다르다. 플라톤의 국가 권위는 정치에 대해 옳고 참된 지식을 우월하게 가지고 있으므로 강하고, 루소의 국가 권위는 모든 사람의 양도되지 않은 권위 그 자체이므로 강하지만, 홉스의 국가 권위는 그것이 사용되는 목적을 위해서 강해야 한다. 그 목적이란 '만인에 대한 만인의 투쟁'을 해결하는 것이다.

홉스에 따르면, 인간은 생존을 향한 강한 본능을 가지고 있다. 이때 생존은 자기 자신의 생존이다. 자기중심적으로 자신의 생존을 추구하다 보면 이기적으로 되는 것은 당연하다. 이것은 모든 (또는 대부분의) 인간에게 해당한다. 그러므로 모든 인간이 자신의 생존을 위해서 활동하고, 그런 인간으로 구성된 사회는 필연적으로 '만인에 대한 만인의 투쟁'으로 치닫게 된다. 국가가 없으면 그렇다는 말이다. 그러므로 국가는 그 투쟁에서 가장 강한 권력을 가진 자보다 더 강한 힘을 가져야 한다. 그래야 투쟁을 종료시킬 수 있다.

물론 국가가 그렇게 강한 권력을 행사할 수 있는 권리를 가지는 것은 가장 강하기 때문이 아니다. 루소의 경우와 같이 홉스가 말하는 국가의 권한은 국민에게서 나온다. 그러나 루소의 경우와 달리 국민의 주권은 국가로 완전히 양도되고 국가는 그 투쟁의 문제를 해결하기 위해서 절대적 주권자가 되어 강력한 권위를 행사하게 된다. 즉, 홉스의 국가가 가지는 권력의 정당성은 국민 주권의 완전한 양도에 근거하고, 권력의 정당성을 확보한 국가는 문제의 해결을 위해서 강력한 권위를 가지고 행사해야 한다.

여기에서 중요한 것은 국가의 권위가 문제를 해결하는 방식이다. 홉스의 국가는 참되고 우월한 지식으로 국민을 계몽하는 것도 아니고, 국민의 뜻을 고스란히 실천함으로써 문제를 해결하는 것도 아니며, 어떤 기본적인 지식을 가르쳐서 국민이 자신의 길을 찾도록 도와주는 것도 아니다. 국가는 사회 문제의 해결을 위해서 명령을 내릴 뿐이며, 그 명령은 도덕적이거나 계몽적일 필요가 없다. 명령의 내용과 상관없이 문제를 해결하고 조정하기만 하면 국가는 권위주의적이어도 된다. 오히려 국가는 권위주의적이어야 문제를 제대로 해결할 수 있다. 국가가 아무리 권위주의적이어도 국가가 없어서 그리고 국가의 명령이 없어서 투쟁의 상태로 치닫는 것보다는 낫다고 보는 것이 홉스의 입장이다.

투쟁 문제를 해결하고 조정해야 할 사명을 가진 홉스의 국가는 실천적 권위만 가진다. 국가는 문제의 조정자 또는 코디네이터로서 내용과 상관없이 모든 국민이 따라야 하는 권위주의적 명령을 내린다. 국민은 국가의 명령에 따라 자기 생각을 바꿀 필요는 없지만, 반드시 행동을 바꿔야 한다. 그래야 문제가 해결되기 때문이다. 국가는 사회가 나아가야 할 도덕적 방향도 개인이 추구할 가치관도 정해주지 않는다. 다만, 모든 국민의 생명과 안전을 위해서 모든 국민이 반드시 지켜야 하는 것들은 인정사정없이 명령하고 강제한다.

국민의 주권을 완전히 양도받은 홉스의 국가는 국민으로부터 그 권력의 사용을 승인받는다는 뜻에서 국민을 어느 정도 존중한다고 볼 수 있다. 그러나 일단 그렇게 세워진 권위는 국민의 비판과 도전을 용납하지 않는다. 물론 국가가 개인의 삶까지 간섭하지는 않지만, 함께 따라야 하는 원칙만큼은 국민이 반드시 지키도록 강력한 권한을 행사한다. 국민의 생명이나 안전과 같은 매우 기본적인 혜택을 가져다주는 것은 확실하지만, 그것을 보장해주는 방법은 '권위주의적'이다. 따라서 홉스의 국가도 상호적이라고 평가하기에는 어려워 보인다.

    (홉스가 권위주의적 국가를 제시한 역사적 이유와 국민주권론을 철학적으로 제시한 점은 나름대로 평가받아야 할 부분이다. 그러나 이 책은 현재 우리에게 주어진 권위의 상호성 문제를 다루는 데 적절한 이론을 검토하는 차원에서 홉스의 철학을 평가하고 있다.)

## 4. 국가의 권위는 실천적이자 이론적이기도 해야

국가는 국민에게 명령을 내리는 자리에 있기도 하지만 그 명령의 내용은 어느 정도 전문적 지식에 근거해야 한다는, 국가의 권위에 대한 혼합적 입장이 있다. 이 입장을 주장하는 영국 철학자 로크에 따르면, 국가의 권위는 실천적이자 동시에 이론적이기도 해야 한다. 로크는 다음과 같이 말한다. "국가가 권력을 행사할 수 있는 권리를 가지는 것은 국민 대다수의 동의를 받았기 때문이다. 그러나 국가는 국민의 생명, 자유, 그리고 재산을 지키기 위해 국가로서의 권위와 정치적 문제에 관한 전문성을 발휘해야 한다."

    이때 국가는 마치 축구 경기의 심판과 같다. 심판은 권한을 가지고 결정을 내린다. 규칙이 허용하지 않는 방식으로 경기하는 선수에게 반칙을 선언하고 경고하기도 하며 퇴장을 명령하기도 한다. 심판은 심판의 지위로부터 나오는 권한을 가지고 명령을 내리기 때문에 선수는 그 명령의 내용과 상관없이 명령에 복종해야 한다. 그러나 심판의 명령이 비합리적으로 보일 때 선수는 합법적인 방식으로 항의할 수 있다. 아주 가끔은 심판의 명령이 번복되기도 한다. 왜냐하면, 심판도 실수를 할 수 있는데, 심판의 명령은 권한으로부터 나오는 결정이기도 하지만 정해진 규칙을 상황에 맞게 해석해서 적용하는 부분도 포함하기 때문이다.

심판의 가벼운 오판은 심판으로서의 권위를 위해 번복되지 않는다. 그러나 오판이 심각하거나 자주 반복될 경우 심판은 그 전문성을 의심받고 경기 후에 재교육을 받거나 다음 경기에 교체되기도 한다. 정리하자면, 결정하고 명령을 내리기 위해서는 심판이라는 자리가 (실천적 권위가) 필요하고, 정확한 해석과 알맞은 적용을 위해서는 심판으로서의 전문성이 (이론적 권위가) 필요하다.

실천적이지만 이론적이기도 해야 하는 국가의 권위는 얼마나 상호적일까? 국민으로부터 그 권위를 승인받는다는 점에서는 로크의 국가는 홉스의 그것과 마찬가지로 국민의 자존감을 어느 정도 채워주는 것으로 보인다. 그러나 국민의 필요와 목소리에 귀 기울이는 자세를 얼마나 보여줄지는 확인되지 않는다. 다만, 실천적이기만 해서 권위주의로 흐르는 홉스의 국가보다는, 로크의 국가가 국민의 비판과 도전에 열려있다는 뜻에서는 평형감을 갖춘 상호성을 가지고 있다. 동시에 국민에게 만족스러운 결과를 제공하는 데 필요한 만큼 전문성을 발휘해야 하는 국가는 국민에게 어느 정도 기대감을 줄 수 있을 것이다. 권위의 실천적이면서 동시에 이론적인 측면을 모두 갖춰야 하는 로크의 국가는 이론적이기만 하거나 실천적이기만 한 국가와 비교해서 상대적으로 더 많은 상호성의 덕목을 갖춘 것으로 보인다.

## 5. 소결

혼인신고를 위한 법적 절차를 요구하거나, 군복무자를 소/징집할 때, 또는 운전자를 멈추고 음주운전 검사를 실시할 때, 국가는 사실상 실천적 권위를 행사한다. 혼인신고 절차가 옳건 그르건, 병역법이 공정하건 아니건, 경찰의 판단이 맞건 틀리건, 국가는 실천적 권위를 가지고 국민의 행동 변화를 요구한다. 다양한 이론적 입장에 따라서 국가는 우월한 지식을 바탕으로 이론적 권위를 가져야 한다거나, 우월한 지위만 가지고 실천적 권위에 그쳐야 한다거나, 아니면 우월한 지위는 물론 어느 정도의 우월한 지식도 가짐으로써 실천적임과 동시에 이론적 권위를 모두 가져야 한다고 주장할 수 있다.

　법과 정책 등을 결정하고 집행하는 일을 맡은 자로서 국가는 불가피해 보인다. 다양한 요구사항과 의견이 있을 때 어떤 방법으로든 누군가가 결정을 관장하고 또 결정한 대로 집행하는 일은 필요하다. 그런 일을 하기 위해서는 지위가 필요하며 지위에는 그에 맞는 권한이 필요하다. 국가로서 지위를 가지고 그에 맞는 권한으로서 명령할 수 있는 기본적 자격, 즉 실천적 권위를 가지는 것은 불가피해 보인다.

　그러나, 국가는 실천적 권위를 행사할 수 있도록 기본적 자격을 부여받은 이유에 충실해야 한다. 국가가 실천적 권위를 가지고 있다는 이유 하나만으로 그 권위가 정당화되는 것은 아니다. 실천적 권위를 이용해서 성취해내야 하는 것을 제대로 성취해낼 때 정당화될 수 있다. 그러기 위해서는 어느 정도의 이론적 권위도 필요하다. 무엇을 위해서 권력을 어떻게 사용해야 하는가에 대한 이해가 필요한 것이다.

　그때 요구되는 이해와 지식은 권력의 궁극적 목적이 무엇인가에 따라서 그 넓이와 깊이가 달라질 수 있다. 권력의 목적이 모든 구성원의 도덕적 완성에 있다면, 권력을 행사할 수 있는 권위는 공적인 영역은 물론 개인의 가치관에 대해서도 무엇이 좋은 것인지 알 수 있을 만큼 폭넓고 깊이 있는 권위를 가져야 한다. 그러나 권력이 공공선의 실현에 그 목적을 두어야 한다고 전제하면, 그 목적에 알맞은 수준에서 관련된 이해와 지식을 가져야 할 것이다. 마지막으로, 권력의 목적이 개인 간의 분쟁을 해결하는 일에 머물러야 한다면, 국가가 가지는 이론적 권위의 넓이와 깊이는 그리 대단할 필요는 없을 것이다.

국가의 권위가 얼마나 넓고 깊은 지식을 가져야 하는가는 권력의 사용 목적에 따라서 달라지겠지만, 어쨌든 국가는 실천적 권위뿐만 아니라 어느 정도의 이론적 권위도 가질 때 정당화될 수 있다. 그리고 그런 권위가 실천적 권위와 이론적 권위 중 하나만 가지고 있는 권위에 비해 더 많은 상호성을 가질 수 있다. 그러나 실천적 권위와 이론적 권위를 모두 가지고 있는 국가 중에서도 이론적 권위를 가지는 정도에 따라서 더 상호적인 국가도 있고 그렇지 않은 국가도 있을 것이다. 무엇을 위해서 이론적 권위가 필요한가에 따라서 국가는 권위적이거나 권위주의적일 수 있고 또 상호적일 수도 있다.

이론적 권위와 실천적 권위, 그중 어떤 권위를 배타적으로 또는 혼합적으로 가지느냐에 따라서 권위의 형태가 달라지고, 그 형태에 따라서 상호성의 정도도 달라진다는 것을 확인했다. 다음 장에서는 다양한 형태의 권위는 어떤 역할을 해야 하는가에 대해서 좀 더 구체적으로 알아보기로 한다.

# 11장
# 권위의 역할

## 1. 권위는 어떤 역할을 해야 하는가?

출산 후 맞벌이와 육아에 정신없는 사이 어느덧 지민도 어린이집 학부모가 되었다. 엊그제 결혼한 것 같은데 벌써 다섯 살이나 된 딸의 학부모가 되어 있었다. 이제 슬슬 자녀 교육비도 무시하지 못할 정도로 들어갈 시기가 된 것이다. 그래도 초등학교에 입학하기 전까지는 누리 과정이라는 제도가 있어서 교육비 부담이 그리 크지는 않다. 국가에서 무상으로 제공해주는 유아 교육비는 지민 부부에게 적지 않은 도움이 되고 있다.

그런데 누리 과정에서는 무엇을 가르칠까? 문득, 지민은 궁금했다. 맞벌이 부부에게 어린이집은 정말 고마운 곳이지만, 자신의 자녀를 단순히 맡아주기만 하는 곳은 아니기에 무엇을 가르치는지 궁금했다. 조금 알아보니 우선 제도 자체는 모든 유아에게 '인생의 평등한 출발선'을 제공한다는 취지를 가지고 있기에 바람직해 보였다. 그리고 누리 과정이 교육의 목표로 제시한 인간상으로서 '건강하고 자주적이고 창의적이고 감성이 풍부하고 더불어 사는 사람'은 훌륭해 보인다.

이렇게 훌륭한 인간상은 누가 생각해내고 정리했을까? 그리고 그것을 누리 과정의 궁극적인 목표로 설정할 것을 누가 결정했을까? 목표의 내용도 중요하지만, 누가 설정한 목표에 따라서 자신의 자녀가 교육을 받는가도 중요하다. 따라서 유아 교육의 목표를 누가 어떤 과정을 통해서 결정했는가도 궁금한 일이다.

누리 과정의 교육 목적은 영유아교육법에 따라서 세워졌고, 영유아교육법은 다음과 같이 시작한다는 것을 확인했다. '이 법은 영유아의 심신을 보호하고 건전하게 교육하여 건강한 사회 구성원으로 육성함.' 나아가 초, 중, 고등 교육을 지배하는, 1949년에 제정된 교육법은 다음과 같이 교육의 목적을 규정한다. '교육은 홍익인간의 이념 아래 모든 국민으로 하여금 인격을 완성하고 자주적 생활능력과 공민으로서의 자질을 구유하게 하여 민주국가 발전에 봉사하며 인류 공영의 이념 실현에 기여하게 함을 목적으로 한다.'

영유아교육법이나 교육법은 모두 헌법에서 규정하고 있는 권리이자 의무인 교육을 구체적으로 실현하기 위해서 국회의원들이 만든 법이다. 헌법은 교육의 목적을 구체적으로 명시하고 있지 않다. 대한민국에서 정부에 의해 이루어지는 교육의 목적은 헌법이 아닌 교육법에 명시되어 있다. 즉, 대한민국 교육의 목적은 인격 완성, 자주적 생활능력 배양, 공민의 자질 갖추기, 민주국가 발전에 봉사, 인류 번영에 기여 등으로서 교육법에 명시되어 있고, 교육법은 공식적으로 국회의원들이 만든 것이다.

국민의 권리이자 의무인 교육의 목적을 누가 결정하느냐는 중요한 문제다. 왜냐하면, 그 목적에 따라서 교육의 방향이 달라질 수 있고, 질이 달라질 수 있으며, 방법도 달라질 수 있기 때문이다. 현행 교육법은 국민이 공민의 자질을 갖출 것을 교육의 목적 중 하나로 삼고 있다. 따라서 모든 하위법령은 공민 교육을 포함해야 하고, 그것을 위해서 공민 교육 전문가를 양성하고 임용해야 하며, 공민 교육에 지장이 될 경우

'사민' 교육, 예를 들어 사적으로 운영되는 대안 학교는 허락하지 말아야 한다. 특히 교육법의 제정 이유 중 하나는 특정 종교의 교육을 허락하지 않는 것이기에 특정 종교 단체가 세우고 그 교리에 따라서 운영하는 대안 학교는 허락하지 말아야 한다.

국회의원들이 교육의 목적을 결정할 때 기본적으로 따라야 하는 헌법이 말해주는 것은 교육이 국민의 권리이자 의무라는 것뿐이다. 그렇다면, 교육에 관한 모든 하위법령의 근거가 되는 교육법, 그 교육법에서 말하는 교육의 목적은 국회의원이 교육 전문가의 도움을 받아 임의로 만들어내면 되는가? 국회의원들이 교육의 목적을 세울 때 국민의 의견을 묻고 그 의견을 있는 그대로 교육법에 받아 써야 할까? 아니면 국민으로부터는 의견 수렴만 하고 교육의 목적은 국회의원들이 (전문가의 도움을 받아) 직접 결정하면 될까? 혹시, 의견 수렴도 할 것 없이 국회의원들이 모든 것을 직접 결정해도 될까? 그런 일을 하라고 세워진 국회의원들이니까?

국회의원들은 교육법을 제정하고 개정하는 과정에서 어떤 역할을 맡아야 할까? 일반화해서 말하자면, 국민이 따라야 하는 법률을 입안하고 제정할 수 있는 권한을 가진 국회의원들의 역할은 무엇이어야 하는가?

국가의 권력과 권위를 가진 대통령, 국회의원, 국무위원, 심지어 공무원 등을 흔히 국민의 심부름꾼 또는 머슴이라고 한다. 공무원의 영어 단어는 civil servant로서 말 그대로 공적인 머슴이다. 이 단어의 의미를 진지하게 문자 그대로 따르자면, 국가는 국민이 말하고 시키는 대로만 그 권위를 행사해야 한다. '머슴'은 자기 뜻이 있어도 그것을 내세우지 말고 주인의 뜻을 따라야 하기 때문이다.

물론 머슴에 따라서는 상당한 재량권을 발휘하는 머슴도 있고, 완전히 기계적이고 수동적으로 주인의 뜻을 실천하기만 해야 하는 머슴도 있다. 국가도 다양한 강도와 수준의 '명령할 수 있는 권리로서 권위'를 가질 수 있다. 명령의 내용을 만들어낼 수 있는 권한으로부터, 만들어진 명령을 검토하거나 실천할 수 있는 권한, 그리고 명령을 단순히 전달하기만 하는 권한까지, 국가는 여러 수준에서 다양한 강도의 권위를 발휘하기도 한다.

어떤 강도와 수준의 권위이든 국가의 권위는 국민과의 관계에서 상호적인 모습을 갖춰야 한다. 권위의 강도와 수준에 따라서 상호적인 모습도 달라질 수 있을 것이다. 어쨌든 국가는 상호적인 모습을 갖춰야 하는데, 어떤 역할을 할 때 그럴 수 있을까? '나를 따르라!'고 외치는 지도자, '무엇을 할까요?'라고 묻는 대리인, '이렇게 하세요!'라고 안내하는 대표자, 이 중 어떤 역할이 가장 상호적인 모습을 갖춘 역할일까?

## 2. '나를 따르라!' 지도자 역할

'나를 따르라!' 이렇게 외치는 지도자와 같이 국가의 권위가 국민을 향해 지도력을 발휘해야 한다는 입장이 있다. 여기에서 지도력을 발휘한다는 것은 가르치거나 설득하는 지도의 방법을 포함한다. 그러나 다양한 방법을 구사하는 지도력의 공통점은 지도자가 결정하는 방향으로 국민을 이끌어간다는 것이다. 권위를 가진 국가의 역할은 국가가 결정하는 방향으로 국민을 지도하는 것에 있다고 보는 것이다. 결정의 내용에 따라서 구분되는 세 가지 하위 입장을 알아보면 다음과 같다.

첫째, 실천적 권위를 주장하는 홉스는 무엇이든지 간에 국가가 결정을 내리는 것 자체가 중요하다고 본다. 무엇이 좋은 것인지, 무엇이 옳은 것인지에 대해서는 다양한 의견이 존재하며, 하나의 공동체를 유지하기 위해서는 어떤 방향으로든지 상관없이 국가가 결정을 내리는 것이 중요하다. 그렇지 않으면 혼란이 초래되고 공동체는 분열되기 때문이다. 예를 들어, 무상급식을 실행할 것인가에 대해서 다양한 의견이 있다. 국민의 세금을 가지고 각 가정의 경제적 수준을 고려하지 않은 채 차별 없이 보편적으로 학생들에게 점심 식사를 제공하는 것이 타당한가에 대해서 찬성과 반대의 의견이 대립한다. 이때 국가의 역할은 무상급식 전면 제공이든 차별적 제공이든 어떤 방향으로든지 결정을 내리고 실행하는 것이다. 더욱 중요한 것은 국민이 국가의 결정을 반드시 따르게 하는 것이다.

둘째, 실천적 권위보다 이론적 권위를 중시하는 플라톤에게는 국가가 현명한 결정을 내리는 것이 중요하다. 국가가 내리는 결정은 옳거나 그를 수 있다. 따라서 국가는 이론적 권위를 발휘해서 옳은 결정을 내려야 한다. 이러한 역할은 오로지 철인왕이라고 하는 국가가 수행할 수 있다. 정치의 일이 아닌 다른 일, 즉 군사나 경제의 일을 맡은 집단이 그러한 결정을 내려서는 안 된다. 다른 집단은 국가의 결정을 따르는 것이 오히려 정의롭다. 무상급식이라는 정책도 국가가 그 옳음의 여부를 판단해서 채택할 것인지를 현명하게 결정하고, 다른 집단은 그 결정을 따르는 것이 정의로운 국가의 전체 모습이다.

셋째, 오크숏이 말하는 국가의 권위도 이론적이지만, 플라톤의 이론적 권위와 비교해 볼 때 그 적용 범위가 한정적이다. 플라톤이 말하는 이론적 권위는 사회와 개인을 막론하고 모든 분야에 걸쳐서 적용되지만, 오크숏의 이론적 권위는 개인의 가치관 문제는 개인에게 맡겨둔 채 사회를 운영하는 데 기본적으로 필요한 문제에만 적용될 수 있다. 그러나, 국가가 이론적 권위를 발휘해야 하는 영역은 비록 한정되지만, 그 영역에 대해서만큼은 국가가 판단하고 결정함으로써 지도자로서 통치의 역할을 맡아야 한다.

위에서 언급한 교육의 목적을 결정하고 추진하는 일에 대해서는 홉스, 플라톤, 그리고 오크숏 모두 국가가 나서서 지도자로서 결정하고 추진하는 역할을 맡아야 한다고 말할 것이다. 지도자의 역할을 맡아야 하

는 이유와 근거 등은 각각 다르지만, 그들은 이구동성으로 국가가 (어쨌
든) 결정하고 국민이 그 결정을 따르도록 하는 것이 옳다고 말할 것이다.

　이러한 주장은 국가의 권위가 현명한 군주에 의해 소유되고 행사되
어야 한다는 군주정, 또는 탁월한 지식과 경험을 가진 소수가 권위를 가
져야 한다는 귀족정이나 엘리트 민주주의의 이론적 근거로 작동할 수
있다. 그들만이 결정할 수 있는 공식적 자격이나 능력이 있다는 생각을
공유하기 때문이다.

　군주정, 귀족정 또는 엘리트 민주주의의 기초로 작동하는, '나를 따
르라!'라고 지도자의 역할을 하는 국가의 권위는 얼마나 상호적일까? 홉
스는 결정 자체의 중요성을 피력하기 때문에 국가의 실천적 권위를 중
시하고, 플라톤과 오크숏은 결정의 현명함을 중시하기에 무엇보다 국가
의 이론적 권위를 중시한다. 그러나 어떤 경우든 결정하고 추진하는 주
체는 국가다. 이때 국민은 수동적으로 국가의 결정을 따르기만 해야 한
다. 이러한 국가는 과연 국민의 존재, 특히 국민의 의사를 얼마나 존중
할 것인가? 나를 따르라고 말하는 지도자로서 국가는 국민의 의견에 얼
마나 열린 자세를 가질 것인가? 그리고 그런 국가는 과연 국민에게 얼마
나 큰 기대감을 안겨줄 것인가?

## 3. '무엇을 할까요?' 대리인 역할

대리인은 완전한 심부름꾼을 말한다. 심부름꾼은 수동적이고 마치 기계
처럼 주인의 명령을 따르기만 한다. 물론 명령을 제대로 수행하는 데 필
요한 작고 기술적인 일들은 심부름꾼이 직접 결정한다. 그러나 심부름꾼
은 주인의 뜻을 거스르는 결과를 만들어낼 정도의 재량권을 행사할 수는
없다. 주인의 뜻을 충실히 이행하는데 필요한 결정만 내릴 수 있다.

　국가의 권위는 이론적 권위의 형태를 가져야 한다고 주장한 루소는

국가가 대리인의 역할을 해야 한다고 말한다. 국가가 가져야 하는 이론적 권위는 국민의 지식보다 월등하다는 뜻에서 이론적 권위가 아니다. 국가는 바로 국민의 진정한 뜻을 제대로 알고 그것을 권위의 실천에 있어서 정확히 반영해야 한다는 뜻에서 이론적 권위를 가져야 한다. 그러므로 국가가 권위를 행사한다는 것은 곧 국민의 주권을 행사하는 것과 마찬가지이므로 국가는 국민의 대리인으로서 역할을 하는 것과 다르지 않다고 루소는 주장한다.

그러나, '국민은 자유롭도록 강제되어야!'라고 루소가 말한 것에서 드러나듯이, 국가의 권위 행사는 마치 지도자가 '나를 따르라!'라고 말하는 것처럼 들릴 수 있다. 국가는 국민의 일반의지가 반영된 법을 집행할 때 국민이 그 법을 따르도록 강력한 권위를 가지고 집행하기 때문이다. 따라서 루소의 국가는 권위주의적이고 심지어 전체주의 국가라고 해석되고 비판받기도 한다.

하지만 루소가 주장하는 국가의 역할은 대리인으로서 수행하는 역할이라고 해석할 수도 있다. 왜냐하면, 국가가 국민에게 강제하는 내용을 국가가 직접 결정하지 않으며, 그때 강제하는 내용이란 다름이 아니라 바로 국민의 일반의지이기 때문이다. 일반의지란 모든 국민이 진정으로 원하는 뜻이며, 그 뜻을 반영해서 만들어진 법을 국가가 집행하는 것은, 비록 강제로 집행하지만, 바로 국민의 뜻을 고스란히 전달하는 것과 마찬가지이기에 국가는 국민의 대리인으로서 완전하게 심부름꾼 역할을 하는 것이라고 볼 수 있는 것이다.

그래서 루소는 국민이 '자유롭도록' 강제되어야 한다고 말한 것이며, 그가 주장하는 대리인으로서 국가의 역할은 직접 민주주의의 기초로 작동한다는 평가를 받기도 한다. 국민의 주권을 양도 또는 위임받지 않고 있는 그대로 행사하는 국가야말로 국민이 직접 스스로를 지배하는 것과 같은 효과를 만들어내기 때문이다.

완벽한 심부름꾼으로서 대리인의 역할을 하는 루소의 국가 권위는 앞 장에서 언급했듯이 완벽한 상호성을 보여준다. 국가는 국민의 화신이고 국가의 권위는 곧 국민의 주권이기 때문에 국가가 권위를 행사할 때 국민의 존재와 뜻은 완벽하게 존중되고 실현된다. 국가의 권위는 국민의 소리에 귀를 기울일 필요가 아예 없다. 국가가 곧 국민이기 때문이다. 나아가 국민의 뜻을 고스란히 전달하는 국가의 권위는 국민이 진정으로 원하는 바를 온전히 성취해낼 가능성이 백 퍼센트다.

그러나 문제는 이론적 가능성이 아니라 현실적 가능성에 있다. 루소의 주장이 매우 이상적이고 당위적인 바로 그만큼 실현 가능성이 작다. 국민의 진정한 뜻이 과연 무엇일까? 어떤 것이 국민의 진정한 뜻이라고 누가 어떻게 알고 결정할 것인가? '자유롭도록 강제된다는' 것은 어쨌든 자신의 의지에 역행하는 것을 포함하는데, 의지에 역행하는 것을 자유라고 볼 수 있을까? 국가의 권위가 곧 국민의 주권이어야 하는 것은 당위적으로 옳다고 볼 수 있지만, 그것이 어떻게 현실적으로 가능할 수 있을까?

이 어려운 질문에 대해서 한 가지 명답을 내놓은 학자가 롤즈다. 그는 국가를 운영하는 정의의 원칙을 구성해내는 방법으로 '무지의 장막'이라는 장치를 고안했다. 롤즈에 따르면, 만일 사람들이 자신이 어떤 가치관과 재능을 가지고 있으며 어떤 경제적 상태에 있는지 모른다면, 어떤 가치관도 가질 수 있는 자유의 원칙, 자신의 가치관을 실현하는 데 필요한 기회를 평등하게 부여받는 원칙, 그리고 가장 가난한 사람의 처지를 가장 많이 개선해줄 수만 있다면 경제적 불평등을 받아들일 수 있다는 차등의 원칙 등에 누구나 동의할 것이다. 원칙의 내용을 떠나서, 국가는 모든 사람이 동의했을 만한 원칙에 따라서 그 권위를 행사한다는 뜻에서 국민의 대리인으로서 역할을 할 수 있다는 것이다.

롤즈가 정의의 원칙을 구성해내는 방법과 그렇게 만들어진 원칙의 내용에 대한 비판은 많이 있다. 그러나 모두가 동의할만한 원칙을 만들어내는 장치로서 롤즈가 제시한 '무지의 장막'은 국가의 권위가 대리인의 역할을 해낼 수 있는 하나의 방법을 보여주었다는 점에서 획기적이며 많은 후속 연구가 이루어지고 있다.

## 4. '이렇게 하세요!' 대표자 역할

대표한다는 것은 단순히 대신하는 것 이상이다. 대리운전자는 당신을 대신해서 운전하지만, 당신이 원하는 곳을 향해 그리고 당신이 원하는 길로, 마치 기계와 같이 운전한다. 그러나 운전을 맡은 대표자는 당신을 위해서 운전하지만 상당한 재량권을 발휘해서 가는 길과 방향 등을 스스로 결정해서 운전한다. 국가의 역할도 대표자와 같이 국민을 위해서 권위를 행사하지만 상당한 재량권을 행사해야 한다는 입장이 있다.

국가가 실천적 권위와 이론적 권위를 모두 가져야 한다고 주장하는 로크는 국가의 대표자 역할을 주장한다. 국가가 국민을 대표해서 권위를 행사할 때 중요한 결정은, 지도자 모델의 경우 국가가 직접 결정하고, 대리인 모델의 경우 국민이 결정할 때, 대표자 모델의 경우 국민의 뜻을 최대한 반영해서 국가가 결정한다. 국가의 실천적 권위를 인정하는 것은 결정의 주체가 국가라는 것을 말해준다. 그리고 국가의 이론적 권위를 존중하는 것은 국가가 국민의 뜻을 제대로 파악할 뿐만 아니라 그것을 최대한 분명하게 드러내고 확실하게 실현해낼 수 있는 전문성을 요구하는 것이다.

대표자 역할을 맡은 국가가 국민에게 '이렇게 하세요!'라고 말하는 것은 국가가 결정한 방향대로 국민을 이끌기 위함이 아니다. '이렇게 하는 것이 국민이 원하는 방향으로 나아가는 방법'이라고 말하는 것이다. 그러나 '이렇게 하세요!'라고 말한다는 뜻에서 국가는 실천적 권위를 행사해야 한다. 그와 동시에, 그런 방법을 제안하는 일에 있어서 전문성을 발휘해야 한다는 뜻에서 국가는 어느 정도 이론적 권위를 가져야 한다.

실천적 권위와 이론적 권위를 모두 가지고 대표자의 역할을 수행해야 한다는 로크의 아이디어는 오늘날 대의 민주주의의 기본 원칙으로 작동하고 있다. 대의 민주주의란 국민이 자신의 행위를 규정하는 법을 만들거나 집행 또는 평가하는 일련의 정치 과정에 직접 참여하지 않고 선출된 대표자가 위임을 받아서 그 정치 과정에 참여하는 방식으로, 국가의 권위가 행사되는 것을 말한다. 이때 선출된 대표자는 공식적으로 권한을 행사할 수 있다는 뜻에서 실천적 권위를 가지고, 정치에 관한 모든 업무에서 자신의 전문성을 발휘한다는 뜻에서 이론적 권위를 가지는 것으로 이해된다.

대의 민주주의의 바탕이 되는, 대표자 역할을 하는 국가의 권위는 얼마나 상호적일까? 우선, 형식적으로나마 국민의 뜻을 파악해서 그것을 잘 전달해야 하는 일을 맡았다는 점에서 국민의 존재를 존중할 수 있을 것이다. 이론적 권위를 제대로 발휘하지 못할 경우 대표자의 자리에서 물러나게 하는 정기적 선거 장치는 국민과의 평형감을 중시하도록 작동할 수 있다. 그런 뜻에서 국민의 기대감을 어느 정도는 가져다줄 수도 있다.

그러나, 대의 민주주의와 국가 권위에 대한 대표자 모델의 형식적인 구조나 장치 등은 현실에서 그대로 작동하지 않는다. 국민의 뜻을 존중하는 일은 선거에서 이겨서 대표자가 되기 위한 수단으로만 작동하기 쉽다. 일단 대표자가 되고 난 후에는 국민과 평형감을 이루기는커녕 주어진 권한과 권위를 이용해서 국민 위에 군림하는 경우가 대부분이다. 한번 주어진 권위는 그것이 종료된 이후에도 갖가지 특권을 부여해주기 때문에 국민의 기대감을 끌어낼 만한 활동을 하기 어렵게 한다.

내용상 보완할 점이 많은 대의 민주주의, 그 기본이 되는 국가 권위의 대표자 역할 모델은 현실적으로 적용 가능한 민주주의로서 불가피하다. 그러나 모든 국민이 직접 정치에 참여할 수 없다는 현실뿐만 아니라, 대표자들이 제대로 대표성과 상호성을 발휘하지 못하는 현실도 심각하게 고려한 보완 장치들이 고안되어야 할 것이다.

## 5. 소결

의무교육의 목적과 같이 중요한 내용을 결정하는 권위가 국가에 주어졌을 때, 국가는 어떤 역할을 맡아야 할까? 그 권위를 어떻게 사용해야 할까? 국민보다 우월한 지위와 우월하다고 주장하는 지식을 발판삼아 국민 위에 올라서서 일방적인 결정을 하는 데 그 권위를 사용할 수 있다. 주어진 권위를 행사하는 것은 곧 국민의 주권을 행사하는 것과 일치한다고 보고 철저히 국민의 뜻을 파악하는 데 권위를 사용할 수도 있다. 그리고, 국민의 주권을 위임받아 국민의 뜻을 파악하되 국민 자신보다 더 훌륭하게 국민의 뜻을 드러내고 실현하는 데 그 권위를 사용할 수도 있다.

어떻게 권위를 사용하는 것이 적절한 역할을 하는 권위인가를 판단하는 방법은 국민과의 상호성을 얼마나 충족시키는가를 확인하는 것이다. 국민의 뜻을 얼마나 존중하는지, 국민의 의견과 비판에 얼마나 열려 있는지, 그리고 국민이 기대하는 것을 얼마나 실현해낼 것으로 보이는지 등에 따라서 권위의 역할에 대한 서로 다른 모델을 평가할 수 있을 것이다.

국가 권위의 역할에 대한 대리인 모델이나 대표자 모델은 지도자 모델과 비교해서 볼 때 상대적으로 바람직해 보인다. '나를 따르라!'라고 말하는 지도자보다는, '무엇을 할까요?'라고 묻는 대리인이나 '이렇게 하세요!'라고 안내하는 대표자가 상호적 권위를 더 많이 발휘하는 것으로 보인다. 그러나 대리인 또는 대표자 역할을 해야 한다고 주장하는 이론이 현실에서 실제로 만족스러울 만큼 작동하지는 않는다는 것을 확인했다. 따라서 현실적 가능성을 높일 수 있는 추가 장치들이 계속 연구되어야 할 것으로 보인다.

그동안 우리는 국가의 권위와 관련해서 그 형태와 역할에 대해서 알아봤다. 다음 장에서는 국가가 권위를 가지고 명령을 내릴 때 국민이 그 명령을 따라야 하는 이유와 근거에 대해서 알아본다.

# 12장
# 권위에 따른 의무

## 1. 권위의 명령을 따라야 하는 이유는?

요즘 한참 중2병을 앓고 있는 딸을, 지민은 어느 정도 이해는 하지만 어떤 경우에는 도저히 이해해 줄 수가 없다. 엄마든 아빠든 무슨 훈계를 하려고 하면 무조건 방문을 닫고 들어가 버리기 때문이다. 아무리 옳고 좋은 말을 해도 딸에게는 그저 잔소리에 지나지 않는다. 어릴 때는 그렇게 말을 잘 듣던 아이가 이제 조금 컸다고 자기주장이 보통이 아니다. 아무리 부모여도, 딸이 말을 듣지도 않고 아예 무시하는 모습을 보면 섭섭한 마음도 들고 화나는 마음도 든다. 지민은 마음을 가다듬고 부모로서의 권위는 내려놓은 채 합리적이고 타당하게 말을 하면 들을 줄 알았는데 딸은 전혀 반응이 없다. 큰소리로 야단을 치려고 하면 딸은 오히려 다음과 같이 대꾸한다. "내가 왜, 엄마 말을 들어야 하는데?"

　'왜'라는 소리가 귓가를 때린다. '그러게, 딸은 왜 내 말을 들어야 하지?' 딸은 아직 완전한 성인은 아니지만 그렇다고 어린아이도 아니고, 단순히 엄마라는 이유만으로 무조건 엄마 말을 들으라고 딸에게 복종을 강요할 수도 없고, 엄마의 말이 아무리 옳고 딸에게 도움이 되는 말이어도 딸은 그렇게 생각하지 않고... 지민도 알 수 없었다. 전혀 다른 생각의 구조를 가진 딸이 '왜' 엄마의 말을 들어야 하는지.

　국가도 국민에게 많은 것들을 말한다. 세금을 이만큼 내라. 자녀를 학교에 보내라. 군대에 가라. 주민등록을 해라. 운전하려면 면허증을 따라. 해외여행을 할 때는 여권을 소지해라. 등등. 엄마의 잔소리만큼이나 국가도 많은 잔소리를 한다. 국민이 어린아이도 아닌데 말이다. 단순히 국가라는 이유만으로 국민에게 그렇게 잔소리를 하는 것은 마치 엄마가 자녀의 생각을 존중하지 않고 어린아이 취급하는 것과 뭐가 다른가? 다른 것이 있다면, 말을 안 듣는 자녀의 엄마는 속상해하는 것에 그치지만, 말을 안 듣는 국민의 국가는 강력한 처벌을 내린다는 것이다. 처벌을 피하려고 국가의 명령을 듣는 측면도 있지만, 그것은 바람직한 이유처럼 보이지 않는다. 이러한 국가의 권위적 명령을 따라야 하는 경우에 대해서 조금 더 살펴보면 다음과 같다.

　한국에서 국방의 의무는 헌법에 규정되어 있다. 헌법은 법률에 따라서 국방의 의무를 진다고 명시하고 있는데, 해당 법률인 병역법에서는 남성에게만 병역의 의무를 부과하고 있으며 여성은 지원에 의해서만 병역의 의무를 이행할 수 있다고 규정하고 있다. 이에 따라 모든 남성은 일정한 신체검사를 통과하면 반드시 현역으로 군에 입대해야 한다. 육군, 해군, 그리고 공군 등 중에서 선택할 수도 있는, 약간의 자유가 있긴 하지만, 모든 남성은 선택의 여지 없이 법률에 규정되어 있는 대로 병역의 의무를 이행해야 한다.

　병역의 의무 중 특히 현역은 막강한 희생을 요구한다. 군대는 그 본질상 전쟁을 준비하고 전투를 훈련하는 집단이다. 군대의 존재 자체가 전쟁을 억지하는 효과를 만들어내기도 하지만, 군대는 기본적으로 실제 전쟁을 대비하는 집단이다. 현역 군인은 실제 전쟁에 참여할 수도 있으며, 실전에서는 목숨을 잃을 수도 있다.

　군대에서의 생활은 그것 자체가 자유의 큰 제한이기도 하다. 가족

및 친구들과 떨어져서 생활할 뿐만 아니라 상관의 명령에 반드시 복종해야 하는 것이 군인이다. 군대에서는 보고 싶은 사람을 볼 수 없고, 입고 싶은 옷을 입을 수 없고, 그리고 하고 싶은 게임을 마음대로 할 수 없다. 원치 않는 시간에 기상해야 하고, 원치 않는 음식도 먹어야 하고, 그리고 원치 않는 임무를 수행해야 한다. 지원제는 자발적 복종을 요구하고, 징집제는 비자발적 복종을 강요한다.

군대는 남성만의 문제가 아니다. 어머니는, 아버지는 물론, 소중하게 키운 아들을 군대에 보내야 한다. 아들을 군대에 보낸 어머니의 걱정은 하루도 쉴 날이 없다. 남자친구를 군대에 빼앗긴 여자친구의 고충도 만만치 않다. 안타깝게도 헤어짐을 선택하는 일도 벌어진다. 오빠나 남동생을 군대에 보낸 여동생이나 누나도 있고, 남편을 군대에 보낸 아내들도 있다. 한국에서 병역의 의무는 남성뿐만 아니라 여성도 어느 정도는 함께 감당해야 할, 피할 수 없는 짐이다.

국방의 의무는 헌법이 명시하고 있는 의무이면서, 동시에 국가가 권위를 가지고 법을 통해 국민에게 요구하는 의무이다. 국가는 국민이 의무를 이행하지 않을 때 처벌할 수 있는 강력한 도구를 가지고 있다. 그리고 국가는 국민에게 의무를 요구할 수 있는 권한이자 권리로서 권위를 가지고 있다. 국가가 권위를 가지고 명령하면 국민은 반드시 복종해야 한다. 물론 불복종이 정당할 때도 있다. 개인적으로는 양심적 병역거부가 정당할 수 있으며, 사회적으로는 국가의 명령이 인권의 말살을 초래할 것이 확실한 경우 불복종이 정당화될 수 있다. 그런 예외적인 경우를 제외하면, 국가의 권위로부터 나오는 명령은 반드시 국민의 복종이 뒤따라야 한다. 우리는 이러한 의무를 '정치적 의무'라고 부른다.

정치적 의무의 근거는 무엇인가? 국민은 왜 국가의 명령과 지시에 복종해야 하는가? 명령과 지시의 결과가 당장 나에게 이익이라고 생각이 안되거나 오히려 어느 정도 불이익이 될 것이라고 확신함에도 불구하고 복종해야 하는 이유는 무엇인가? 심지어 목숨을 잃을 수도 있고, 자유가 심각하게 제한될 수도 있는 의무를 이행해야 하는 근거는 무엇인가? 이 장에서는 이러한 질문에 대한 철학자들의 고민과 답변을 알아본다. 철학자들의 이론들이 얼마나 타당성을 가졌는지 판단하려면 먼저 정치적 의무의 특성에 대해서 조금 더 자세히 알아보아야 할 것이다.

정치적 의무는 법적 의무와 다르다. 법적 의무를 요구하는 것은 법인 반면, 정치적 의무를 요구하는 것은 국가의 권위다. 법적 의무는 법이 추구하는 가치, 즉 일관성, 형평성, 그리고 안정성 등을 위해 요구된다. 정치적 의무는 국가의 권위가 궁극적으로 추구하는 가치, 예를 들어 도덕적 성숙, 공공선 실현, 갈등과 분쟁의 해결 등을 성취하기 위해 요구된다. 법적 의무는 법의 내용이 일관적이지 않거나 형평성에 어긋나거나 안정성을 해친다면 법적 의무로서 효력을 가질 수 없다.

이에 비해, 정치적 의무는 국가의 권위로부터 요구되는 것이므로 그 내용과 상관없이 주어지며 국민은 복종해야 한다. 정치적 의무는 국가가 권위를 가지고 있다는 사실로부터 발생하는 것이기 때문이다. 국가가 권력을 가지고 있고 그 정당성을 인정받음으로써 권위를 가지게 되었기 때문에 국민에게 주어지는 것이 정치적 의무다. 정치적 의무는 그 내용과는 상관없이 국가의 권위로부터 주어진다.

그러나 모든 사람이 모든 국가의 권위에 복종할 필요는 없다. 한국인이 미국이라는 국가의 권위를 따를 필요는 없는 것이다. 물론 한국인이 미국에 방문할 때는 미국 국가의 권위가 요구하는 사항을 따를 필요가 있다. 하지만 이것은 미국인이 미국 국가의 권위에 복종하는 것과 다르다. 미국인의 미국 국가의 권위에 대한 의무는 정치적 의무이고, 미국을 방문한 한국인이 가지게 되는 의무는 '외교적' 의무이다. 어쨌든 미국인의 정치적 의무는 미국 국가의 권위에 대한 의무이고, 한국인의 정치적 의무는 한국이라는 국가의 권위에 대한 의무이다. 이렇게 정치적 의무는 국민이 속한 특정 국가를 향한 의무라는 뜻에서 일반성이 아니라 특수성을 가진다.

정치적 의무가 가지는 또 다른 특성은 비자발적이라는 것이다. 귀화를 통해서 한 국가의 국민이 되는 특수한 경우를 제외하면, 보통 사람들은 비자발적으로 한 국가의 국민이 된다. 자신의 부모와 국적을 자발적으로 선택해서 태어나는 사람은 없다. 우리는 한국인으로 태어날 것과 한국이라는 국가의 권위에 복종할 것을 선택하지 않았다. 한국 여권을 선택한 것도 아니다. 그럼에도 불구하고 우리는 우리의 의지와 상관없이 한국 국적을 가지게 되었고, 한국인으로서 국적을 유지하는 이상 한국이라는 국가의 권위에 복종해야 한다. 이렇게 정치적 의무는 비자발적인 특성을 가진다.

법적 의무와는 다르고, 의무의 내용과는 상관없이 주어지며, 소속된 특정 국가의 권위가 요구하고, 그리고 비자발적으로 주어지는 정치적 의무, 이러한 의무를 지고 국가의 권위에 복종해야 하는 이유는 무엇인가? 우리의 생명과 자유에 심각한 영향을 주기도 하는 정치적 의무의 근거는 무엇인가? 그 근거를 제시하는 이론들을 살펴보기 전에 잠시 다음 이야기를 들어보자.

소크라테스는 국가의 명령에 따라서 독배를 마시고 죽었다. 그의 죄명은 국가의 수호신을 모독한 죄와 청년들을 타락시킨 죄였다. 이러한 죄를 들어 사형을 선고한 국가의 명령이 정당한지의 여부를 떠나서 소크라테스는 국가의 사형 명령을 받아들인다. 명령이 만들어진 절차나 내용의 부당함보다는 소크라테스의 죽음이 가져올 여파를 걱정한 그의 친구 크리톤은 소크라테스에게 탈옥과 도주를 권유한다. 그러나 소크라테스는 국가의 명령에 복종하지 않는 것은 다음과 같아서 그 잘못이 세 배나 크다고 말한다.

1) 자신을 낳아준 국가를 따르지 않음
2) 자신을 길러준 국가를 거역함
3) 복종하겠다고 동의한 것을 지키지 않음

여기에서 우리는 국가의 권위에 복종해야 하는 근거를 세 가지로 구분해서 이해할 수 있다. 1) 자신을 낳아준 국가에 대한 복종은 자연스럽다. 2) 자신을 길러준 국가의 요구 사항을 따르는 것은 공정하다. 또는 3) 국가에 대한 복종은 이미 약속된 것이다. 이렇게 세 가지 이해는 정치적 의무에 대한 세 가지 이론으로 발전한다.

## 2. 자연 의무론

한 사람이 태어나는 것은 자연스러운 일이다. 한 사람의 탄생을 인간이 인위적으로 조작할 수 없다는 뜻에서 자연스럽다. 예를 들어, 한 부부가 임신을 일 년 미룬다고 가정해보자. 계획대로 일 년 후에 임신이 되었고 다시 10개월 후에 출산했다. 그러나 임신과 출산은 계획대로 이루어졌을지 몰라도 그때 임신되고 태어난 아이는 그 부부가 만들어낸 존재가 아니다. 자연의 섭리 등에 의해 만들어진 존재다.

한 사람이 특정 국가의 시민이 되는 것은 인간의 계획에 의해 이루어질 수도 있다. 한국인 부부가 미국 유학을 가서 임신과 출산을 계획하고 진행했다면 그때 태어난 아이는 인간의 계획에 의해 미국인으로 태어난 것이라고 볼 수 있다. 속지주의에 따라 시민권을 부여하는 미국을 선택하고 그곳에서 아이를 낳았기 때문에 미국인이 된 것이다. 미국이 속지주의를 따르는 것도, 그리고 그 부부가 미국을 선택한 것도 인간의 결정이므로 그때 태어난 아이가 미국인이 되는 것은 자연의 결정이 아니라 인간의 결정으로 보인다.

그럼에도 불구하고 한 사람이 한 국가의 시민이 되는 것은 자연스러운 일이다. 임신을 일 년 미뤄서 미국에서 계획적으로 임신과 출산을 진행했다고 가정해 보자. 아무리 임신을 미루고 미국에서 출산할 것을 계획했다 하더라도 태어난 아이의 인간적 정체성은 그 누구도 결정할 수 없다. 그 아이가 특정한 년도에 특정한 국가에서 태어난 것은 부부가 계획한 일이지만, 그 아이의 유전자, 성별, 혈액형, 타고난 성품과 재능 등으로 구성되는 그 아이만의 유일한 인간적 정체성은 자연이 결정한 것이라고 말할 수밖에 없는 것이 인간의 능력과 지식이다. 그러므로 자연이 결정한 유일한 정체성을 가진 각각의 인간이 한 국가의 시민이 되는 것은 매우 자연스러운 일이다.

이러한 생각을 확장해서 철학자들은 국가의 권위에 복종하는 것이 자연스러운 일이라고 주장한다. 플라톤, 아리스토텔레스, 그리고 공자의 주장을 각각 간략히 알아보면 다음과 같다.

플라톤에 따르면, 참된 지식을 가진 철인이 통치하는 것이 정의롭고 자연스럽듯이 그렇지 않은 자들은 통치를 받는 것이 정의롭고 자연스럽다. 철인은 통치의 역할을, 철인이 아닌 자는 철인의 통치를 따르는 역할을 감당하는 것이 자연스럽다. 즉, 철인이 행사하는 국가의 권위를 피통치자들이 따라야 하는 정치적 의무의 근거는 그렇게 하는 것의 정의로움과 자연스러움에 있다.

아리스토텔레스도 정치적 의무가 자연스럽다고 말한다. 그러나 그가 말하는 정치적 의무는 정치적 권리를 가지고 있는 자유로운 시민들에게만 요구되는 것이다. 이때 정치적 권리란 공동체의 의사를 결정하는 과정에 참여할 수 있는 권리로서 그런 권리가 없는 자들이 볼 때 일종의 특권이다. 이러한 특권을 가졌으면 그에 상응하는 의무도 가지는 것이 당연하고 자연스럽다고 아리스토텔레스는 말한다.

공자도 정명론(正名論)을 통해 국가의 권위를 따라야 하는 정치적 의무가 자연스럽다고 말한다. '군군신신부부자자(君君臣臣父父子子)'. '군주는 군주답고, 신하는 신하답고, 부모는 부모답고, 자식은 자식다워야 한다.' 군주는 군주답게 바르게 통치해야 하듯이, 신하는 신하답게 군주를 섬기고 군주의 명령을 따르고 충성하는 것이 자연의 이치로서 당연한 것이다.

정치적 의무가 자연스러운 의미는 각각 다르긴 하지만, 세 명의 철학자 모두 국가의 권위를 따르는 것은 자연스럽다고 말한다. 통치에 관한 참된 지식이 없는 자는 그것이 있는 자의 권위에 순응하는 것이, 정치적 권리로서 특권이 있으면 그에 상응하는 정치적 의무를 이행하는 것이, 그리고 국민이라면 국가의 명령에 따르는 것이 국민다운 것으로서 자연스럽다는 것이다.

세 가지 이론은 각각 그 내용에 대해서 평가해볼 수 있다. 참된 지식이 있고 없음을 누가 어떻게 판단할 것인가? 법적으로 보호받을 권리만 있고 정치적 권리는 없는 사람은 정치적 의무도 없는가? 국민이 국민답게 국가에 충성하려면 먼저 국민이 되어야 하는데 어떤 기준으로 국민이 될 수 있는가? 이러한 질문들을 통해 이론의 평가가 이루어질 수 있다.

그러나 그 이전에 중요한 것은 세 가지 이론이 공통적으로 설명하는 정치적 의무의 근거가 과연 정치적 의무의 특징과 잘 부합하는가의 문제다. 우리가 설명하려는 정치적 의무의 특징에 잘 맞지 않는 의무를 각 이론이 설명하고 있다면 그 이론의 내용을 평가하는 것은 무의미하기 때문이다.

위에서 설명했듯이 정치적 의무는 특정한 국가에 대한 의무이며 동시에 비자발적으로 발생하는 의무이다. 우선, 국가의 권위를 따르는 것이 자연스럽다는 자연 의무론은 특정 국가에 대한 의무를 설명하지 못한다. 모든 사람은 그가 속한 국가를 향해 의무를 가지는 것이 자연스럽다고 말할 수 있다. 그러나 왜 그가 속한 국가를 향한 의무인가에 대해서 자연 의무론이 말할 수 있는 것은 특정 국가에 속하게 된 것은 인간이 통제할 수 없는 우연에 의해서 결정되었다는 것뿐이다. 우연히 속하게 된 국가를 향해 의무를 다하는 것이 자연스럽다는 주장은 억지로 보인다. 의무는 당위적인 것인데, 그 근거를 자연적 사실에서 찾는 이론은 설명력이 부족하다. 그것은 마치 다음과 같이 말하는 것과 같다.

- 나는 대한민국 국민이다: 자연적 사실
- 나는 대한민국 국가의 권위를 따라야 한다: 당위적 주장

자연적 사실은 하나의 사실일 뿐 당위적 주장의 근거가 아니다. 그 근거로서 자연 의무론은 대한민국 국민은 대한민국 국가의 권위를 따르는 것이 자연스럽다는 것을 주장한다. 그러나 우리는 왜 자연스러워야 하는가? 자연 의무론은 이 질문 앞에서 할 말을 잃는다.

이 질문은 또 다른 차원에서 자연 의무론을 괴롭힌다. 자연 의무론은 정치적 의무의 비자발적 특성에 알맞은 의무를 주장하고 있다. 그러나 비자발적으로, 우연에 의해, 그리고 자연스럽게 주어진 의무를 이행해야 하는 이유는 무엇인가? 예를 들어, 당신이 산책을 하다가 자동차 사고당한 사람을 우연히 만났다고 가정해 보자. 당신은 구급차를 불러줄 비자발적 의무가 있다. 이때 자연 의무론에 따르면 도움을 줘야 하는 의무는 자연스럽다. 그러나 우리는 왜 자연스러워야 하는가? 특히, 자연스럽지 않게 정치외교적으로 인간에 의해 만들어진 근대 주권 국가의 명령을 따르는 것이 자연스럽다는 주장은 자연스럽지 않아 보인다.

## 3. 계약 의무론

사회 계약론은 국가 권력의 정당한 근거를 설명하는 이론으로서뿐만 아니라 국가의 권위에 복종해야 하는 의무를 설명하는 이론으로서도 매우 강력하다. 무엇보다도 구성원의 의지와 자유를 중시하는 방식으로 국가의 정당한 권력과 국민의 정치적 의무를 설명하기 때문인 것으로 보인다. 국민의 자발적인 동의에 근거해서 정치적 의무를 설명하는 계약 의무론에는 몇 가지 다른 버전이 있다.

첫째, 홉스와 로크는 개인으로서 국민의 동의에 주목한다. 국민 개개인이 국가의 권력에 동의했기 때문에 국가가 정당하게 권력을 행사할 수 있으며 동시에 국민은 국가의 강요할 수 있는 권리인 권위에 복종해야 한다. 국민의 동의에 근거한 국가의 권위는, 홉스는 절대적으로, 로크는 조건적으로, 복종되어야 한다고 말한다. 홉스는 만인에 대한 만인의 투쟁으로 치닫는 것보다는 국가의 절대적 권위가 더 낫다고 보고, 로크는 국가가 국민의 생명, 자유, 그리고 재산을 지켜야 한다는 조건을 둔다. 이들에 따르면, 절대적이든 조건적이든, 국가의 권위에 복종해야 하는 근거는 국민의 동의이다.

둘째, 루소도 국민의 동의를 통해 국가의 권위가 세워진다고 보지만, 권위에 복종해야 하는 이유는 그 권위의 옳음에 있다. 국가의 권위가 옳은 이유는, 그것이 형식적으로는 국가의 권위이지만 내용상으로는 모든 국민 자신의 권위로서 결국 자유를 가져다주기 때문이다. 국민 자신의 권위인 주권이, 홉스의 경우 국가에 절대적으로 양도되고, 로크의 경우 조건적으로 대여되는 반면, 루소의 경우 전혀 양도되거나 대여되지 않고 특별한 방식으로 국가의 권위가 된다. 따라서 국가의 권위는 곧 국민의 권위로서 국민의 것이기 때문에 국가의 권위를 따라야 하는 의무는 곧 '자유롭도록 강제하는 것'과 같다.

셋째, 민주적 절차를 중시하는 입장은 동의한 것을 지키는 것이 옳

다는 것에 근거해서 정치적 의무를 설명한다. 홉스와 로크의 경우 동의
했다는 사실이 중요하고, 루소의 경우 동의한 내용이 강제적으로나마
자유를 가져다주기 때문에 중요한 반면, 민주적 절차주의에게는 (동의했
다는 사실이나 그 내용의 옳음 보다는) 동의한 것을 지키는 것이 책임 있
는 행위이기 때문에 중요하다.

  세 가지 종류의 계약 의무론 모두 공통적으로 국민의 동의를 근거
로 국가의 권위에 복종해야 하는 의무를 설명한다. 각 입장의 내용 역시
각각 검토될 필요가 있다. 동의했다는 사실이 중요하다면, 실제로 동의
했는지 가설적으로 했는지 아니면 동의한 것으로 간주하는 것인지 등을
확인하는 작업이 필요하다. 국민의 동의를 받은 국가의 권위가 곧 국민
의 권위 그 자체라는 주장은 과연 사실이 그렇다는 것인가 아니면 당위
적으로 그래야 한다는 것인가? 동의한 것을 지키는 것은 옳다. 그러나
동의한 것을 지키는 것이 어렵거나 오히려 불리한 상황이 나중에 펼쳐
진다면? 계약 의무론은 정치적 의무의 특징을 잘 반영하고 있는가? 국민
의 동의를 중시하는 계약 의무론은 정치적 의무가 특정한 국가를 향한
의무라는 점에 잘 부합한다. 국민이 동의할 때는 특정 국가의 권위에 따
를 것을 동의한다고 보기 때문이다. 그러나 국민의 동의에서 의무의 근
거를 찾는 계약 의무론의 강점은 바로 약점이기도 하다. 국가의 권위에
복종할 것을 동의한 국민은 정치적 의무가 있다는 것이 강점이지만, 동
의하지 않은 국민은 그런 의무가 없다는 것이 그 약점이다. 계약에 따라
의무가 발생한다면, 계약하지 않은 국민은 의무가 없다고 말해야 하는
것이다.

  계약 의무론이 국민의 동의를 중시하는 점은 정치적 의무의 또 다
른 특징인 비자발성에는 부합하지 않는다. 기본적으로 동의는 자발적으
로 이루어질 때 유효한데, 정치적 의무라는 것은 비자발적으로 주어진
다. 귀화를 제외하면, 우리가 특정한 국가의 시민이 되고 또 의무를 가

지게 되는 것은 비자발적으로 이루어진다. 자발적으로 이루어져야 유효한 동의에서 정치적 의무의 근거를 찾는 계약 의무론은 우리가 설명하려는 정치적 의무의 비자발적 특징에 부합하지 않는다는 점을 극복해야 한다.

## 4. 공정 의무론

자신을 길러준 국가를 거역하는 것은 배은망덕해 보인다. 국가의 도움을 받아 안전하게 생존하고 스스로를 돌볼 수 있는 성인으로 성장할 수 있었다면 국가가 권위를 가지고 요구하는 것을 따르는 것이 정당해 보인다. 이러한 생각에 기초해서 공정 의무론은 다음과 같이 이론화되었다.

영국의 법철학자 하트에 따르면, 다른 사람들의 협조적 노력에 의해 만들어진 어떤 재화의 혜택을 내가 누리면 나는 그들과 같이 그 재화를 만들어내는 일에 힘을 보태는 것이 공정하다. 예를 들어, 사람들이 국방세를 내거나 국방의 의무를 다함으로써 국가의 안전이라는 재화가 만들어졌다고 가정하자. 그 과정에 참여하지 않은 내가 안전한 국가에서 살고 있다면 나도 그들과 같이 국방세를 내거나 국방의 의무를 다하는 것이 공정하다. 이때 협조적 노력을 통해 재화를 만들어낸 다른 사람들을 협조자, 그 재화의 혜택을 받은 사람을 수혜자, 그리고 재화를 만들어내는 모든 과정과 시스템을 협조체계라고 부른다.

하트는 수혜자가 협조자와 같이 협조체계에 이바지하는 것이 공정한 이유를 '제한의 상호성'에서 찾는다. '제한의 상호성'이란 협조자가 재화를 만들어내기 위해서 자신의 자유를 일부분 제한할 수밖에 없는데 그렇게 만들어진 재화의 혜택을 받은 수혜자도 자신의 자유를 일부분 제한해서 자유의 수준을 서로 평등하게 만드는 것이 옳다는 것이다. 이때 자유의 제한은 협조체계의 규칙을 따름으로써 이루어진다.

공정 의무론을 정치적 의무에 적용해보면 다음과 같다. 국가는 국민들의 다양한 의무 이행을 통해서 많은 것들을 제공한다. 국방으로부터 시작해서 사회의 안전과 질서, 복지, 교육, 도로 및 통신 등 사회 간접 자본, 그리고 공중 보건 등, 이러한 공공재화는 동료 국민들의 협조적 노력이 없으면 제공될 수 없다. 이렇게 사람들의 자유가 일부분 제한되는 과정을 통해서 만들어진 재화의 혜택을 누리면 협조체계를 유지하고 관리하는 국가가 의무를 요구해올 경우 정해진 규칙에 따라서 자신의 의무를 다하는 것이 공정하다.

필자도 하트의 공정 의무론에 동의하지만 조금 다른 근거를 제시한다. 하트는 협조자와 수혜자의 자유 수준을 평등하게 맞추는 것이 공정하다고 말하는데, 필자는 다른 사람의 협조적 노력으로 만들어진 재화를 이용만 하는 것은 무임승차이므로 불공정하고 재화의 생산 과정에서 자신의 몫을 다하는 것이 공정하다고 생각한다. 이때 자신의 몫을 다하는 방법은 자신이 혜택을 받았거나 협조자가 자유를 제한한 만큼이 아니라 협조체계의 규칙이 정한 대로 자신의 몫을 다하는 것이다. 공정 의무론의 근거가 하트는 관계적 공정성에 있다고 말한다면, 필자는 그것이 내재적 공정성에 있다고 생각한다.

공정 의무론도 몇 가지 비판을 견뎌내야 한다. 노직은 수혜자가 협조체계로부터 혜택을 받고 자신의 몫을 다하겠다는 약속을 하지 않았다면 공정 의무는 부당하게 강요된 것이라고 본다. 일방적으로 재화를 제공해 놓고 협조하라고 요구하는 것은 공정하지 않다는 것이다. 시몬즈는 재화의 혜택을 받을 때 자발적으로 받은 혜택에 대해서만 의무가 발생할 수 있다고 말하면서 공정 의무론의 적용 범위를 심각하게 제한한다. 나아가 혜택보다 의무가 크다면 공정하지 않다는 비판도 있다.

여기에서는 공정 의무론이 정치적 의무를 다루기에 기본적으로 적절한 이론인가에 대해서만 검토한다. 특정한 국가로부터 비자발적으로 주어지는 정치적 의무는 공정 의무론에 의해서 잘 설명될 수 있을까? 공정 의무론에 따르면, 국가로부터 제공받은 혜택에 대한 보답으로 자신의 몫을 다하는 것이 공정하다. 이때 국가가 제공하는 재화의 대부분은 공공재화로서 비자발적으로 주어지고 그에 상응하는 자신의 몫도 비자발적으로 주어진다. 우리가 자신의 몫을 다함으로써 공정해야 하는 것은 해도 되거나 안 해도 되는 자발적 선택의 문제가 아니라 반드시 해야 하는 비자발적 의무의 문제이다.

그리고 공정 의무론은 특정 국가를 향한 의무를 설명한다. 우리가 혜택을 받는 것도 특정 국가로부터이고, 혜택에 대한 대가를 치르는 것도 바로 그 국가를 향한 것이다. 그러므로 공정 의무론은 정치적 의무가 특정 국가를 향한 것으로서 특수성을 가진다는 특징에 잘 맞는 이론이다.

물론 공정 의무론이 정치적 의무의 특징에 잘 부합하는 이론이라고 해서 정치적 의무를 완전하게 설명하는 것은 아니다. 위에서 언급한 몇 가지 비판들을 넘어서야 하며, 공정 의무론이 주장하는 의무의 근거도 보다 더 자세히 검토되어야 한다.


## 5. 소결

정치적 의무의 문제는 소크라테스 때부터 다루어졌듯이 아주 오래된 문제이지만, 여전히 풀리지 않은 문제이다. 동시에 일반인들의 관심 밖으로 멀어진 문제이지만, 여전히 우리의 자유를 제한하고 있는 심각한 문제이다. 잠시만 생각해보면 국가가 권위를 가지고 내리는 다양한 명령들이 국민의 자유를 크고 작게 제한하고 있다는 것을 쉽게 알 수 있다. 작게는 교통 신호등을 지킬 때 소중한 1, 2분을 허비해야 하는 일부터, 크게는 병역의 의무를 이행하기 위해 심지어 목숨을 걸어야 하는 일도 있다. 별다른 생각 없이 정치적 의무는 당연하다고 생각했을 수도 있고,

그것은 누구에게나 다 보편적으로 형평성 있게 주어지고 있다는 뜻에서 공정하다고 생각했을 수도 있다.

　죽는다는 것과 세금을 내야 하는 것처럼 피할 수 없으며 명백한 사실은 없다고 한다. 그러나 죽는 이유와 세금을 내는 이유는 명백한가? 왜 죽는지 알고 죽는 것과 모르고 죽는 것, 그리고 왜 세금을 내야 하는지 알고 내는 것과 모르고 내는 것, 그 사이에는 큰 차이가 있다. 동물은 왜 죽는지 모르고 죽지만, 인간은 (보통의 경우) 알고 죽는다. 동물은 죽음을 생각하지 못하지만, 인간은 죽음에 대해서 생각해 볼 수 있다. 국가가 권위를 가지고 존재하는 한, 그리고 우리가 그 안에서 살 수밖에 없는 한, 정치적 의무는 우리 삶의 일부로서 명백한 사실이다. 그러나 그 사실이 왜 당위가 되어야 하는지 질문을 던지고 이론의 힘을 빌려 곰곰이 생각해 보는 일은 인간으로서 할 수 있고 해야 하는, 명백히 가치 있는 일이다.

# 13장
# 정부의 책임성

## 1. 정부는 필요한가?

벌써 오십이라니! 지민은 반백 년의 인생이 정말 짧게 느껴졌다. 지나온 삶이 눈앞에 훤히 보이는 것 같은데, 그렇다면 앞으로 오십 년도 그럴 것이라는 말인가? 살기 위해, 그리고 자식을 기르기 위해 주위를 돌아보지 못한 채 살아온 자신의 모습이 대견하기도 하지만 안쓰러운 마음이 더 든다. 불확실한 미래를 확실하게 만들어보려고 매 순간의 현재를 소홀히 한 것 같아 자신에게 미안하다.

그렇게 오십 년 인생을 살았지만, 아직도 미래가 확실한 것 같지 않아 지민은 더 속상하다. 다행히 젊을 때부터 꾸준히 국민연금공단에 보험료를 내왔지만, 국민연금 재정 건전성이 약하다고 하니 안심이 되질 않는다. 국가가 국민의 기본적인 삶을 보장해준다는 복지 선진국을 생각하면 한국이라는 국가는 국민에게 해주는 것이 별로 없는 것 같다.

물론 한국이 20세기 중반에야 겨우 독립을 했고 공식적인 정부를 출범시킨 것이 복지 선진국에 비하면 그리 오래되지 않았다는 것을 생각한다면 경제적으로 급성장을 이루어내고 정치적으로도 형식적이나마 민주주의를 뿌리내린 것은 대단한 일이긴 하다. 그리고 요즘 한국 기업의 물건들이 세계적으로 잘 팔리고 한류 문화가 세계적으로 인기를 끄는 것을 보면 자랑스럽기까지 하다.

그러나 그것은 국가가 뭔가를 잘해서라기보다는 국민의 노력과 희생이 큰 역할을 한 덕분이고, 국가의 편파적 후원을 받은 대기업이 성공해서 가능했던 것이고, 또 몇몇 개인의 타고난 재능으로 이루어진 일이 아닌가? 오히려 보통의 국민은, 급속한 경제 성장의 낙수효과 덕분에 지독한 가난을 벗어나긴 했지만, 독재를 경험하면서 인간의 품위를 훼손당했으며 여전히 경제적 불평등을 대물림해주는 구조 속에 갇혀 있다. 한국의 근현대사를 돌아보면 그나마 이렇게 먹고살고 안전하게 투표할 수 있으며 한류 문화를 수출하는 것이 가슴 뿌듯한 일이지만 그것은 국가 덕분이 아니라 국민 덕분이라고 말하는 것이 정확하다.

그동안 정부는 무엇을 했는가? 정부의 활동을 뒷받침해주는 권력의 탄생 자체가 정당성이 충분하지 않은 경우가 대부분이어서 그런 정부가 국민을 위해서 뭔가를 제대로 하지 않았을 것이라는 추측은 가능하다. 군부 쿠데타로 세워졌거나 정치인들 간의 담합 등으로 권력을 주고받고 기본적으로 정권의 획득에만 관심이 있었던 정부가 실제로 국민을 위한 정책을 제대로 설계하고 실천하지 못할 수밖에 없었던 것은 당연한 일이다.

독재를 극복하고 대통령 직선제를 내용으로 하는 형식적 민주주의를 달성한 것은 위대한 일임이 틀림없다. 그러나 엘리트 민주주의를 극복하고 국민과 대등하게 소통함으로써 실질적 민주주의로 나아가고, 궁극적으로는 모든 국민의 물질적 삶을 기본적으로 보장하고 자유로운 삶의 기회를 평등하게 제공하는 온전한 민주주의로 나아가는 일은 아직 멀고도 먼 이야기처럼 들린다. 온전한 민주주의로 나아가기 위해 정부가 구체적으로 해야 할 일은 무엇일까?

우선 입법부, 행정부, 그리고 사법부 등의 정부가 반드시 해야 하는 최소한의 일은 이론적으로나마 나열하면 다음과 같다. 그것을 알아보기 위해 정부가 없다면 어떤 일이 벌어질 것인가라는 가정을 잠시 해 보자.

정부가 없다면 어떤 일이 벌어질까? 만일 정부의 한 축인 입법부, 즉 국회가 없어서 법을 만들지 못한다면 어떻게 될까? 예를 들어, 형법이 만들어지지 않고, 다양한 종류의 범죄가 법에 명시되어 있지 않고, 범죄에 따른 형량 등이 정해져 있지 않다면, 어떤 일이 일어날까? 물론 법이 없어도 살 수 있는 선량한 사람도 있고, 양심에 쓰여 있는 도덕법은 어느 정도 우리의 범죄 행위를 억제할 수도 있다. 그러나 대부분의 보통 사람들은 법과 그에 따른 제재가 없다면 갖가지 종류의 크고 작은 범법행위를 할 것이다. 아니, 법이 없다면 범법행위라는 것이 아예 있을 수 없다. 그리고 법이 없다면 처벌을 할 수도 받을 수도 없다.

만일 행정부가 없다면 어떻게 될까? 예를 들어, 국방부와 병무청이 없어서 병력을 소집할 수 없고 군사력을 유지할 수 없다면? 국무총리 산하 공정거래위원회가 없어서 시장에서의 자유로운 경쟁의 파괴가 관리되지 않고 독점과 불공정거래가 횡행한다면? 만일 행정안전부 산하의 경찰청이 없어서 경찰 제도를 유지하지 못한다면 우리 사회는 얼마나 무질서하고 불안해질까? 만일 교육부가 없어서 유치원 교육은 물론 초중등 교육 등을 제공해주지 못한다면? 만일 보건복지부가 없어서 국민의 기본적인 건강과 생활을 지켜주지도 못하고 보장해주지도 못한다면 어떻게 될까?

마지막으로, 만일 사법부가 없으면? 입법부가 만들어 놓은 법률들은 많이 있지만, 법률들에 따라서 민사, 형사, 그리고 행정 소송 등을 심판할 사법부가 없다면? 개인이든 병무청이든 병역법에 어긋나는 행위를 한 것에 대해서 법적인 판단을 내려줄 법원이 없다면 어떻게 될까? 억울하게 사기를 당한 사람이 호소할 수 있는, 정의의 심판자로서 재판관들이 없다면? 법은 정말로 국민의 권리를 제대로 보호하고 있는지, 헌법적 가치에 맞게 운용되고 있는지 심판하는 헌법재판소가 없다면? 그렇다면 아마도 입법부와 행정부는 주로 자신들만의 이익을 위해서 법을 만들고 법을 악용할 것이다.

그러나 입법부, 행정부, 그리고 사법부, 이 모든 형태의 정부가 존재하고 일정한 활동을 한다고 해서 모든 문제가 해결되는 것은 아니다. 아무리 삼권이 분립되어 서로 견제하고 각각 맡은 일을 한다고 하더라도 국민이 기대하는 활동을 만족스럽게 하지는 못하고 있다. 오히려 권력을 향한 쟁투가 벌어지는 가운데 정부가 나서서 해결해야 하는 일을 바로 그 정부가 오히려 더 크고 심각하게 만들어 놓기도 하는 것이 정치의 현실이다. 예를 들어, 입법부는 부동산 투기를 방지하고 오히려 실거주를 위한 기본 주택 마련은 쉽게 할 수 있는 법률을 만들어야 하는데, 전혀 실효성이 없는 법을 만든다거나 관련 입법 정보를 사전에 이용해 이익을 챙기거나 특정 부류의 집단에 특혜를 제공해주기도 한다.

그렇다고 정부를 포기할 수는 없다. 무정부 상태로 사회를 운영할 만큼 인간들은 그렇게 도덕적이지만은 않다. 인간은 도덕적일 수 있지만, 사회는 비도덕적이라는 라인홀트 니버의 책 제목은 정치의 현실을 정확하게 짚어주고 있다. 무정부 상태보다는 정부의 강력한 지배 상태가 훨씬 안전하다는 홉스의 리바이어던도 받아들이고 싶지 않지만 부인하기도 어려운 책 제목이다. 정부의 필요성은 대다수가 공감한다.

그러나 정부가 필요하다고 해서 완전히 정당화되는 것은 아니다. 예를 들어, 소금이 없으면 음식에 간과 맛을 낼 수 없다. 소금은 필요하다. 그러나 소금을 적절히 넣지 않으면 여전히 싱겁거나 너무 짜서 음식을 맛있게 만들 수 없다. 마찬가지로 정부가 없는 것보다는 있는 것이 낫지만, 정부가 있다고 해서 반드시 사회가 정의로워지는 것은 아니다. 위에서 말했듯이 오히려 정부가 정의를 해치는 주범으로 활동하고 있으니 말이다.

## 2. 정부의 본질: 지배 활동

그러면 어떻게 할 것인가? 정부가 어떤 활동을 어떻게 하는 것이 옳은 것인가? 이 질문을 적절하게 다루기 위해서 먼저 정부가 무엇인가부터 알아보자. 그동안 우리는 권력 또는 권위라고 하는 추상적인 형태로 국가를 이해해 왔다. 국가는 권력으로서 존재하고, 또 권위로서 국민과 관계한다는 식으로 말이다. 그러나 권력을 이용하고 권위를 행사하는 실질적 주체는 바로 정부이다. 즉, 실천적인 차원에서 실제로 활동하는 국가의 주체는 정부인 것이다.

정부는 권력과 권위를 가지고 지배 행위를 하는 주체이다. 다른 어떤 권력보다 강한 최고의 권력을 가지고, 복종을 수반하는 명령할 권리로서 권위를 가지고, 국민들의 행위를 제한하거나 허용하는 지배 활동의 주체이다. 말 그대로 정부(government)는 지배를 맡은 곳이다. 지배란 행위의 기준을 정하고 그 기준에 맞게 행위를 통제하는 것을 말한다. 기준에 비추어 볼 때 길면 줄이고 짧으면 길게 만드는 방식으로 말이다. 입법부에서는 법을 만듦으로써, 행정부에서는 법에 따라서 제도를 운용하고 정책을 실행함으로써, 그리고 사법부에서는 법에 따라서 결정하고 심판함으로써 지배 활동을 한다. 국민은 법을 지킴으로써, 법에 따라 운용되는 제도와 정책을 따름으로써, 그리고 사법부에 호소하거나 그 판단에 승복함으로써 정부의 지배를 받는다. 국민은 원하든 원치 않든 법을 통한 정부의 지배 아래 놓여있다.

그렇다면 왜 지배가 필요한가? 홉스, 로크, 그리고 루소 등은 지배가 없으면 사회가 무질서해져서 만인에 대한 만인의 투쟁이 발생하거나 생명, 자유 그리고 재산 등에 대한 자연권이 훼손되거나 이기심으로 인한 불평등과 억압이 해소되지 못할 것이라고 말한다. 바꿔 말해서, 지배가 있어야 생명과 안전, 자연권, 그리고 평등과 자유 등이 보장될 수 있다는 것이다. 추상적으로 말하자면, 정부의 이성적 지배가 없고 약육강

식의 동물적 지배 논리만 있으면 인간의 존재 자체가 위협을 받고 인간
관계가 파괴되며 열심히 노력한 활동의 결과가 무시된다. 간단히 말하
자면, 정부가 지배활동을 하는 목적은 부당한 문제를 개선하고 정의를
실현하는 데에 있다.

　　그러나 정부가 해결해야 하는 문제가 무엇이며 실현해야 하는 정의
가 무엇인가에 대한 이해는 위 철학자들의 주장에서 보듯이 일치되지
않는다. 정의에 대한 이해를 모두 알아보는 것은 이 책의 범위를 넘어선
다. 그러나 다음 장에서부터는 정부는 어떤 범위에서 활동하는 것이 정
의로운가, 무엇을 분배하는 것이, 그리고 어떻게 분배하는 것이 정의로
운가를 알아봄으로써 정의에 대한 이해의 핵심을 간략히 소개한다. 아
래에서는 정부의 지배 활동을 평가하는 기준으로써 책임성을 제안하고
그 내용, 조건, 그리고 근거 등을 설명한다.

## 3. 정부의 평가 기준: 책임성과 그 내용

정부의 지배 활동은 (1) 권력을 실제로 행사하고, (2) 권위를 발휘하여,
(3) 국민의 행위에 영향을 주거나 통제하는 일을 모두 포함한다.

　　(1) 국민을 지배하는 정부는 권력을 행사하기 때문에 국민의 의지
와 일치하지 않는 일도 강요할 수 있다. 그러므로 국가의 권력은 국민의
의지에 역행할 수도 있는 정당성을 필요로 한다. 국민의 의지를 거스를
수 있는 근거를 제시해야 한다. 근거 없이 국민의 의지를 거스른다면 국
민의 존재를 무시하게 된다는 뜻에서 국가는 도덕적으로 용인될 수 없
기 때문이다.

　　그리고 (2) 권력의 정당성을 인정받은 국가는 권위를 발휘하여 국
민의 행동을 바꾸어 놓을 수 있는 명령을 내릴 수도 있다. 이러한 국가
의 권위가 도덕적이라고 평가를 받으려면 상호성을 보여주어야 한다.

왜냐하면, 국가는 국민의 복종을 요구하는 모습으로 국민과 관계하는데, 관계에서 가장 중요한 도덕적 가치는 바로 상호성이기 때문이다.

이에 비해 (3) 정부는 지배하는 활동에 대해서 책임성을 가져야 한다. 지배 활동에 대한 책임성을 가진다는 것은 지배 활동을 왜 하는가를 설명하는 일과 지배 활동의 목적에 충실했는지 평가받는 일을 포함한다.

우리는 인간의 활동을 도덕적으로 평가할 때 두 가지에 주목한다. 하나는 활동이 옳은 의도에 의해 이루어졌는가이고, 다른 하나는 활동이 옳게 의도한 대로 결과를 만들어냈는가이다. 인간의 활동은 어떤 의도에 의해서 이루어졌는가에 따라서 좋게 또는 나쁘게 평가될 수 있다. 선한 의도가 있는 활동은 그 결과와 상관없이 그것 자체로 좋게 평가받을 수 있다. 그러나 인간의 활동이 옳게 의도한 대로 결과를 만들어냈는가 하는 것도 중요하다. 인간이 하나의 활동을 하는 이유는 결과로서 기대하는 바가 있기 때문이다. 기대하는 것을 이루어내지 못하는 활동은 의미가 없으므로 결과를 통해 활동의 가치를 평가하는 것이 필요하다.

인간의 활동 중 하나인 정부의 지배 활동도 그 의도와 결과를 통해서 책임성을 평가받아야 한다. 그런데 정부는 어떤 의도를 가지고 지배 활동을 해야 하는가? 이 질문에 대한 답은 옳은 의도에 따라서 결과를 만들어냈는가도 추상적으로나마 평가할 수 있는 기준을 마련해 줄 것이다.

정부가 지배 활동을 할 때 의도해야 하는 것은 바로 지배 활동의 목적인 정의의 실현이다. 정부가 행사하는 권력이 누구에 의해 정당성을 확보했느냐에 따라서 그 의도하는 바가 사실상 달라질 수 있다. 신, 특정 세력, 또는 국민 등. 그러나 정부의 본질, 즉 지배 활동을 하는 목적이 정의의 실현에 있다면 정부가 지배 활동을 통해 의도하는 것도 정의의 실현에 있어야 한다. 정부의 본질에 맞게 지배 활동의 의도를 가지는 것이 옳은 의도라고 볼 수 있다.

나아가 정의를 실현하기 위해서 정부가 지배 활동을 한 결과가 얼마나 성공적이었는가를 평가해야 한다. 옳은 의도를 가지고 지배 활동을 했을지라도 그 결과가 반드시 의도한 대로 만들어지는 것은 아니기 때문이다. 지배 활동은 활동의 목적인 정의를 얼마나 실현해냈는가에 따라서 그 가치를 평가해야 한다.

요약하자면, 지배 활동을 하는 정부의 책임성을 평가하려면 다양한 정책들이 정의의 실현에 (얼마나) 이바지할 것인지, 그리고 정부가 실제로 지배 활동을 한 결과가 (얼마나) 정의의 실현에 이바지했는지, 검토하는 일이 필요하다.

## 4. 책임성의 조건

정부를 통해 지배 활동하는 국가의 책임성은 무조건적으로 부여할 수 있는 것이 아니다. 그 조건을 필요조건과 충분조건으로 구분해서 이해하면 다음과 같다.

정부는 지배 활동에 대한 책임을 부과하고 평가할 수 있는 필요조건으로서, 지배하려는 자유의지를 가지고 있다. (정부는 지배하라는 강요를 받지 않는다) 그리고 우리는 자유의지나 의도 없이 이루어진 활동에 대해서는 책임을 지우지 않는다.

물론, 예를 들어, 의도 없이 일어난 자동차 사고의 경우 그 결과에 대한 보상의 책임을 지울 수는 있다. 그러나 이때 비의도적으로 사고를 일으킨 운전자가 책임을 져야 하는 것은 행위가 만들어낸 결과이지 행위 자체는 아니다. 한 행위의 결과는 그 행위자가 의도한 것일 수도 있고 아닐 수도 있다. 행위와 그 결과에 대해서는 의지가 있을 때만 그 행위자에게 책임을 부과할 수 있다. 도덕적으로 선한 행위도 마찬가지다. 만일 내가 물에 빠진 사람을 의도치 않게 결과적으로 구해주었을 때 나는 도덕적으로 칭찬을 받을만한 행위를 한 것은 아니다. 좋은 결과를 만들어낼 선한 의도가 없었기 때문이다. (물론 결과를 중시하는 도덕 이론은 나의 행위가 도덕적 칭찬을 받을만한 것이라고 주장할 수도 있다.)

결국 우리는 의지와 의도를 가지고 실천한 행위와 그 결과에 대해서만 책임을 지거나 지울 수 있으며, 또 그렇게 해야 한다. 그러므로 지배하려는 의지를 가진 정부의 활동에 대해서 책임을 부과할 수 있으며 그렇게 해야 한다.

정부의 지배 활동에 책임을 물을 수 있는 다음 필요조건은, 정부는 지배할 수 있는 능력으로서 권력을 가지고 있다는 것이다. 우리는 활동을 할 수 있는 능력이 있는 경우에만 책임을 부과한다. 또는, 활동할 수 있는 능력이 있는데도 불구하고 활동하지 않은 것에 대한 책임을 부과하기도 한다. 위 예에서 내가 물에 빠진 사람을 구해줄 수 있는 여건과 능력을 갖추고 있음에도 불구하고 그렇게 하지 않으면 나는 도덕적 비난을 받을 수 있다. 정부는 지배할 수 있는 권력을 가지고 있어서 기대되는 대로 지배 활동을 해야 하는 책임, 또는 하지 않은 것에 대한 책임을 부과받을 수 있는 기본적인 조건을 갖추고 있다.

정리하자면, 지배하려는 의지와 의도가 있으며 지배할 수 있는 능력으로서 권력을 가진 정부는 그 활동과 의도한 결과에 대해서 책임을 지울 수 있으며 지워야 한다. 예를 들어, 입법부가 하나의 법률을 입안했을 때 그 법률 입안 활동에 대해서 책임을 지을 수 있다. 그 법률이 가져올 결과를 의도하고 기대하거나 염두에 두고 법률을 입안했으며, 법률 입안을 해낼 수 있는 권력을 갖추고 있기 때문이다.

그러나, 정부가 책임 부과의 기본적인 조건을 갖추었다고 해서 정부에게 반드시 책임을 부과할 수 있는 것은 아니다. 정부가 아닌 한 명의 개인도 하나의 결과를 의도하고 지배하려는 의지가 있으며 실제로 어느 영역에서 어느 정도는 정부와 같은 능력을 발휘할 수도 있다. 그렇다고 해서 정부에게 부과하는 책임을 그 개인에게 부과할 수는 없다.

　정부에게 책임을 부과할 수 있는 결정적인 이유는 바로 정부가 지배할 수 있는 권한을 가지고 있기 때문이다. 정의 실현의 책임을 정부에게 부과하는 것은 필요조건은 물론 충분조건, 즉 지배할 수 있는 권한도 갖추었을 때 비로소 가능하다. 의도/의지와 능력이라는 책임의 기본조건을 모두 갖춘 개인에게는 정의 실현을 위한 활동의 책임을 부과할 수 없는 이유는, 지배의 권한이라는 것이 없기 때문이다. 반면, 정부는 지배의 권한을 가지고 있으므로 그에 상응하는 책임, 정의를 실현해야 하는 책임이 뒤따른다.

## 5. 책임성의 근거

정부의 권한은 지배할 수 있는 권리이다. 권리에는 상응하는 의무가 있다. 지배할 수 있는 권리인 권한에 상응하는 의무는 수탁(trust)이라고 한다. 권한을 가진 자는 수탁의 의무를 진다. 이것은 약속이나 계약에 따라 만들어진 의무와 다르다. 예를 들어, 내가 당신에게 10만 원을 빌리고 나중에 갚겠다고 약속하면 나는 당신에게 10만 원을 갚아야 하는 의무를 가진다. 내가 10만 원을 갚아야 하는 권한이 있기 때문이 아니라 내가 갚겠다고 약속했기 때문이거나 당신이 나에게 10만 원을 요구할 수 있기 때문에 내가 가지게 되는 의무이다. 그러나 자동차 운전자를 정지시킬 수 있는 권한을 가진 경찰은 도로의 안전을 책임져야 하는 의무를 수탁의 형태로 부과받은 것이다.

　그리고 정부의 권한에 상응하는 수탁 형태의 의무는 특권에 따른 책무, 즉, 노블레스 오블리주라는 의무와도 다르다. 예를 들어, 귀족은 사회에 봉사해야 할 책무로서 의무를 진다고 한다. 이것은 귀족이 사회를 향한 어떤 권한을 행사할 수 있어서가 아니라 귀족으로서의 특권이 있어서 주어지는 의무다. 이것과 비교해서, 정부가 가지는 수탁 형태의 의무는 특권으로부터 나오는 것이 아니며, 지배할 수 있는 권리로서 권한으로부터 나오는 의무이다.

달리 말해, 지배의 권한을 가지고 있으므로 그에 상응하여 가지게 되는 책임은 지위로부터 오는 책임이다. 특히 정부는 지배할 수 있는 지위로부터 오는 책임, 지위적 책임을 지고 있다.

지위적 책임은 정부의 정치적 책임 및 법적 책임과는 구분된다. 예를 들어, 정부는 공약 등을 통해 약속한 것을 지켜야 하는 정치적 책임을 가진다. 공약을 지키지 않고 정치적 책임을 다하지 않을 때는 정치적 비난을 받을 것이다. 그리고 정부는 헌법과 법률 등에 규정되어 있는 의무를 이행할 법적 책임을 진다. 대한민국의 대통령은 헌법을 수호하고 평화통일을 증진할 법적 책임이 있다. 법적 책임을 다하지 못하고 실패한 것이 확인될 경우 법에 따라 처벌을 받아야 한다.

이에 비해 정부의 지위적 책임은 정의를 실현하도록 활동해야 하는 책임이며, 그 책임을 다하지 못할 때는 그 정도에 따라서 지배할 수 있는 정당성이 약화되거나 아예 붕괴될 수도 있다. (물론 정치적 책임과 법적 책임의 이행에 실패하는 경우에도 그 정도에 따라서는 지배할 수 있는 정당성이 약화되거나 붕괴될 수도 있는 것이 정부의 책임이다.)

## 6. 소결

정의를 실현해야 하는 지위적 책임을 가진 정부는 어디까지 책임을 져야 하는가? 정부는 정의로운 분배를 위해 무엇을 분배해야 하는가? 어떤 기준을 가지고 분배할 때 정부의 활동은 그 책임을 다하고 있다고 볼 수 있는가? 다음 장에서부터 살펴볼 질문들이다.

# 14장
# 정부 책임의 범위

## 1. 정부는 어디까지 책임져야 하는가?

지민은 남편의 건강 검진 결과를 받아보고 하늘이 무너져 내리는 줄 알았다. 폐암의 소견이 있으니 자세한 검사를 받아보라는 것이었다. 검사 결과, 불행 중 천만다행으로 폐암 초기였다. 당장 치료를 시작하면 완치될 수 있는 확률이 85% 정도 된다는 것이다. 원인은 젊을 때부터 지속해온 흡연이었다. 중간에 금연을 시도한 적도 여러 차례 있지만, 번번이 실패했다. 결국, 그의 폐암은 스스로 버리지 못한 흡연 습관이 초래한 당연한 결과였다.

폐암 치료를 시작한 지 반년 만에 완치 판정을 받은 지민의 남편은 이제 금연을 결정했다. '흡연은 질병입니다. 치료는 금연입니다' 전에는 무시했던 이 문구도 이제는 눈에 들어온다. 흡연의 유혹이 가까이 올 때마다 그 문구는 큰 도움이 된다. 그리고 지역 보건소에서 무료로 운영하는 금연 클리닉에도 꾸준히 참석한다. 덕분에 완전히 담배를 끊을 수 있었다.

한국의 금연 관련 정책에 사용되는 예산은 연간 천억 원이 넘는다. 정부는 담배부담금을 확대해서 담뱃값을 크게 인상하는 등 흡연율을 줄이기 위해서 안간힘을 쓰고 있다. 이러한 정부의 노력이 지민은 고마웠다. 늦게나마 남편이 완전히 금연할 수 있게 되었기 때문이다.

한국에서 담배는 과거 국가의 행정기관인 전매청에서 그 생산과 판매를 직접 관리해 오다가, 한국담배인삼공사라는 공기업이 독점적으로 관리했고, 결국에는 민영화되어 국가의 직접적인 관리에서 벗어나게 되었다. 비록 담배는 그 생산과 판매가 자유로워졌지만, 국민건강증진법에 따라서 국가의 지속적인 개입과 관리를 받아오고 있다. 특히 간접흡연의 위해성을 심각하게 인식한 국가는 금연 구역을 명시하고 금연을 적극적으로 권장하고 있다. 그리고 흡연자 본인의 건강을 도모하기 위해서 흡연의 심각한 결과를 적극 홍보 및 광고하고 있다. 국민건강증진법은 흡연이 국민건강에 해롭다는 것을 '교육 및 홍보'하는 것이 국가와 지방자치단체의 의무라고 규정하고 있다. 게다가 국가는 담뱃값 인상이나 금연 클리닉 운영 등과 같은 방법을 통해 적극적으로 흡연 제한정책을 펼치고 있다.

국민이자 개인인 흡연자는 흡연이 건강에 해롭다는 것을 분명히 인식하지만, 여러 가지 이유로 담배를 사고 흡연을 한다. 습관 및 심리적 안정 등 다양한 이유가 있겠지만 흡연을 선택하고 결정하는 것은 개인의 몫이다. 흡연에 따라 나빠진 건강에 대해서 (부분적으로) 책임을 지는 것도 개인의 몫이다. 건강보험공단에서 책임지는 부분도 있지만, 건강보험료는 개인 부담이다. 물론 영국 등과 같이 국민의 건강을 국가가 전면적으로 관리 및 치료해주는 국가 건강서비스(NHS)를 운영하는 경우 흡연으로 인한 질병의 모든 치료를 국가가 책임지기도 한다. 이러한 경우를 제외하고, 흡연은 개인의 선택 문제이고 그 결과에 대해서도 개인이 책임을 지는 문제이다.

같은 맥락에서, 자동차 탑승 시 안전띠 착용도 개인의 선택 문제이고 미착용에 따른 결과도 개인이 책임질 문제다. 안전띠 미착용이 공공의 이익을 침해한다거나 다른 사람의 권리를 침해하거나 자유를 제한하는 것도 아니다. 안전띠 미착용에 따라 발생하는 모든 결과는 고스란히 개인의 몫이다.

그런데도 국가는 안전띠 착용을 법적으로 의무화하고 있다. 미착용이 발각될 경우 일정한 과태료가 부과되며 과태료 미납자에게는 국제운전면허증의 발급이 제한되는 등 안전띠 착용은 법적 요구사항이다. 국가가 안전띠 착용을 법적으로 요구한다고 해서 안전띠 미착용에 따른 부상이나 사망을 국가가 책임져주는 것도 아니다. 국가가 법을 통해 개인적 행위를 규제하는, 일종의 지배 활동이 사적인 영역에서 일어나고 있는 것이다.

국가는 권력과 권위를 가지고 개인적 판단과 선택의 문제인 흡연을 부분적으로 금지하거나 억제해도 되는가? 국가는 안전띠 착용을 법적으로 요구할 수 있는가? 개인의 책임으로 남겨두는 건강 문제나 안전띠 착용을 국가가 관여하고 교육 및 홍보하고 또 간섭하는 것은 정당한가? 국가에 주어진 권력과 권위 등은 개인적인 삶의 영역에서 행사되어도 되는가? 정부는 개인적인 행위를 (조금이라도) 지배할 수 있는가?

정부 지배 활동의 범위에 대해서는 다음 세 가지 이론이 있다.

(1) 도덕적 완전주의
(2) 정치적 자유주의
(3) 완전주의적 자유주의

위 세 가지 이론을 이해하고 비교하기 위해서 우선 사적인 영역과 공적인 영역을 구분하고 정의하면 다음과 같다. 흡연의 예를 다시 들자면, 다른 사람의 간접흡연을 초래하는 흡연은 공적인 영역에 해당하는 행위이지만, 흡연자 자신에게만 건강상의 영향을 끼치는 흡연은 사적인 영역에 해당한다. 물론 흡연으로 인해 초래되는 개인의 건강 악화는 건강보험공단의 재정을 약화하거나, 치료를 위해 노동/사업을 못 하는 만큼 소득세/법인세를 적게 냄으로써 국가 재정에 도움이 되지 않는다는 뜻에서 공적인 영역에 해당하는 행위라고 볼 수도 있다. 그러나 개인의 행위가 가져오는 영향을 그렇게 얇고 넓게 해석하면 개인의 모든 행위를 공적인 영역에 포함해야 한다. 그러므로 공적인 영역에 해당하는 행위란 타인에게 직간접적으로 영향을 끼치되 간접적인 영향의 경우 단기간 내에 어렵지 않게 그 결과를 확인할 수 있는 행위라고 대략적이나마 정의한다. 반대로 사적인 영역의 행위는 행위자 개인에게만 (악) 영향을 끼치는 행위라고 정의한다.

국가가 지배 활동을 할 수 있는 범위는 공적인 영역에 한정되어야 하는가? 국가는 사적인 영역으로부터 멀리 떨어져 있어야 하는가? 어느 정도는 사적인 영역에도 국가가 그 영향력을 미칠 수 있을까? 국가가 실현해야 하는 정의는 공적인 영역에만 해당하는가? 사적인 영역에도 국가의 지배 활동이 가능한가?

## 2. 도덕적 완전주의

도덕적 완전주의에 따르면, 국가는 구성원이 도덕적으로 온전한 삶을 살도록 지배 활동을 할 때 정의롭다. 도덕적으로 온전한, 좋은, 그리고 가치 있는 삶은 공적인 영역과 사적인 영역을 (거의) 구분하지 않고 실천되어야 한다. 도덕적 완전주의의 동서양판을 살펴보면 다음과 같다.

첫째, 전통 유교 사상은 하늘의 뜻에 따라 세워진 군주의 지배 활동은 백성의 도덕적 교화를 이루어내야 한다고 말한다. 군주는 백성을 사랑해야 하는데, 그것은 양민과 교민으로 이루어진다. 양민(養民)이란 백성이 굶주리지 않도록 잘 먹여 살리는 일이고, 교민(敎民)이란 백성을 도덕적으로 잘 가르치는 일을 말한다. 경제적 안전을 우선 보장하고 도덕적 성숙에 이르도록 지도하고 지배할 때, 군주는 통치 정당성을 확인할 수 있을 뿐만 아니라 그 지배 활동이 정의롭다고 인정받을 수 있다.

전통 유교 사상에서 백성의 도덕적 교화는 개인이 선택적으로 실천하는 사적인 영역의 문제에 그치지 않는다. 그것은 국가가 지배 활동을 통해서 도모해야 하는 공적인 영역의 문제다. 백성의 도덕적 성숙 여부와 정도는 개인의 문제로 끝나지 않고 언제나 공동체 전체에 영향을 주는 관심사이므로, 전체를 지배하고 책임지는 군주는 백성의 도덕성을 늘 살펴야 한다. 그러므로 군주의 지배 활동은 백성의 도덕적 성숙을 위해서 이루어져야 하되, 공사 영역의 구분을 넘어서서 그래야 한다.

둘째, 아리스토텔레스가 말하는 지배 활동 역시 구성원의 좋은 삶을 도모할 때 정의롭다. 이때 지배하는 주체와 지배를 받는 객체는 같은 정체성을 가진다. 한 사람이 다른 사람을 지배함으로써 그 다른 사람이 좋은 삶을 살게 되는 것이 아니라, 지배하는 당사자가 지배 활동을 통해서 스스로 좋은 삶을 살게 되는 것이다. 아리스토텔레스에 따르면, 생계 활동으로부터 자유롭고 이성을 충분히 가진 성인 남성만 지배의 특권을 가질 수 있는데, 이들은 이성을 가지고 중용의 덕을 발휘해 스스로 그리고 순서에 따라 교대 지배함으로써 좋은 삶을 살 수 있다. 그러므로 지배 활동은 결국 지배에 참여한 자들의 도덕적 성숙을 위해서 이루어져야 한다.

아리스토텔레스에게 도덕적으로 좋은 삶은 개인의 삶인 동시에 공적인 영역에서 지배 활동을 함으로써 가능한 공동체의 삶이다. 공동체의 안전과 번영을 위해서 함께 토론하고 의사를 결정하는 지배 활동에 참여하는 것 자체가 절제된 사고와 행위를 요구하기에 좋은 삶이다. 공사의 구분 없이 요구되는 좋은 삶, 그런 가치 있는 삶을 위해서 지배 활동을 하는 정부가 정의롭다고 할 수 있다.

도덕적 완전주의는 동서양판 모두 국가의 지배 활동이 개인의 삶이 해당하는 사적인 영역에서도 이루어져야 한다고 말한다. 엄밀히 말해, 개인의 삶과 공동체의 삶이 구분되지 않고 있으므로 공동체의 삶을 지배하는 국가의 활동은 개인의 삶도 지배할 수밖에 없다. 개인과 공동체의 삶을 모두 지배하는 국가는 구성원의 도덕적 완성을 위해서 활동해야 정의로울 수 있다.

흡연은, 그것이 비록 개인의 건강에만 영향을 끼친다고 하더라도, 백해무익한 것이기 때문에 정부에 의해 금지되어야 한다고 도덕적 완전주의는 말할 것이다. 안전띠 역시 개인에게 초래될 위험을 방지하거나 최소화해줄 뿐이지만 국가에 의해 통제되어야 한다.

그러나 도덕적 완전주의 국가가 흡연을 금지하거나 안전띠 착용을 의무화하는 이유는 동서양의 경우 조금 다르다. 전통 유교 사상은 아무리 사적인 개인의 행위라도 관계적이고 공동체적으로 해석하기 때문에 공적 영역의 문제로서 국가에 의해 다루어져야 한다고 말할 것이다. 아리스토텔레스는 금연이나 안전띠 착용 행위 자체가 중용의 절제미를 가지고 있으므로 국가에 의한 지배의 영역에 포함되어야 한다고 말할 것이다.

개인의 행위까지 통제하고 지배해서 도덕적 완성을 추구하는 정부는 정의를 실현해야 하는 책임을 (얼마나) 다 하는 것일까? 개인의 도덕적 완성은 국가가 책임져야 하는 정의의 한 부분이라고 볼 수 있을까? 개인의 행위는 그 결과가 개인에게서 끝나지 않고 공동체에도 미치는 것이라고, 넓게 해석해야 할까? 과연 우리는 공동체의 지배에 참여해서 활동할 때 비로소 자유로운 주인이 되어 좋은 삶을 살 수 있을까? 무엇보다도, 국가가 실현해야 하는 정의에 개인의 도덕적 성숙이 포함되는가에 대한 답변이 긍정적이라면 도덕적 완전주의도 긍정적 평가를, 그 답변이 부정적이라면 부정적 평가를 받을 것이다.

## 3. 정치적 자유주의

개인의 탄생과 함께 중세가 끝나고 근대가 시작한 뒤, 현대에 들어서서
는 아예 절대적 진리가 소멸하고 가치 다원주의가 설득력을 얻게 되었
다. 모든 개인이 서로 다른 가치관을 인정하면서도 함께 살아가야 하는
원칙이 필요한 상황에서 국가는 어떤 원칙에 따라서 지배 활동을 해야
하는가? 롤즈는 이런 중대한 질문과 씨름하고 있었다. 그는 국가 권력
자체의 정당성이나 그것이 행사하는 권위의 상호성보다는, 지배 활동을
하는 국가의 모든 제도와 기관이 갖추어야 하는 덕목, 즉 정의에 대해서
고민하고 있었다.

　　롤즈는 사람들이 서로 다른 가치관을 따르고 있다 하더라도 적어도
다음과 같은 원칙에는 동의할 것이라고 주장한다. "서로 다른 가치관을
선택하고 실천하고 또 변경할 수 있는 권리에 대한 평등한 자유가 그
다른 무엇보다도 우선으로 중요함." '가치관의 자유 최우선 원칙'이라고
부를 수 있는 이 원칙을, 롤즈에 따르면, 정부가 형평성 있게 적용할 때
그 지배 활동이 정의로울 수 있다.

　　'가치관의 자유 최우선 원칙'이 세워진 국가에서는 그 어떤 개인은
물론 심지어 지배 활동을 하는 국가도 특정 가치관을 강요해서는 안 되
며, 특히 국가는 다양한 가치관 사이에서 편향되지 않고 중립을 지켜야
한다. 가치관은 철저히 개인의 선택 문제이며 불가침의 사적인 영역에
서 거룩하게 보호되어야 하는 것이라고 인식되기 때문이다.

　　사적인 영역에서 중립성을 유지해야 하는 국가는 공적인 영역의 문
제에 대해서만 지배 활동을 해야 한다. 한 사람의 자유가 다른 사람의
자유를 제한한다거나, 자유를 누릴 기회가 평등하지 않게 주어져 있다
거나, 결과의 불평등이 아무런 제한 없이 심화하고 있을 때, 국가의 지
배 활동이 요청된다. 이때 국가는 평등한 자유의 원칙, 기회균등의 원
칙, 그리고 차등의 원칙 등 정의의 원칙에 근거해서 자유롭지 않거나 불

평등한 상황을 조정하는 지배 활동을 해야 한다.

지배 활동의 지침으로서 정의의 원칙은, 비록 국가가 따라야 하는 것이지만, 국가가 제정하는 것은 아니다. 그것은 그 원칙에 따라 지배를 받아야 하는 당사자들이 동의할 것이라는 뜻에서 당사자들이 만드는 것이다. 그래서 민주적 원칙이다. 특히 롤즈는 당사자들이 어떤 가치관을 선호할지 모르고 어떤 유리한 또는 불리한 재능과 사회적 지위를 가지고 태어날지 모르는 상태에서라면 누구나 다 그 정의의 원칙에 동의할 것이라고 말한다. 그렇게 당사자 자신도 모르고 다른 당사자들도 모를 것이 확실한 가운데 동의하는 정의의 원칙은 절차상 공정한 원칙이라고 주장한다.

바로 이렇게 민주적이고 공정한 정의의 원칙에 따라서 국가가 지배 활동을 할 때 정의로울 수 있다고 보는 것이 롤즈의 정의론, 특히 그의 정치적 자유주의의 핵심이다. 다시 말해, 국가는 지배를 받는 사람들이 공정한 조건에서 선택한 원칙, 즉 사적인 영역에서 자신의 가치관대로 살 수 있는 자유가 보장되는 원칙에 따라서 지배 활동을 할 때 정의로울 수 있다.

정치적 자유주의는, 흡연이 순수하게 흡연자 자신의 건강 문제에 불과하다면, 국가가 흡연을 금지하거나 관리하는 것은 정의롭지 않다고 말할 것이다. 국가가 담배에 국민건강증진부담금, 담배소비세, 지방교육세, 개별소비세 등 일련의 세금을 부과하는 것은 흡연을 선호하는 가치관을 억압하는, 정의롭지 않은 지배 활동이라고 비판할 것이다. 그리고 안전띠 문제 역시, 운전자 개인의 안전 유지는 사적인 영역의 문제이므로 국가가 안전띠 착용을 강요하는 것은 일종의 월권이라고 말할 것이다.

롤즈의 정치적 자유주의 국가는 정의의 실현이라는 지배 활동의 목적에 (얼마나) 충실한가? 민주적이고 공정한 절차를 통해 만들어진 정의의 원칙에 따라서 가치관의 자유를 최우선으로 중시하는 국가의 지배

활동이야말로 정의로운 것인가? 국가의 정의로운 지배 활동은 공적인
영역에서만 이루어져야 하는가? 이 질문은 다음에 살펴볼 완전주의적
자유주의로 우리를 이끌어준다.

## 4. 완전주의적 자유주의

만일 한 사람이 자유롭게 자발적으로 그리고 자율적으로 다른 사람의
노예가 되기로 선택한다면, 그것은 사적인 영역에 해당하는 개인의 선
택 문제이므로 국가는 개입하지 말아야 하는가? 흡연으로 인한 간암 수
술을 (자비로) 받은 뒤 다시 하루에 두 갑씩 담배를 피우는 사람이 있을
때, 국가는 금연 클리닉 서비스를 폐지하고 그를 방치해야 하는가? 국가
는 다양한 가치관 사이에서 중립성을 지키기 위해서 자발적 노예와 무
분별한 흡연자를 개인의 사적인 문제에 불과하다는 이유로 방치해도 되
는가?

정치적 자유주의를 향해 이러한 질문을 던지면서, 자유를 포기할
수 있는 자유는 진정한 자유의 목록에서 빼야 한다는 완전주의적 자유
주의가 등장한다. 노예가 되기로 선택하는 자유, 그리고 자신의 신체에
해를 가하는 자유 등은 허용될 수 없다는 것이다. 완전주의적 자유주의
에 따르면, 개인이 자율성을 포기하는 것은 사적인 영역에 남겨둘 것이
아니라 국가가 나서서 방지하고 나아가 자율적이고 좋은 삶을 살도록
권장해야 한다.

개인의 자율적인 삶을 중시한다는 뜻에서 완전주의적 자유주의는
자유주의의 일종이며 사적인 영역을 공적인 영역으로부터 명백히 구분
한다. 그러나 사적인 영역에서 자율적인 삶을 살도록 국가가 권장하거
나 비자율적인 삶을 억지한다는 뜻에서 국가의 지배 활동은 사적인 영
역에까지 그 영향력을 미친다. 즉, 도덕적 완전주의와 달리 공사의 영역

은 명확히 구분하고, 정치적 자유주의와 달리 사적인 영역에까지 국가의 지배 활동 범위를 넓게 적용한다.

이러한 완전주의적 자유주의 입장은 다음과 같은 이해에 근거해 있다. 좋은 삶은 (1) 다양하지만 객관적이며, (2) 자명할 뿐만 아니라, (3) 공동체적 성격을 가진다.

(1) 좋은 삶은 다양하지만 객관적이다. 위에서 살펴본 도덕적 완전주의는 좋은 삶이 유일하게 정해져 있다고 보는데, 정치적 자유주의는 그것이 다원적이라고 파악한다. 완전주의적 자유주의는 좋은 삶이 하나로 정해져 있는 것은 아니고 여러 개가 있다고 본다. 그렇지만 좋은 삶의 근거가 다원적이지는 않다고 본다. 좋은 삶의 근거는 객관적으로 확인할 수 있다는 것이다. 예를 들어, 자율적 노예의 삶은 좋은 삶이 아니다. 왜냐하면, 노예 자신이 아닌 다른 사람의 관점에서 볼 때 객관적으로 인정될 수 없기 때문이다.

(2) 좋은 삶이 좋은 삶이라는 것은 어떻게 알 수 있는가? 좋은 삶은 우리가 그것을 원하거나 즐기기 때문도 아니고 우리에게 어떤 좋은 결과를 가져오기 때문도 아니다. 그것은 특히 우리가 자율적으로 선택하기 때문에 좋은 삶이 아니라 그 삶의 내용 자체가 자율적인 삶이기 때문에 좋은 삶이다. 그런 삶은 다른 어떤 것에 의해서 증명되는 것이 아니다. 좋은 삶은 그것 자체로서 자명하다.

(3) 좋은 삶은 개인이 아니라 공동체에 의해 객관적으로 인정되고 자명한 것으로 인식된다. 객관성은 공동체에 의해서만 확인될 수 있고, 자명한 것은 공동체 구성원 누구에게나 자명한 것이다. 따라서 공동체 운영의 책임을 맡은 국가가 좋은 삶을 권장해야 한다. 그러나, 좋은 삶은 여전히 개인이 누리는 삶이기에 국가가 강요할 수는 없다. 다만, 좋은 삶은 권장하고 나쁜 삶은 억지할 뿐이다.

완전주의적 자유주의 국가는 좋은 삶을 권장하지만 어떤 것이 좋은 삶인지 독단적으로 결정하지 않는다. 국가가 권장하는 좋은 삶은 공동체가 객관적으로 인정하고 그것 자체가 자명하기 때문이다. 좋은 삶을 권장한다는 뜻에서 '완전주의적'이긴 하지만, 객관적이고 자명한 좋은 삶을 선택하고 사는 주체는 개인이라고 보기 때문에 엘리트주의나 독재 또는 전제주의 등과는 거리가 멀다.

그러나 국가가 특정한 삶을 권장하거나 억지하는 것은 개인의 형식적 자율성을 침해할 가능성이 있다. 아무리 내용상 자율적이고 좋은 삶이어도 결국 그런 삶을 선택하고 사는 것은 개인이기 때문에, 국가가 그런 삶을 장려하는 것은 개인의 형식적 자율성을 존중하지 않는 것이다. 특히 개인의 형식적 자율성까지 중요하게 생각하는 정치적 자유주의는 완전주의적 자유주의가 비민주적이라고 비판할 것이다.

흡연의 부정적 영향은, 흡연자 본인에게든 간접흡연자에게든, 객관적이고 자명하다. 따라서 흡연을 억지하는 것은 완전주의적 자유주의 국가가 마땅히 해야 하는 일이다. 안전띠를 착용하는 것도 본인의 안전을 위해서 꼭 필요한 일이므로 국가가 나서서 관리할 일에 해당한다. 내용상 자율적인 삶만 중요한가 아니면 내용상 자율적인 삶을 자율적으로 선택하고 실천하는 것도 중요한가에 따라서 완전주의적 자유주의는 긍정적 또는 부정적 평가를 받을 것이다.

## 5. 소결

정의란 무엇인가? 국가가 지배 활동을 통해서 실현해야 하는 정의란 무엇일까? 국가는 어디까지 지배하는 것이 정의로운가? 공사의 모든 영역에서 도덕적인 삶을 살도록 하는 것? 사생활의 자유를 평등하게 보장하고 공적인 영역에서만 지배하는 것? 또는, 자율적이고 좋은 사생활을 살도록 적극적으로 권장하는 것? 이 중에 어떤 입장이 정의에 가장 가까운 지배 활동이라고 당위적으로 결정하기는 쉽지 않아 보인다.

당위적 결정에 참고가 될만한 사실은 다음과 같다. 예를 들어, 담배의 생산, 유통, 그리고 판매의 모든 과정을 국가가 법률을 통해 관리하고 '지배'하고 있는 것이 현실이다. 심지어 그 소비에 대해서까지 국가가 관여하고 있다. 특히 간접흡연은 특별히 관리하고 있으며, 금연 공익광고나 클리닉 등을 통해서 흡연 자체를 포기하는 일을 돕고 있다. 정부의 이러한 정책들은 공공의 건강 증진과 질서 유지를 위해 이루어지기도 하지만, 순전히 개인의 건강과 자율적인 삶을 권장하고 증진하는 결과를 초래하기도 한다.

흡연 문제 외에도 정부는 다양한 지배 활동을 한다. 어디까지 지배하는 것이 정의로운가에 관해서 결정하기가 어려울지 모르지만, 적어도 어떤 활동이 어떤 의미를 가지는 것인가에 대해서는 이제 이해할 수 있을 것이다. 지민의 남편이 보건소의 금연 클리닉을 통해서 담배를 완전히 끊을 수 있었던 것은 완전주의적 자유주의 정부의 지배가 있었기 때문에 가능했다. 그러나 그것은 개인의 형식적 자율성을 온전히 존중하는 것은 아니다.

우리는 어떤 정부를 원하는가? 아니, 왜 정부의 지배 활동이라는 것이 필요할까? 스스로를 지배하지 않고 공동체를 지배하지 않으면 안 되는 이유에는 여러 가지가 있다. 존재가 위협받고, 관계가 틀어지고, 그리고 행위는 보상받지 못한다. 그러나 지배하는 정부가 있다고 해서 존재가 확실히 안전해지고 관계가 완전히 좋아지고 행위가 언제나 정당하게 보상받는 것은 아니다. 그러므로 정부의 지배는 정의롭게 이루어져야 한다. 우선, 어디까지 지배해야 정의로운가에 대해서 다양한 입장을 알아봤으니, 정부는 무엇을 분배해야 하는지, 그리고 어떻게 분배해야 하는지에 대해서 알아볼 차례다.

# 15장
# 정부 책임의 내용 (1)

## 1. 정부는 무엇을 분배해야 하는가?

남편의 건강이 많이 회복되고 딸도 대학에 진학하자 지민은 잠시 여유를 가지고 친구를 만난다. 오랜만에 만난 친구는 앞으로 살 집에 대해서 관심이 많다. 친구는 대도시에서 넓고 정원이 있는 집에서 살고 싶어 한다. 그런 집에서 살아야만 편리하고 안정되고 편안하게 살 수 있다고 생각한다.

아무래도 대도시 특히 고급 주택가는 안전하면서도 안락하다. 도로 및 교통 시설도 잘되어있고, 필요한 물건을 구입하기에도 편리하다. 훌륭한 의료진이 있는 병원시설도 가까이에 많이 있어서 필요할 경우 쉽게 방문할 수 있다. 소위 일류라고 하는 대학에 학생들을 진학시키는 명문 중고등학교도 많고, 그런 중고등학교에 진학시키는 명문 초등학교와 유치원도 많이 있다. 그뿐이 아니다. 대도시에서는 수준 있다고 하는 문화 및 여가 생활을 즐길 수 있다. 오페라 극장, 미술관, 박물관, 그리고 유명 스포츠 클럽 등등. 이 모든 시설로 둘러싸여 있는 대도시의 고급 주택가는 부동산 투자 이익을 얻기에도 더 좋을 수가 없다.

반면 지민은 소도시에서도 멀리 떨어져 있는 작은 마을에서 작고 기본적인 시설만 갖춰져 있는 집에서 살아도 충분하다고 생각한다. 대도시의 고급 주택보다 집값도 무려 10분의 1 수준으로 저렴하다. 대도시보다 좋은 점도 많이 있다. 멀지 않은 곳에 시원한 바닷가가 있으며 깊은 계곡과 울창한 숲도 있다. 그러나 당장 필요한 물건을 사려면 차를 타고 적어도 30분은 나가야 한다. 갑자기 몸이 아프면 찾아갈 수 있는 병원은 45분 정도 거리에 떨어져 있는데 그곳 의료시설은 변변치 않다. 동네에 있는 초중고교는 일류라고 하는 대학 진학보다는 학생들의 행복한 생활에 더 관심이 많다. 문화 및 여가 생활은 자연을 즐기는 생활로 대신한다. 장단점은 있지만, 그래도 지민은 소도시의 작은 마을에 있는 집을 선호한다.

많은 사람이 다양한 지역과 종류의 집을 원하는 상황에서 국가는 무엇을 해야 하는가? 국가는 무엇을 분배해야 정의로운가? 대도시와 작은 마을에서 값의 차이가 10배나 나는 고급 주택과 작은 집을 각각 원하는 경우, 국가는 무엇을 책임져야 하는가? 기본적인 삶을 영위하기 위해 필요한 주택은 국가가 어느 정도로 책임져야 하는가?

주택 문제는 국가가 모든 것을 책임질 수는 없는 문제이므로 국가의 책임을 말하기 전에 먼저 개인의 책임을 말해 보자. 우리는 우리가 원하는 도시나 지역에서 그리고 선호하는 형태의 집에서 살기를 원한다. 그런 바람을 가지는 것은 우리의 자유이고, 우리의 자유를 실현해내는 것도 우리가 할 일이다. 인간이라면 누구나 다 자신의 능력을 통해서 원하는 결과를 이루어낼 때 성취감과 보람을 느낀다. 선호하는 주거지와 주택도 자신의 능력을 통해서 확보하기를 원하고 그렇게 하는 것이 인간의 본질에 걸맞은 일로서 바람직하다.

그런데, 왜 국가가 나서서 개인의 주거 문제를 해결하는 일에 (부분적인) 책임을 져야 하는가? 무엇보다도, 모든 개인이 선호하는 주거지와 주택을 확보할 수 없는 것이 현실이기 때문이다. 거기에는 선호하는 지역과 주거 형태가 충분하지 않은 문제도 있고, 모든 개인이 선호하는 것을 직접 확보해낼 수 있는 능력이 부족한 문제도 있다. 수요가 충분하지 않은 것은 적절한 기준을 가지고 분배해야 하며, 개인의 능력이 부족한 것은 개인의 책임이 아닌 부분만큼은 사회가 책임져야 한다. 주거지와 주택과 같이 누구나 원하지만 충분하지 않은 것은 개인의 노력, 능력, 그리고 선택 등의 기준에 따라서 분배하는 것이 가장 자연스럽고 인간의 본질에 걸맞다. 그러나 개인의 노력, 능력, 그리고 선택 등이 서로 다르고 그 책임을 순수하게 개인에게만 돌릴 수 없다면, 그 부분은 국가가 책임을 져야 한다.

분배의 기준과 동시에 우리가 고려해야 하는 것은 무엇을 분배하는가이다. 주거지와 주택은 선호하는 부분도 있지만, 누구나 다 필요로 하는 측면도 있다. 대부분 사람이 더 안전하고 더 좋은 지역과 주택을 선호하지만, 주택은 모든 사람이 인간으로서 기본적인 생활을 하는 데 있어서 꼭 필요한 것이기도 하다. 개인이 선호하는 것을 국가가 다 해결해 주는 것은 바람직하지도 않고 가능하지도 않다. 그러나 개인이 기본적인 삶을 위해 필요로 하는 것은, 개인이 해결할 수 있는 능력이 충분하지 않으며 그것이 개인의 책임이 아니라면, 반드시 국가가 해결해야 한다. 그렇지 않으면 우리는, 우리가 책임질 수 없는 일을 책임져야 하는, 인간의 본질에 맞지 않는 잘못된 상황으로 치닫게 될 것이다. 그리고 그러한 상황을 방치하는 국가는 좋은 국가라고 보기 어려워 보인다.

이 장에서는, 분배의 기준에 대한 논의는 다음 장으로 미뤄두고, 무엇을 분배해야 하는가에 한정해서 논의하기로 한다. 그 전에, 국가가 해야 하는 일로서 분배의 문제가 나왔으니 분배 정의에 대해서 잠시 설명한다. 이것은 무엇을 분배하느냐와 어떤 기준으로 분배하느냐의 문제를 더 큰 그림 속에서 이해하는 데 도움을 줄 것이다.

우선, 분배는 국가의 일이다. 정의롭게 분배하는 것은 국가의 몫이다. 개인의 행위도 정의롭고 공정해야 하는 것은 맞다. 그러나 모든 개인이 선호하는 것을 추구하지 못하는 것이 개인의 책임이 아니라 사회의 책임인 경우, 그럴 때 요구되는 정의롭고 공정한 분배는 국가가 해야 한다. 20세기 후반에 분배 정의에 관한 논의를 대대적으로 촉발한 롤즈도, 정의는 사회기관과 제도가 갖추어야 하는 덕목이라고 이해하고 있다. 분배의 주체는 국가이며, 최고의 공공기관인 국가는 사익이 아니라 공익을 추구함으로써 정의를 실현하는 일에 책임을 져야 한다.

국가는 국가의 이익을 추구해야 하는가, 아니면 국가의 경계를 넘어서서 전 세계의 모든 인간을 대상으로 공익을 추구해야 하는가? 한국의 국가는, 특히 어느 정도 발전된 국가로서, 지구 반대편에 있는 상당수의 어린이가 굶주리고 있는 것에 대해서도 책임을 져야 하는가? 그것이야말로 정의의 실현이라고 볼 수 있는가? 이것은 국가가 분배의 일을 하는 공간적 범위에 관한 논의로 이어지는 질문이다. 국가가 실현해야 하는 정의는 국가 내의 사회적 정의인가 아니면 국가를 넘어선 지구적 정의인가에 대한 논의는 매우 중요하다. 그러나 이 논의는 다음 기회에 다루기로 한다.

지구적 정의에 관한 논의가 분배 문제의 공간적 범위에 관한 것이라면, 시간적 범위에 관한 논의는 세대 간의 정의 문제이다. 분배는 현재 세대뿐만 아니라 미래 세대도 포함해서 이루어져야 하는가? 특히 맑은 공기와 같은 자연환경은 미래 세대가 충분히 사용할 수 있을 정도로 남겨두어야 하는가? 과거 세대는 어떠한가? 과거 세대가 남겨놓은 환경 문제를 왜 현재 세대가 해결해야 하는가? 과거 세대가 환경을 오염시키면서 발전시켜 놓은 것의 혜택을 현재 세대가 누리고 있다면, 그만큼 미래 세대를 위해서 자연환경을 아껴두는 것이 호혜적이고 정의로운 일 아닌가?

국가는 도대체 왜 분배해야 하는가? 위에서 말했듯이, 개인이 책임질 수 없는 사회적 문제이기 때문에 국가가 책임을 지고 분배해야 하는 부분이 있다. 그리고 분배는 사회적 문제를 해결하고 국가가 추구해야 하는 정의를 실현하기 위해서 이루어져야 한다. 사회적 문제는 구체적으로 인권 훼손, 공정하지 않은 불평등, 그리고 자유의 억압 등이 있다. 이것을 반대로 해서 분배의 이유를 말하자면, 인권, 평등, 그리고 자유 등의 가치를 실현하기 위해서 국가는 분배해야 한다.

지금까지 분배는 누가, 어디서, 언제, 그리고 왜 이루어져야 하는가에 대해서 알아보았다. 남은 두 가지는 분배 논의의 핵심으로서 무엇을 그리고 어떻게 분배할 것인가이다. 어떻게 분배할 것인가는 다음 장에서 다루고, 이 장에서는 무엇을 분배할 것인가의 문제를 다룬다. 이 문제에 관한 입장은 4+1이다.

1) 결과의 분배, 공리주의
2) 자원의 분배, 자원주의
3) 운의 분배, 운 평등주의
4) 자원기회의 분배, 좌파 자유지상주의
5) 능력의 분배, 능력주의

앞의 네 입장은 재화나 자원을 직간접적으로 분배해야 한다는 입장이고, 마지막 입장은 재화나 자원을 사용하거나 이용하는 행위자의 능력을 분배해야 한다는 입장이다. 한가지씩 살펴보면 다음과 같다.

## 2. 결과의 분배: 공리주의

최대 다수의 최대 행복. 잘 알려진 공리주의 원칙이다. 가능한 한 많은 사람이 가능한 한 많이 행복할 수 있다면, 그것처럼 좋은 결과는 없을 것이다. 이 원칙에 따라서 분배를 하자면, 지민의 친구는 대도시에서 고

급 주택을 분배받아야 하고 지민은 소도시의 작은 주택을 분배받아야
한다. 최대 다수의 최대 행복이라는 결과를 만들어내는 일에 효용성이
있는 분배가 공리주의에게는 정의로운 분배이다.

분배의 결과를 중시하는 공리주의 입장을 평가하기 전에 그것이 말
하는 행복을 조금이나마 구체적으로 정의해보자. 최대 다수의 최대 행
복. 이때 행복은 개인이 선호하는 것이 만족되었을 때 가지게 되는 주관
적인 감정을 말한다. 그러나 공리주의가 추구하는 행복은 개인의 행복
이 아니라 사회 전체의 행복으로서 모든 개인이 느끼는 감정의 총량을
말한다. 따라서 개인적으로 원하는 것을 가지게 되었을 때, 그리고 그러
한 개인이 많으면 많을수록 완벽한 공리주의 사회가 된다.

사회 전체의 행복이라는 결과를 분배해야 한다고 주장하는 공리주
의는 직관적으로 타당해 보이지만, 일련의 문제점을 가지고 있다. 첫째,
왜 국가가 개인의 행복을 책임져야 하는가? 국가가 개인을 불행하게 만
들어서는 안 되지만, 개인의 행복을 책임져야 하는 것도 아니다. 개인의
선호가 만족될 때 주어지는 행복은 주관적 감정이고 주관적 감정은 천
차만별인데, 국가가 개인의 감정을 만족시키는 것은 당위적으로도 맞지
않고 현실적으로도 불가능하다. 당위적으로 볼 때, 개인이 원하는 것은
개인이 성취하는 것이 책임의 원칙에 충실하고 인간적 본질에 맞다. 개
인이 원하는 것을 개인이 성취할 수 없어서 불행해지는 이유가 개인의
책임이 아니라 사회의 책임인 경우에 한해서만 국가는 도움을 주어야
한다. 현실적으로 볼 때, 개인의 주관적 감정을 일일이 파악하는 것은
불가능하다. 게다가 행복이라는 감정을 객관적으로 수치화하는 것은 불
가능하다.

둘째, 혹시 국가가 개인의 행복을 수치화할 수 있고 만족시키는 것
이 맞다고 하더라도, 그렇게 하는 것은 평등의 원칙에 맞지 않는다. 누
구는 원하는 행복의 지수가 아주 크고, 누구는 그것이 아주 작을 수 있

214 4부: 국가의 활동

다. 지민의 친구가 원하는 주택 값은 지민이 원하는 그것의 열 배나 된다. 국가는 왜 열 배나 많은 비용을 들여서 지민의 친구에게 대도시의 고급 주택을 분배해 주어야 하는가? 서로 다른 행복 지수를 가진 개인의 행복을 만족시켜주는 것은 책임의 원칙뿐만 아니라 평등의 원칙에도 어긋나 보인다.

셋째, 사회 전체가 가지는 행복의 총량을 증대하는 것은 소수 또는 개인을 무시할 가능성이 높다. 열 명으로 이루어진 사회가 있다고 가정해 보자. 그중 7명을 만족시키는 것이 3명을 만족시키는 것보다 더 좋은 결과를 만들어낸다면, 공리주의는 국가가 7명의 행복을 만족시켜서 최대 다수의 최대 행복을 만들어내는 것이 정의롭다고 본다. 그러나 나머지 3명의 행복은 무시된다. 3명을 만족시키는 것이 덜 효용적이기 때문에 3명의 행복을 무시하는 것이다. 가능한 한 많은 수의 구성원을 행복하게 만들기 위해서 소수 또는 개인의 행복을 존중하지 않는 것이다. 이것은 개인 존중의 원칙에 어긋난다.

이와 같이 전체의 행복이라는 분배의 결과를 중시하는 공리주의는 책임의 원칙, 평등의 원칙, 그리고 존중의 원칙 등에 어긋난다. 특히 개인의 요구를 무시하는 점은 롤즈가 공리주의를 비판하는 요점이다. 전체 사회보다는 각각의 개인을 중시하는 자유주의 입장에 서서 롤즈는 결과가 아니라 결과를 만들어내는 데 필요한 자원의 분배를 주장한다.

## 3. 자원의 분배: 자원주의

공리주의를 비판하면서 시작하는 롤즈의 입장은 개인의 권리와 책임을 중시한다. 그가 가장 중요하다고 주장하는 정의의 원칙은 평등한 자유의 원칙으로서, 모든 개인은 자신이 원하는 것을 추구할 수 있는 자유를 다른 사람 못지않게 가져야 한다. 사회 전체의 행복을 위해서 단 한 사람의 자유를 희생하는 것도 허용되어서는 안 된다. 모든 개인이 평등하게 자유를 가질 수 있는 것은 천부적으로 주어진 권리이다. 이러한 권리를 특히 중시하는 드워킨도 롤즈의 입장을 정교하게 발전시키면서 행복 또는 안녕(welfare)이라는 결과가 아니라 기회로서의 자원(resources)을 평등하게 분배할 것을 주장한다.

이들의 자원주의에 따르면, 국가가 보장해야 하는 것은 모든 개인이 원하는 것을 추구할 수 있는 자유와 권리이지, 원하는 것 자체는 아니다. 롤즈와 드워킨의 사회에서 지민의 친구는 대도시의 고급 주택을 추구할 수 있고 지민은 소도시의 작은 주택을 선호할 수 있다. 그들의 자유와 자유에 대한 권리는 평등하게 보장된다. 그러나 자유롭게 원하는 지역과 주택을 직접 분배받는 것은 아니다.

국가가 평등하게 분배하고 보장해야 하는 것은 원하는 것을 추구하는 데 필요한 자원이다. 이때 자원은 (롤즈는 그것을 사회의 주요 재화라고 부르는데) 원하는 것을 추구할 수 있는 자유, 그런 자유를 가질 수 있는 권리, 그런 권리를 주장할 수 있는 권력, 그런 권력을 행사할 수 있는 기회, 그런 기회를 활용할 수 있는 소득과 재산 등이다. 이러한 사회적으로 중요한 가치들은 반드시 평등하게 분배되고 보장되어야 한다.

그리고 개인이 원하는 것을 추구할 때 상당한 영향을 주는 것으로서 사회적 지위와 재능 등이 있는데, 이것들이 처음부터 평등하게 주어져 있지 않기 때문에 결과의 불평등을 초래할 수 있다. 따라서 이렇게 만들어진 결과의 불평등은 재분배해서 상대적으로 열악한 사회적 지위와 재능을 가진 자들의 처지를 개선하는 것이 국가가 해야 할 일이다. 말하자면, 불평등을 초래하는 자원은 그것이 만들어내는 결과를 재분배하는 방식으로 평등하게 분배되어야 한다.

결과가 아니라 자원을 분배해야 한다고 주장하는 자원주의 입장은 다음과 같은 질문을 심각하게 다뤄야 한다. 첫째, 자원은 개인이 원하고 선호하는 것을 성취하는 데 필요한 것인데, 만일 한 사람이 선호하는 것이 다른 사람이 선호하는 것보다 훨씬 많은 자원을 필요로 한다면 어떻게 해야 하는가? 그럴 때도 자원을 평등하게 분배해야 하는가? 대도시의 고급 주택을 선호하는 지민의 친구는 소도시의 작은 주택을 원하는 지민보다 더 크고 많은 자유, 권리, 권력, 기회, 그리고 소득과 재산 등의 자원을 필요로 한다. 필요로 하는 자원의 크기가 다를 경우에도, 평등하게 분배하는 것이 정의로운가?

둘째, 상대적으로 더 많거나 적은 자원은 개인적 선호뿐만 아니라 능력에 의해서도 요구될 수 있다. 비록 자원이 평등하게 또는 선호에 맞게 충분히 분배되어 있다 하더라도 그것을 활용할 수 있는 능력이 다르면 어떻게 할 것인가? 충분히 분배된 자원도 그것을 활용하는 능력에 따라서 불평등한 결과를 만들어낼 것이며, 그 능력의 다름이 개인의 책임이 아니라면?

셋째, 사회적으로 가치가 적은 재능을 가진 사람들이 겪는 불평등은 재분배를 통해서 완화될 수 있다고 하는데, 그 부담을 왜 재능이 좋은 사람들이 져야 하는가? 롤즈는 어떤 재능을 가질지 모르는 상태에서라면 재능의 차이로 인한 불평등을 재분배하는 것에 동의할 것이라고 말한다. 그러나 그런 가설 위에 서 있는 원칙은 현실에 적용되기 어렵다. 재능이 좋은 사람들은 동의하기 어려워할 것이기 때문이다. 나의 타고난 재능을 다른 사람들을 위해서 사용하는 것은 도덕적 요구에 따라 내가 재량을 발휘해 결정할 일이지 국가가 법을 통해 강요할 일이 아니라고 볼 수 있다.

자원의 평등한 분배는 개인의 자유와 권리를 중시한다는 뜻에서 결과를 직접 분배하는 것보다 더 합리적으로 보이지만, 개인의 책임을 충분히 고려하지 않은 것으로 보인다. 이 점을 보완하면서 자유주의 분배 정의론은 다양하게 발전한다. 그중 하나가 다음에서 살펴볼 운 평등주의다.

## 4. 운의 분배: 운 평등주의

운 평등주의는 개인의 자발적 선택과 책임을 가장 중요하게 생각한다. 개인이 책임을 질 수 있는 것과 없는 것을 가능한 한 분명히 구분하고, 개인이 책임질 수 없는 것은 국가가 나서서 재분배해야 한다고 주장한다. 특히 노력 없이 주어지는 운은, 행운이든 불운이든, 그 누구의 책임도 아니기 때문에 개인이 책임질 일이 아니라고 본다. 행운도 불운도 모두 사회가 공유해야 한다는 것이다. 그리고 불평등은, 롤즈의 경우 모든 불평등이 재분배되는 방식으로 완화되는 데 반해서, 운 평등주의의 경우 그것이 개인의 통제를 벗어난 운에 의해서 만들어졌다는 조건 하에서만 재분배를 통해서 완화되어야 한다. 만일 불평등이 개인의 자발적에 선택에 의한 결과라면 정당하다.

국가가 분배해야 하는 것은, 그것이 결과이든 자원이든, 운에 의해서 만들어진 것이다. 운 평등주의는 개인의 책임 여부를 분명히 하기 위해서 운을 조금 정교하게 구분한다. 운 중에는 개인이 책임을 질 수 있는 선택적 운이 있고 전혀 책임을 질 수 없는 비선택적 운이 있다. 예를 들어, 비오는 날 오토바이를 과속으로 타면 사고가 날 위험이 높다는 것을 알고도 그렇게 한 결과 사고가 났다면 그것은 선택적 운으로서 개인이 책임질 일이다. 그러나 가로등이 벼락에 맞아 쓰러져서 오토바이가 부딪치는 사고가 났다면 그것은 비선택적 운으로서 개인이 책임질 일이 아니다.

집은, 비싸든 저렴하든, 안락한 생활을 가져다준다는 뜻에서 하나의 결과물일 수도 있고 재산 증식의 수단으로서 자원인 측면도 있다. 결과로서든 자원으로서든 집은, 운 평등주의에 따르면, 자신의 선택과 노력 그리고 능력 등에 의해서 구입했으면 세금 등을 통해 재분배되면 안

된다. 그러나 자신의 선택이나 책임 등을 부여할 수 없는, 예를 들어 혈연관계를 통해서 상속받은 집은 강한 운 평등주의자일수록 더 많은 세금을 통해 재분배되어야 한다고 말할 것이다.

운 평등주의는 개인을 매우 책임 있는 존재로 인정한다는 점에서 성숙한 이론인 것처럼 보인다. 그러나 극복해야 하는 문제점으로 지적되는 몇 가지는 다음과 같다. 첫째, 개인이 아무리 선택해도 개인이 통제할 수 없는 사회적 상황에 따라서 그 결과는 달라질 수 있다. 예를 들어, 한 사람은 정원사를, 다른 사람은 의사를 직업으로 선택했다고 가정하자. 물론 정원사보다 의사가 더 많은 수입을 가지게 될 것이라는 것은 예측가능한 일이지만, 단순히 개인이 좋아서 선택했는데 의사의 경우 그 사회적 수요와 가치가 많다 보니 더 많은 수입을 가지게 된 것이다. 이것을 두고 의사의 고소득이 순전히 개인의 선택으로만 이루어졌다고 말할 수 있는가?

둘째, 운 평등주의는 개인의 책임과 사회의 책임을 명확히 구분하려고 하는데, 그것이 어떻게 정확히 이루어질 수 있는가? 개인의 선택과 노력 그리고 능력 등은 어디까지가 개인의 것이고 어디부터가 자연적 또는 사회적 환경으로부터 주어진 것인가? 선천적 재능과 후천적 연습 등으로 이루어진 뛰어난 가창력이 전적으로 개인의 선택으로만 이루어진 것이 아니라면, 어느 지점에 개인적 책임과 자연적 책임의 구분선을 그어야 하는가?

셋째, 선택적 운에 의한 결과는 개인이 책임져야 하는데, 그럴 능력이 없다면 어떻게 하는가? 비 오는 날 오토바이를 타고 과속으로 질주하던 사람이 미끄러져서 사고가 났다고 가정하자. 길바닥에서 피를 흘리며 도움을 요청하고 있다. 그 옆을 지나가는 운 평등주의자는 '당신이 선택해서 일어난 일이니 당신이 책임질 일이오.'라고 말하면서 그 도움을 외면할 수 있는가?

넷째, 운 평등주의는 자신의 자발적 선택에 따라서 나쁜 결과를 만들어낸 사람을 사회적 분배 대상에서 제외할 때 잘못된 선택을 한 사람이라고 낙인찍게 된다. 비록 공개적으로 드러내지 않는다고 하더라도, 사회의 재분배를 받지 못하는 사람은 그 이유가 자신의 잘못된 선택에 있다는 것을 규정할 수밖에 없다. 개인의 선택과 책임을 강조하는 운 평등주의는 이러한 낙인효과 때문에 개인을 진정으로 존중하지 못한다는 비판을 어떻게 피할 것인가?

## 5. 자원기회의 분배: 좌파 자유지상주의

지금까지 우리는 결과, 자원, 그리고 운을 국가가 나서서 분배해야 한다는 입장을 알아보았다. 이번에는 자원을 가질 수 있는 기회, 즉 자원기회를 분배해야 한다는 입장을 알아본다. 이때 말하는 자원은 위에서 롤즈나 드워킨이 말하는 자원과 조금 다르다. 자원기회를 분배해야 한다고 주장하는 좌파 자유지상주의는 토지, 오일, 석탄, 금, 자연환경 등과 같은 천연자원을 국가가 평등하게 분배해야 한다고 말한다. 즉, 천연자원은 공유하는 것을 원칙으로하되 사유화될 경우 세금을 강하게 부과함으로써 재분배하는 효과를 만들어내야 한다고 말한다. 그리고 천연자원이 아닌 다른 모든 것들은 개인의 노력이나 능력 또는 선택 등에 의해서 분배되어야 하며, 국가는 그것의 재분배에서 완전히 손을 떼야 한다.

　좌파 자유지상주의는 자기소유와 자원소유의 권리주체를 철저히 구분한다. 모든 개인은 자기 자신을 사적으로 소유할 수 있는 권리를 가지고 있지만, 천연자원은 모두가 함께 공유할 수 있는 권리를 가지고 있다. 자기소유권으로부터 파생하는 재산은 반드시 사적으로 소유되어야 하지만, 천연자원으로부터 발생하는 재산은 철저히 공유되어야 한다. 왜냐하면 천연자원은 모두의 것이기 때문이다. 예를 들어, 토지는 모두의 것이며 공유되어야 한다. 만일 한 사람이 일정 부분을 사적으로 소유하고 그것으로부터 소득을 만들어냈으면, 그중 개인의 노동을 통해서 만들어진 부분은 개인이 전적으로 소유하고, 토지가 있음으로써 만들어진 부분에 대해서는 세금을 통해서 모든 사람들과 공유해야 한다.

정리하자면, 천연자원은 모두의 것이므로 모든 개인이 소유해야 하는데, 직접 소유할 수 없는 개인이 있을 경우 직접 소유한 사람들로부터 세금을 통해 자원의 가치를 거둬들여 분배해 줌으로써 모두가 자원을 이용할 수 있는 기회를 직간접적으로 갖게 하는 것이다. 자원은 모든 개인이 자신의 자유를 실현하기 위해 반드시 필요로 하는 재화이기 때문에 직접적으로든 간접적으로든 모든 개인이 소유할 수 있는 기회가 주어져야 한다.

개인의 사적 권리와 공적 권리, 개인적 가치와 사회적 가치, 또는 자유와 평등을 나름대로 잘 결합해냈다고 평가받는 좌파 자유지상주의는 좌파와 자유지상주의 양측으로부터 비판을 받는다. 첫째, 좌파의 비판은 철학적인 것으로서, 자원을 공유하는 이유가 자원은 그 누구도 만들어낸 것이 아니므로 사적으로 소유될 수 없기 때문이라면, 자기 자신 역시 스스로 만들어낸 것이 아니므로 사적으로 소유할 수 없는 것 아니냐는 것이다. 좌파 자유지상주의가 자원은 모두에게 자연적으로 주어진 것이라고 주장하면서, 자기 자신은 개인에게 주어진 것이라고 주장하는 것은 일관되지 못하다는 것이 좌파의 비판이다.

둘째, 우파 자유지상주의는 좌파 자유지상주의가 자원의 사회적 공유를 주장하기 때문에 효율성이 없는 분배 이론이라고 비판한다. 개인이 천연자원을 이용해서 이익을 창출할 경우 국가가 그 이익의 상당 부분에 과세를 함으로써 환수해서 재분배를 하게 되면 누가 천연자원을 이용해서 가치를 만들어내려고 하겠느냐는 것이다. 그렇게 되면, 천연자원은 개발되지 않고 사회 전체의 부를 증가시키지 못하게 됨으로써 결국 개인에게도 손해가 될 것이라는 비판이다.

그동안 국가가 분배해야 하는 것으로서 주장된 것은 결과, 자원, 운, 그리고 자원기회 등이다. 마지막으로 알아볼 이론은 결국 이러한 것들을 활용하는 것은 개인인데 개인의 능력이 평등하지 못하면 정당하지 않은 결과가 나올 수밖에 없다고 주장하는 이론이다.

## 6. 능력의 분배

능력의 분배를 주장하는 센도 공리주의가 결과만을 중시하는 것을 비판한다. 무조건 좋은 결과만을 추구하다 보면 과정을 무시하게 된다는 것이다. 예를 들어, 여성이 남성에 비해 생물학적으로 더 오래 산다고 해서 똑같은 평균연령을 만들기 위해 남성에게 편향적인 각종 지원 정책을 펴는 것은 정의롭지 않다는 것이다. 그리고 결과보다는 기회로서 자원을 평등하게 분배하자는 자원주의도 비판한다. 왜냐하면, 아무리 똑같은 자원을 분배받았다 하더라도 그것을 활용할 수 있는 능력에는 차이가 있으므로 불평등한 결과가 나온다고 보기 때문이다.

센도 개인의 안녕(well-being)과 같은 결과를 중시하지만 결과를 만들어내는 과정도 중요하며, 과정에서 필요한 자원의 평등한 분배도 중요하지만 결국 필요한 것은 그것을 활용해서 원하는 결과를 만들어낼 수 있는 개인의 능력이라고 본다. 이러한 능력이야말로 진정한 기회이며, 진정한 기회가 있을 때 비로소 진정한 의미에서 실질적인 자유가 가능하다고 주장한다. 센은 실질적 자유를 위해서 기본적으로 필요한 것들로서 기본적인 언어 능력, 교육, 건강, 공중보건, 주택, 빈곤 및 질병으로부터의 탈출 등이 국가에 의해 제공되어야 한다고 말한다.

센의 능력을 중시하는 입장을 적용해서 능력의 분배를 주장하는 너스바움은 인간의 존엄성이라는 안내선에 따라서 능력에 해당하는 목록을 다음과 같이 만들었다.

- 평균 수명
- 신체적 건강
- 이동의 자유 및 성/가정폭력 등으로부터의 신변 안전
- 사상의 자유
- 사랑, 슬픔, 정당한 분노 등의 감정 표현
- 자신의 가치관을 수립하고 추구할 수 있는 이성적 능력
- 존중을 주고받을 수 있는 집단에의 소속
- 동식물 및 자연환경과의 유대 관계
- 웃고 즐길 수 있는 놀이
- 정치적 및 경제적 환경의 통제 과정에 참여

결과와 동시에 과정을 중시하고, 자원과 같은 외부적 환경뿐만 아니라 개인의 내적 능력도 중시하는 능력의 분배 입장은 국가가 분배해야 하는 것에 대해 새롭고도 포괄적인 관점을 제시하는 것으로 보인다. 그러나 완전한 이론으로서 발전하기 위해 보완해야 하는 부분은 다음과 같이 지적될 수 있다.

　첫째, 개인적으로 가치 있는 삶을 살기 위해서 필요한 능력의 목록은 개인의 가치관에 따라서 달라질 수 있다. 예를 들어, 동식물 및 자연환경과의 유대 관계는 개인에 따라서는 능력의 하나로서 군이 필요 없는 것이라고 볼 수도 있다. 이러한 것을 왜 국가가 비용을 들여서 모든 개인에게 분배해야 하는가? 만일 그것이 모든 개인에게 필수품이라기보다는 하나의 가능성 내지 가망성으로써 제공되어야 하는 것이라면, 그것마저 군이 필요 없다는 개인에게 국가가 비용을 들여서 분배해야 하는 이유는 설명되지 않는다. 만일 그것이 모두에게 필요한 것이라고 말하면, 그것은 가부장적으로 가르치려고 하는 것이라는 비판이 따를 것이다.

둘째, 능력 중 어떤 것은 부분적이나마 개인이 책임져야 하는 부분도 가지고 있다. 예를 들어, 평균 수명을 건강하게 살기 위해서는 국가가 제공해야 하는 것도 있지만 개인이 조심하고 노력해야 하는 부분도 있다. 과음과 지나친 흡연을 하는 사람의 건강을 위해서 국가가 도움을 주어야 하는가? 개인과 국가의 책임 영역을 어떤 기준에 따라서 구분할 것인가?

셋째, 능력의 목록은 구체적으로 명시되어 있는 것 같지만 여전히 추상적이고 객관적으로 측정하기 어려운 것들이 많다. 예를 들어, 일제 시대 일본군 위안부 희생자와 유족들, 5·18 민주항쟁 희생자들과 유족들은 정당한 분노를 표현할 수 있어야 한다. 그러나 국가는 그들의 감정 표현을 어디까지 들어 주어야 하는지 객관적으로 제시하기 어렵다. 특히 희생자의 정당한 분노는 희생자가 더 이상 표현하지 않을 때까지 표현되어야 한다. 그 주관성을 어떻게 객관적으로 측정할 수 있는가?

## 7. 소결: 무엇의 분배?

국가가 분배해야 하는 것은 무엇일까? 결과, 자원, 운, 자원기회, 그리고 능력 등등. 나름대로 타당하지만 극복해야 하는 문제점 역시 가지고 있다는 것을 확인했다. 그렇다면 도대체 무엇을 분배할 것인가?

이렇게 정리해볼 것을 제안하고자 한다. 먼저 국가가 분배해야 하는 것과 개인이 스스로 분배해야 할 것을 구분하는 것이다. 추상적이나마 그 기준을 말하자면, 개인이 책임질 수 없는 것은 국가가, 개인이 책임질 수 있는 것은 개인이 분배하는 것이다. 개인이 책임질 수 있는 것은 개인의 선택, 노력, 그리고 능력 등에 의해서 분배한다. 그리고 국가가 분배해야 하는 것 중에는 모든 사람들이 반드시 필요로 하는 것과 모든 사람들이 공평하게 똑같이 필요로 하는 것을 구분하는 것이다.

간략히 정리하자면, 반드시 필요로 하는 것은 매우 필수적인 것이므로 안전으로 대표될 수 있고, 똑같이 필요로 하는 것은 기회로 대표될 수 있을 것이고, 그리고 개인이 책임을 지고 분배하는 것은 개인이 자유롭게 사용하거나 처분할 수 있다는 뜻에서 자유로 대표될 수 있을 것이다. 즉, 안전, 기회, 그리고 자유를 분배하되 국가는 안전과 기회만 분배해주고, 자유는 개인이 가져가도록 개인에게 맡기는 것이다.

이렇게 분배해야 하는 것은 각각 분배의 기준을 가지고 있는데, 안전은 꼭 필요한 것이니 필요한 만큼, 기회는 똑같이 필요하니 평등하게, 그리고 자유는 개인이 공을 들이는 만큼 공적에 따라 분배하는 것이다. 예를 들어, 집은 기본적인 삶을 위해서 꼭 필요한 것이니 필요한 만큼 국가가 분배한다. 그러나 필요 이상의 집을 원하는 경우 그렇게 할 수 있는 기회만큼은 누구나 원하는 것이니 국가가 평등하게 분배한다. 그리고 필요 이상의 집은 개인이 노력 등을 하는 대로 가져갈 수 있도록 개인에게 맡겨 두는 것이다. 이것을 다음 장에서 조금 더 자세히 살펴본다.

# 16장
# 정부 책임의 내용 (2)

## 1. 정부는 어떤 기준으로 분배해야 하는가?

동갑인 지민 부부는 벌써 내년이면 퇴직이다. 지난 35여 년 동안 제대로 쉬지 못하고 일해온 것을 생각하면, 이제는 좀 쉬고 싶은 마음이 들기도 한다. 일하기 위해서 살았는지, 살기 위해서 일했는지 혼동이 생길 정도로 일은 삶의 대부분이었다.

  그러나 당장 내년 후반부터 가계 수입이 확 줄어들면 곤란한 문제가 한둘이 아니다. 다행히 여생을 살아갈 집 한 채와 어느 정도의 연금이 보장되어 있긴 하지만, 자녀 교육비 대출받은 것을 아직 완전히 상환하지 못했고 결혼시킬 비용도 만만치 않을 것 같다. 노모의 요양원 비용도 꽤 들어간다. 그리고 무엇보다도 100세 시대를 사는 마당에 만 65세에 실직자가 된다는 것이 무력감을 느끼게 한다. 신체와 정신 모두 적어도 앞으로 10년은 더 일할 수 있을 것 같은데, 법적 규정에 따라서 정년 퇴직을 해야 한다는 사실이 부당하게 느껴진다.

  물론 본인이 어서 퇴직을 해줘야 젊은 사람들이 취직할 수 있는 자리가 생긴다는 것을 모르는 것은 아니다. 당장 자녀들만 생각해봐도 여전히 비정규직에 머물러 있거나 취업을 위해서 고군분투하고 있는 것을 보면, 정년퇴직은 사회적으로 필요한 일처럼 보이기도 한다.

어떤 나라에서는 정년이 67세로 정해져 있지만, 그것은 연금을 받을 수 있는 나이이지 일을 그만둬야 하는 나이는 아니다. 정년퇴직은 오히려 연령차별 주의로서 법적으로 금지되고 있는 나라도 있다. 대한민국 헌법은 근로가 의무이자 권리라고 말하고 있지만, 노인이 근로할 수 있는 권리는 법적으로 보호받는 것이 아니라 오히려 제약받고 있다.

근로는 다양한 측면을 가지고 있다. 기본적인 생활을 보장해주기도 하며, 자신이 원하는 것을 성취해낼 기회이기도 하고, 나아가 그 결과와 상관없이 그것 자체가 하나의 기쁨이기도 하다. 이러한 의미가 있는 근로를 일정한 나이가 되면 반드시 그만두고 은퇴해야 한다는 법, 그러한 법에 따라서 정책을 실행하고 있는 정부는 과연 근로라고 하는 하나의 사회적 재화를 정의롭게 분배하고 있는 것일까? 즉, 생활의 보장, 성취의 기회, 또는 그 자체로서 가치 있는 근로를 분배하는 기준 중 하나로서 나이를 채택하는 정부는 과연 정의로운가?

앞 장에서 우리는 국가가 무엇을 분배해야 하는가에 대해서 알아보았다. 그리고 마지막 부분에서는 무엇을 분배하는가에 따라서 분배의 기준도 달라질 수 있다는 것을 언급했다. 그 언급을 자세히 논의하기 위해서 먼저 분배의 기준에 대해서 알아보고 정리하려고 한다. 크게 세 가지로서 자유로운 분배, 평등한 분배, 그리고 필요에 따른 분배를 하나씩 알아본다. 그 후에는 공정한 분배에 대해서 정리해 본다.

## 2. 자유로운 분배

열심히 일한 사람이 게을리 일한 사람보다 더 많은 보수를 받는다는 원칙에 반대할 사람은 아무도 없을 것이다. 더 많이 노력한 사람이 그렇지 않은 사람보다 더 많이 받는 것은 당연하다. 밤늦게까지 열심히 쉬지 않

고 일한 사람이 부자가 되고 그렇지 않고 게으른 사람이 가난하게 되는
것은, 물론 다른 모든 조건이 똑같다면, 정의롭다. 노력에 따른 분배가
정당하므로 그 결과로 만들어진 불평등도 정당하다고 받아들일 수 있는
것이다. 노력은 불평등한 결과를 정당화할 수 있을 만큼 분배의 기준으
로서 강력하다.

　개인의 선택도 훌륭한 분배의 기준이다. 선택의 결과에 책임을 지
는 것은 성숙한 인간의 모습이다. 잘 선택했으면 좋은 결과를, 잘못 선
택했으면 나쁜 결과를 받아들일 수 있다. 우리는 심지어 우리의 선택이
기대하지 않은 결과를 가져온다고 하더라도 우리가 주체가 되어 선택하
기를 원한다. 그 정도로 선택은 결과를 만들어내는 방법으로써 정당하
게 받아들여진다.

　마지막으로, 능력 또한 정당한 분배의 기준이다. 능력이 많은 사람
이 채용되고, 능력이 뛰어난 사람이 높은 보수를 받고, 그리고 능력이
출중한 사람이 큰 인기와 그 대가를 누리는 것은 누구나 다 받아들인다.
뭔가를 더 잘하는 사람이 그렇지 못한 사람보다 더 좋은 결과를 가져갈
만한 자격이 있다는 것은 너무나도 당연하다.

　노력, 선택, 그리고 능력 등에 따라서 분배하는 것은 자유로운 분배
이다. 분배를 받는 사람이 어떻게 하는가에 따라서 분배를 하기 때문이
다. 사실 누군가가 분배를 한다기보다는 분배를 받는 사람이 스스로 분
배를 받아 간다는 뜻에서 자유로운 분배이다. 그리고 스스로 노력을 하
든 선택을 하든 또는 능력을 발휘하든, 자신이 의지를 발휘해서 분배를
받기 때문에 모든 것이 자신의 책임이다. 의지의 자유를 발휘하는 것은
바로 자기 자신이 결정할 일이기 때문에 그 결과에 대해서도 자기 자신
이 책임을 지는 것이다. 따라서 자유로운 분배는 우리의 의지와 책임을
중요하게 여기는 방법으로서 매우 성숙한 분배의 기준으로 보인다.

　그러나 우리에게 주어지는 결과는 순수하게 노력, 선택, 또는 능력

에 의해서만 만들어질까? 과연 다른 모든 조건은 작용하지 않는 것일까? 우리는 우리의 노력으로만 좋은 대학에 진학할 수 있으며, 우리의 선택으로만 채용될 수 있고, 우리의 능력으로만 인기와 그 대가를 누릴 수 있을까? 아무리 열심히 노력하고 우리가 직접 선택하고 능력을 충분히 발휘해도 우리가 하는 일이 사회적으로 또는 경제적으로 가치 있는 것으로 인정받지 못하면 그에 상응하는 대가를 받지 못한다.

예를 들어, 악기 중 하나인 리코더를 자발적으로 선택해서 열심히 불고 아무리 잘 불어도 그 소리를 찾는 사람이 많지 않으면 음반을 내거나 콘서트를 하자는 회사도 없을 것이고 판매도 안 될 것이다. 과연 리코더 연주자로 생계를 유지할 수 있을까? 음악성이나 연주실력이 똑같이 훌륭한 리코더 연주자와 첼로 연주자가 똑같은 인기를 누리고 그 대가를 받을 수 있을까? 우리의 의지, 책임, 그리고 자유를 중시하는 노력, 선택, 또는 능력이라는 기준은 모든 것을 (평등하게) 분배할 수 있는 기준이 아닌 것으로 보인다.

더군다나 정부가 분배해야 하는 것은 공공재화나 기회 또는 의무와 같은 것들로서 자유로운 분배에 맡길 수 없다. 예를 들어, 국가의 안보와 치안은 노력을 더 많이 하는 사람에게 더 많이 분배할 수 있는 것이 아니다. 기본 교육을 받을 기회는 능력이 많은 사람에게만 차별적으로 주어져서는 안 된다. 기본적인 생계유지를 위한 최소한의 복지도 능력 등에 따라 차등적으로 분배할 수 없다. 국방의 의무도 국민이 자유롭게 선택적으로 이행하도록 방치할 수 없다.

노력, 선택, 그리고 능력 등에 따른 자유로운 분배는 정의로운 분배의 기준으로서 자연스러우면서도 강력해 보이지만, 모든 경우에 순수하게 적용될 수 없으며, 특히 정부가 분배해야 하는 것을 분배하는 기준으로서 적절하지 않아 보인다. 그렇다면, 평등하게 분배하는 것은 어떨까?

## 3. 평등한 분배

평등한 분배는, 우리의 책임을 중시하는 자유로운 분배 못지않게, 우리를 평등하게 대우한다는 뜻에서 아주 정의로운 분배이다. 모두에게, 똑같이, 형평성 있게, 공평하게, 즉 평등하게 분배하는 것은 모든 인간이 평등한 존재라는 도덕적 사실에 잘 부합한다. 모든 인간이 동등한 인간적 존엄성과 도덕적 가치를 가진다는 사실은 평등한 분배를 강력히 요구한다. 평등의 실현 또는 불평등의 완화를 염두에 둔 두 입장을 소개하면 다음과 같다.

첫째, 롤즈의 정의론은 자유주의 입장이지만 평등을 매우 중시한다. 그가 제시한 정의의 원칙은 학자들에 의해 평등론적 자유주의라고 일컬어진다. 우선 롤즈는 자신의 가치관을 선택할 수 있는 자유와 그것을 실현할 수 있는 권리가 모두에게 평등하게 주어져야 한다고 생각한다. 이것은 다음에 나오는 원칙들보다 가장 우선하며 최고의 원칙이다.

다음에는 기회의 평등을 주장하는데, 자신이 선호하는 삶을 실제로 사는 데 필요한 것들을 부여받을 기회가 골고루 주어져야 한다는 것이다. 특히 태어나면서부터 우월하거나 열등한 사회적 지위와 재능을 가지고 있다고 해서 더 유리하거나 불리한 기회가 주어져서는 안 된다고 본다.

마지막은 차등의 원칙으로서 롤즈를 유명하게 만들어주었는데, 재산과 소득의 불평등은 사회적으로 용인될 수 있지만, 다만 그것은 그것이 사회의 모든 구성원에게, 특히 가장 어려운 사람에게 가장 큰 도움이 될 때만 용인될 수 있다는 것이다. 가장 잘사는 사람과 가장 못사는 사람의 재산과 소득이 후자에게 유리하도록 연동되게 함으로써 불평등이 확대되지 않고 가능한 한 축소되는 방식으로 분배되어야 한다. 이 원칙의 뒤에는 재산과 소득이 자연적으로 타고난 지위나 재능에 의해 완전히 결정되어서는 안 되고, 타고난 재능과 지위 등은 자연적 재화이므로 사회가 그 결과를 공유해야 한다는 전제가 있다. 이 전제를 뒤집어서 말하자면, 자신의 재산과 소득은 자신이 책임질 수 있는 방법에 따라서만 만들어져야 한다는 것이다.

롤즈가 제시한 정의의 원칙은 자유와 권리의 평등, 기회의 평등, 그리고 재산과 소득의 불평등 완화를 위해 작동하도록 고안되었다. 그러나 평등 자체가 목적은 아니다. 롤즈에게는 자유와 권리, 기회, 그리고 책임이 잘 반영된 재산과 소득이 목적이다. 평등은 그런 목적을 달성하기 위한 수단이자 방법으로 제시된 것이다.

그러나 롤즈는 모든 것에 평등이라는 분배의 방법을 적용하려고 하는가? 그가 평등하게 분배해야 한다고 주장하는 목록에는 적어도 재산과 소득이라는 결과는 없다. 즉, 재산과 소득은 평등하게 분배되는 것이 아니라 책임 있게 그리고 자유롭게 분배되어야 한다고 보는 것이다. 이것은 누구나 원하는 것은 자신이 의지를 가지고 자신의 노력, 선택, 그리고 능력 등을 발휘해서 가져가도록 한다는 뜻에서 자유주의 원칙이다. 이러한 자유주의 원칙이 순수하게 적용되기 어려운 경우, 특히 자신의 의지적 행위 없이 타고난 지위나 재능에 따라 분배된 것은 재분배되어야 한다고 말함으로써, 오히려 자유주의 원칙의 순수한 적용을 옹호하고 있다.

그러나 재산과 소득에는 타고난 지위나 재능이 기여한 부분도 있지만, 자신의 의지적인 노력, 선택, 그리고 능력 등이 작동한 부분도 있다. 이러한 부분을 포함하고 있는 재산과 소득을 재분배하는 것은 지나치게 또는 불공정하게 불평등에 민감한 것이 아니냐는 비판을 받기도 한다. 게다가 자신의 책임이라고 할 수 있는 부분과 그렇지 않은 부분을 구분해서 재분배해야 하는 부분을 드러내는 것이 어떻게 가능한가의 문제도 있다.

어쨌든 개인의 재산과 소득은 책임 있게 분배되어야 한다는 롤즈의 원칙을 감안하면, 그가 평등하게 분배해야 한다고 주장하는 것은 자유와 권리, 그리고 기회이다. 그러나 그가 말하는 자유와 권리는 국가가 나서서 평등하게 분배해야 하는 어떤 것이 아니다. 그것은 모든 사람이 보편적으로 타고나면서부터 가지는 것으로서, 국가는 그것을 (평등하게) 분배한다기보다는 간섭이나 침해하지 말고 보호해야 한다. 결국, 국가가 정부의 다양한 정책 등을 통해 평등하게 분배해야 하는 것은 기회뿐이다. 자신의 가치관을 실현할 수 있는 교육적, 경제적 기회 등이 바로 평등하게 분배되어야 한다.

평등의 실현 또는 불평등의 완화를 중시하는 두 번째 입장으로서 파핏의 우선주의가 있다. 우선주의는 평등의 실현보다는 불평등의 완화가 더 중요하다고 본다. 왜냐하면, 무조건 평등을 실현하려다 보면 하향 평준화라는 문제가 발생할 수 있기 때문이다. 우선주의는 평등에만 민감하다 보면 그 누구에게도 이익이 안되는 결과가 발생할 수 있다는 점을 지적한다. 예를 들어, 한 사람은 두 개, 다른 사람은 여덟 개를 가진 사회가 평등해지는 방법의 하나는 2:8을 2:7로 만드는 것인데, 이것은 누구에게도 이익이 되지 않고 후자에게는 손해가 될 뿐이다.

그러므로 중요한 것은 적게 가지고 있는 사람의 처지를 우선적으로 개선해주는 것이며, 그렇게 하다 보면 결국 불평등이 완화되는 결과가 도출될 수 있다고 우선주의는 주장한다. 예를 들어, 2:8을 3:7로 만드는 것이다. 이것은 많이 가진 자에게는 손해가 되지만 적게 가진 자에게는 이익이 될 뿐만 아니라 그 둘 사이의 불평등이 좁혀지는 결과를 만들어내기도 하므로 하향 평준화보다 더 바람직한 결과이다.

불평등 완화에 초점을 둔 우선주의도 무엇을 분배하는가에 따라서 그 방법이 적절할 수 있고 그렇지 않을 수도 있다. 우선, 정당한 불평등을 문제로 삼는 것은 적절하지 않아 보인다. 그리고 부당한 불평등이라면 우선주의 입장이 필요해 보이지만, 그것이 예를 들어 기본적 복지의 불평등이라면 우선주의 방법은 충분하지 않을 수 있다. 한 사회에서 최소한의 기본적 복지선이 3이라고 가정해 보자. 기본적 복지에 있어서 1:5의 불평등한 상황을 완화하기 위해서 우선주의는 2:4의 결과를 만들어야 한다고 말할 것이다. 그러나 2는 여전히 기본적 복지선 아래 수준으로서 충분하지 않다. 즉, 꼭 필요한 것을 분배할 때에는 우선주의 방법만으로는 충분치 않을 수 있는 것이다.

우선주의는 정당한 불평등에는 적용될 수 없고, 부당한 불평등의 경우 충분하지 않을 수 있다. 그렇다면 우선주의 분배 방법이 적용될 수 있는 것은 무엇을 분배할 경우일까? 주어진 불평등이 부당하고 불충분하다는 문제가 없는 경우일 텐데, 예를 들어, 3:7이라는 부당하게 불평등한 경우이다. 이때 3을 증가시켜줘야 한다는 것이 우선주의 입장인데 그 이유는 3이 7보다 적기 때문이다. 그러나 3:7의 경우가 부당하게 불평등한 경우라면, 3을 증가시키고 7을 축소하는 식으로 재분배해야 하는 이유는 단순히 불평등이 아니라 그 격차가 부당하기 때문이 아닐까? 그리고 불충분하다는 문제가 없다면, 3은 이미 복지선에 도달해 있으므로 3을 증가시켜줘야 하는 정당한 이유는 없다. 그러므로 불평등 자체가 아니라 불평등이 초래한 이유를 자세히 살펴보면 우선주의는 굳이 필요 없는 분배의 방법으로 전락하기 쉬워 보인다.

그동안 우리는 자유로운 분배 방법으로서 개인의 노력, 선택, 그리고 능력을, 평등한 분배의 입장으로서 롤즈의 평등론적 자유주의와 파핏의 우선주의 입장을 살펴보았다. 자유와 평등이라는 분배 방법 모두, 모든 것의 분배에 적용할 수 없으며, 무엇을 그리고 왜 분배해야 하는가에 따라서 꼭 필요할 수도 있고 그렇지 않을 수도 있다는 것을 확인했다. 마지막 분배의 방법으로 필요에 따른 분배를 검토해 보자.

## 4. 필요에 따른 분배

필요한 것이란 없으면 안 되는 것이다. 만일 A가 없어서 B가 발생하지 않는다면, A는 B를 위해 꼭 필요한 것이다. A가 없어도 B가 발생한다면, A는 B를 위해 꼭 필요한 것이 아니다. 예를 들어, 물은 인간의 육체적 생존을 위해 없으면 안 된다. 그러나 포도는 인간의 육체적 생존을 위해 꼭 필요한 것이 아니다.

무엇이 필요한 것인지 알려면 그것이 무엇에 필요한 것인지 알아야 한다. 물은 생존에 필요한 것이다. 그러나 물은 글 쓰는 일에 (직접적으로) 필요한 것이 아니다. 포도는 생존을 위해서 필요한 것이 아니지만 포도주를 만들기 위해서는 꼭 필요하다. 따라서 꼭 필요한 것이란 그것이 무엇을 위해서 그러한 것인지에 따라서 결정된다. 필요에 따라서 분배해야 한다고 주장하는 아래의 두 입장은 각각 인간의 존엄성과 기본적 권리를 위해서 필요한 것을 분배해야 한다고 주장한다.

첫째, 충분주의 입장은 인간적 존엄성을 잃지 않으면서 사는 데 꼭 필요한 만큼 충분히 분배해야 한다고 주장한다. 이 입장에 따르면, 롤즈가 염두에 둔 가장 가난한 사람이나 파핏이 중시하는 상대적으로 가난한 사람이라는 기준은 도덕적으로 볼 때 중요하지 않다. 중요한 것은 한 사람이 인간으로서 품위를 잃지 않도록 하는 것이다. 가장 가난한 사람이나 상대적으로 그런 사람이 아무리 분배를 받아도 기본적인 빈곤선을 넘지 못한다면, 아무리 평등해지고 불평등이 완화된다고 하더라도, 무슨 의미가 있냐고 충분주의는 반문한다. 충분주의는 다른 사람과 비교하는 게임을 멈추고 인간다운 삶을 사는 데 충분한 만큼 분배하는 것이 바로 국가가 분배해야 하는 도덕적인 기준이 되어야 한다고 주장한다.

그러나, 충분주의는 실천적 그리고 이론적 문제점을 가지고 있다. 실천적으로는, 만일 어떤 사람이 의도적으로 빈곤선 밑의 삶을 추구한다면 그런 사람에게도 국가는 분배해야 하는가? 가난하고 청빈한 삶을 가치 있는 삶이라고 생각하는 사람에게도 충분히 분배하는 것이 과연 정의로운가? 이론적으로는, 대부분 사람이 빈곤선 위의 삶을 살고 있고 그런 사람들 사이에서 발견되는 불평등이 부당한 과정에서 비롯된 것이라면 그런 부당한 문제에 대해서 충분주의는 어떤 분배의 기준을 제시할 수 있는가? 국가가 할 일은 빈곤선 밑의 사람들을 그 선 위로 올라갈 수 있도록 도와주는 일 밖에는 없는가?

둘째, 드워킨은 인간의 기본적 권리를 보장하는 데 필요한 만큼 국가가 분배해야 한다고 주장한다. 그가 말하는 기본적 권리란 모두가 동등한 시민으로서 존중받으며 특히 자신이 선택한 삶을 영위하는 데 필요한 자원을 동등하게 부여받을 수 있는 권리를 말한다. 한 사람의 자원은 다른 사람의 그것을 부러워하지 않을 만큼 충분히 분배되어야 한다. 평등하게 분배된 자원은 각자가 책임질 수 있는 노력과 선택에 따라서 활용될 때에만 불평등한 결과를 정당하게 만들어낼 수 있다.

그러나 평등하게 분배된 자원은 개인이 책임질 수 없는 다른 조건 때문에 부당하게 불평등한 결과를 만들어낼 수도 있다. 그것은 개인이 통제할 수 없는 운에 따라 불리한 재능을 가지고 태어난다거나 사회적 상황이 불리하게 작용하는 경우이다. 예를 들어, 신체적/정신적 장애를 가지고 태어났거나 예기치 못하게 발생하는 사고나 사건 등에 의해서 손해를 보게 되는 경우이다. 이러한 경우는 누구에게나 발생할 수 있는 것이므로, 드워킨에 따르면, 누구나 국가가 주도하는 사회보장에 일종의 보험처럼 가입할 것이며 국가는 그렇게 불운한 사람들에게 추가적인 자원을 분배함으로써 모두가 다른 사람의 자원을 부러워하지 않을 만큼 충분한 자원을 가질 수 있도록 해야 한다. 이 입장은, 누구나 불운에 따른 손해를 보상받기 위해 국가의 사회보장에 가입할 것이라는 가설을 전제하므로, '가설적 보험'이라고 불린다.

정리하자면, 드워킨의 '가설적 보험' 입장에 따르면, 사람들은 자신이 책임질 수 없는 문제로 인해서 불평등한 자원을 분배받지 않아야 동등한 시민으로서 기본적 권리를 가질 수 있다. 국가는 평등하게 분배되었어야 하는 자원 중 일부를 모두로부터 거둬들여, 자신의 책임이 아닌 운 때문에 추가 자원이 필요한 사람들에게 분배한다. 그렇게 함으로써 평등한 자원을 가질 수 있는 기본적 권리를 모든 개인에게 보장해야 한다는 것이다.

'가설적 보험'은, 대부분 보험이 그렇듯이, 가입자 중에는 보험료만 내고 (다행히도 운이 나쁘지 않아서) 보험금은 받지 못하는 경우가 많다는 것이다. 누구나 자연적으로 또는 사회적으로 예기치 못한 일로 인해서 불리해질 수 있다는 것은 가정에 불과하다. 실제는 소수의 운 나쁜 사람들만 보험금을 탈 수 있으며, 대부분 다른 사람들은 (이론적으로는 자신을 위해서지만) 실제로는 운 나쁜 사람들과 보험회사를 위해서 보험료를 낸다. 즉, 대부분은 다행히 아무런 문제가 없어서 처음에 분배받은 자원 전부를 사용할 수 있음에도 불구하고 그중 일부를 세금으로 내고, 그 세금은 '운 나쁜' 사람들을 위해서만 사용된다는 현실적인 문제점을 가지고 있다.

## 5. 공정한 분배

과연 공정한 분배란 무엇일까? 다음을 가정해보자. "불공평해!" 한 어린이가 하는 말이다. 다른 어린이들과 같이 자신도 사탕 하나를 원했는데, 그만 가위바위보에서 지는 바람에 사탕을 받지 못했다. 이 상황에서 불공평하다는 말의 뜻은 무엇일까? 물론 그 어린이가 그 뜻을 알고 말하진 않았을 것이다. 그러나 한번 생각해보자. 가위바위보에서 졌기 때문에 사탕을 얻지 못한 것인데, 왜 불공평하다고 말한 것일까? 그저 욕심이 많아서일까? 가위바위보에서 진 사람은 사탕을 받지 못한다는 원칙에 암묵적으로 동의했음에도 불구하고 불공평하다고 말하는 이유는 무엇일까?

　세 가지 정도의 이유를 설명할 수 있을 것이다. 첫째, 자신도 사탕을 먹고 싶었는데 먹을 수 없게 되었다는 것이 불공평하다고 생각한 것이다. 즉, 이것은 자신의 욕구나 필요가 충족되지 못한 것에 대한 불만이다. 둘째, 다른 어린이들은 사탕을 먹을 때 자신은 먹지 못한다는 사실을 불공평하다고 말한 것이다. 비교의 관점에서 평등하지 않다는 것을 뜻한다. 셋째, 사탕을 먹고 싶다는 의사를 표시했고 또 가위바위보라는 결정 과정에 적극적으로 참여했는데도 불구하고 얻지 못한 것이 불공평하다고 표현한 것이다. 이것은 자신의 노력에 대한 대가가 치러지지 않은 것에 대한 문제를 지적한 셈이다.

　어린이는 솔직하다. 그 어린이가 위 세 가지 이유를 모두 알고 불공평하다고 말하지는 않았을 것이다. 그러나 불공평하다는 직관적 느낌을 솔직하게 표현한 것이다. 그 어린이의 처지에서 볼 때 사탕 하나가 공정하게 분배되지 않은 것에 대한 불만은, 거창하게 정의론에 대한 이해가 없어도 모든 인간이 가질 수 있는 정의감으로부터 나올 수 있다. 이러한 정의감은 나이나 지식과 상관없이 인간의 마음에 쓰여 있는 원리와 같다. 그 어린이는 이러한 정의감을 유감없이 솔직하게 그리고 직설적으로 표현한 것이다.

　국민도 정의감을 가지고 있다. 그들도 자신들이 원하는 것을 국가가 분배하는 일이 모든 사람이 가진 자연스러운 정의감에 어긋나지 않기를 바란다. 분배의 원칙은 그러한 정의감에 기초해서 세워진 것이어야 할 것이다. 분배 정의에 대한 철학자들의 주장도 이러한 정의감에 맞고 충실해야 설득력이 있을 것이다.

　이 장에서 다루고 있는 문제도 마찬가지다. 국가는 어떻게 분배해야 정의로우며 그 책임을 다하고 있다고 볼 수 있는가? 앞에서 다뤘던 주택 문제를 예로 들자면, 국가는 주택을 어떤 기준에 따라서 분배할 때 우리가 가진 정의감에 가장 잘 들어맞을까? 교육이라면 어떻게 분배해야 하는가? 사람들은 다양한 종류의 여가 및 문화생활을 원하는데 국가는 그것을 어떻게 분배해야 하는가?

가장 쉬운 방법은 각자의 몫에 맞게 분배하는 것이다. 각자가 가진 몫에 따라서 주택도, 교육도, 그리고 여가 및 문화생활도 분배하는 것이다. 그러나 문제는 무엇이 각자의 몫인가 하는 것이다. 각자의 몫이라는 것은 각자가 필요한 만큼의 양일까? 다른 어떤 사람과도 똑같이 분배받아야 한다는 뜻에서 평등일까? 아니면 각자가 나름대로 열심히 땀 흘린 노력의 대가일까? 이 모든 질문에 대한 답변은 우리가 가지고 있는 공정성에 대한 직관적 감각에 거스르지 말아야 할 것이다.

그렇다면 공정성이란 무엇일까? 조금 더 자세히 알아보자. 위 예에서 어린이가 불공평하다고 말했을 때 그 안에 담겨있는 세 가지 의미가 공정성의 뜻을 잘 말해주고 있다. 즉, (1) 필요가 충족될 때, (2) 평등하게 대우받을 때, 그리고 (3) 노력에 대한 대가가 치러질 때 우리는 공정하다고 말한다.

우선, 자신의 기본적인 필요가 채워질 때 공정하다고 말한다. 기본적인 필요는 자신이 의도적으로 만들어낸 것이 아니다. 자연스럽게 발생하거나 외부의 상황으로부터 주어지는 것이다. 예를 들어, 우리는 외부의 침입이나 사회 혼란 등이 없는, 안전한 삶을 원한다. 안전의 필요성은 인위적으로 만들어진 것이 아니다. 안전은 존재를 지속하려는 인간이 꼭 필요로 하는 것이다. 불안은 심리적인 것으로서 우리의 내면으로부터 나오는 것이고, 위험은 우리 외부로부터 주어진다. 우리 외부로부터 주어지는, 내가 일으키지 않은 위험의 문제가 나에게 주어졌을 때 우리는 공정하지 않다고 말한다. 반대로 말해, 나의 책임이 아닌 문제가 해결되고 없어질 때 우리는 공정하다고 말한다. (나에게 주어진 문제가 나의 책임이라면 나는 그 상황을 두고 불공평하다고 말할 수 없다.)

필요의 충족은 우리의 존재 자체를 위해 꼭 필요한 것이기 때문에 가장 중요하다고 볼 수 있다. 안전한 삶에 대한 위협은 우리의 존재에 직간접적으로 영향을 준다. 외부의 침입으로 전쟁이 발생하거나 사회질서가 극도로 무너지고 법과 경찰력이 무력해질 경우 우리는 생명의 위협을 직접적으로 받는다. 전쟁이 당장 발생하지 않아도 외국의 무력시위가 계속되거나 사회질서가 불안할 경우 우리의 삶은 간접적으로 영향을 받는다. 즉, 인간으로서 기본적인 존엄성을 유지하면서 살기가 어려워진다. 존재의 위협을 직간접적으로 받는 삶은 존엄한 삶이라고 볼 수 없다. 그러므로 기본적인 욕구나 필요 등의 충족은 존엄성을 유지하는 삶을 위해서 꼭 필요하므로 가장 중요하다고 볼 수 있다.

우리가 공정하다고 말하는 두 번째 경우는 평등하게 대우받을 때다. 평등의 반대는 자유가 아니라 차별이다. 차별받는 것을 좋아할 사람은 없다. 누구나 평등하게 대우받는 것을 원한다. 정의롭고 공정한 것은 곧 평등한 것이라고 말해도 과언이 아닐 만큼 평등은 공정성에 있어서 매우 중요하다. 위에서 사탕을 받지 못한 어린이가 불공평하다고 말한 가장 큰 이유는 아마도 다른 어린이는 사탕을 먹는데 자신은 먹지 못했다는 데에 있을 것이다. 자신의 욕구나 필요가 충족되지 않았을 뿐만 아니라 다른 사람과의 관계에서 상대적으로 비교당했다는 데에서 오는 불편감은 우리가 숨길 수 없는 감정이다.

물론 우리의 평등에 대한 갈망은 무조건적이지는 않다. 나는 이미 충분히 가지고 있는 상황에서 아무것도 가지지 않은 상대방과 내가 똑같이 사탕 하나씩을 받지 못했다고 불평하지는 않는다. 상대방과 내가 똑같이 필요로 한다는 조건을 인지할 때만 평등한 대우를 기대한다. 적어도 비슷한 처지에 있다는 조건에서 우리는 평등한 대우가 바람직하다고 생각한다.

이것은 각자의 상황이 다르다면 다르게, 즉 차등 있게 대우해야 한다는 것을 의미한다. 많이 필요로 하는 사람에게는 많이 주고, 적게 필요로 하는 사람에게는 적게 주는 것이 옳다. (물론 필요가 생긴 이유를 살펴볼 필요는 있다) 따라서 아리스토텔레스는 무조건 똑같이 나누는 것을 산술적 평등이라고, 조건을 고려해서 다르게 나누는 것을 비례적 평등이라고 말한다. 평등은 단순하게 똑같이 나누거나 대우하는 것만을 포함하지는 않는다. 그러나 어쨌든 산술적으로든 비례적으로든 우리는 평등하게 대우받을 때 공정하다고 말한다. 평등은 공정성에서 빼놓을 수 없는 조건이다.

세 번째로 공정하다고 말하는 경우는 노력의 대가가 치러질 때다. 인간은 의도와 의지를 가지고 활동한다. 활동하는 것 자체에서 가치나 의미를 찾을 수도 있다. 그러나 이 경우도 활동이 가져다주는 어떤 심리적 만족 등이 있기 때문에 활동을 한다. 어떤 활동을 할 수 있다는 것 자체가 기쁨일 수도 있다. 이 경우에는 활동 자체의 가치를 찾기보다는 활동할 수 있는 능력을 확인할 수 있다는 뜻에서 기뻐하는 것이다. 결국, 인간은 어떤 결과를 기대하기 때문에 활동하는 것이고, 의도한 결과가 주어질 때 활동의 의미를 찾는다.

활동하려면 노력이 필요하다. 노력은 물리적 힘을 발휘하는 것일 수도 있고, 정신적으로 계산하거나 판단하는 일일 수도 있다. 이러한 노력으로 실천되는 활동은 그 결과가 뒤따를 때 비로소 의미가 있다. 결과가 따라오지 않는 활동은 의미가 없는 활동으로서 가치를 상실한다. 노력에 대한 대가가 노력에 상응하게 주어질 때 우리는 활동의 의미와 가치를 발견하고 옳거나 공정하다고 말한다. 간단히 말해, 노력의 대가가 치러질 때 공정하다고 받아들인다. 달리 말해, 우리는 책임 있는 활동을 할 때 공정하다고 말한다. 노력하지 않으면 대가나 결과가 없는 것에 책임을 지고, 노력했으면 그 대가나 결과가 주어지는 것이 공정하다.

공정성에 대해서 종합하자면, 필요의 충족을 통해 존엄성이 지켜지

고, 산술적 또는 비례적으로 평등한 대우를 통해 평등성이 실현되고, 그
리고 의도와 의지가 있는 활동에 대가와 결과가 따름으로써 책임성이
보장될 때, 우리는 공정하다고 말한다. 우리의 존재 자체를 보호해주는
존엄성이 가장 중요하다. 그리고 다른 사람과의 관계에서 평등성이 실
현되어야 한다. 궁극적으로 우리의 활동은 책임성이 부여될 때 가치와
의미가 있다. 그러므로 공정성은 존엄성, 평등성, 그리고 책임성의 총체
라고 할 수 있다.

공정한 분배는 분배의 방법과 분배해야 하는 것의 짝을 잘 맞출 때
이루어진다. 필요한 것은 평등하게 또는 자유롭게 분배할 것이 아니라
필요한 만큼 충분하게 분배해야 한다. 인간의 존엄성을 유지하는 데 기
본적으로 필요한 것은 그렇게 할 수 있을 만큼 충분히 분배되어야 한다.
자신이 원하는 것을 추구할 기회나 자원은 누구에게나 똑같이 분배해야
한다. 자신의 탓이 아닌 이유로 불리한 기회나 적은 자원을 가지고 있다
면, 그 부분만큼은 보충해서 평등한 기회와 자원을 가지도록 해야 한다.
기본적인 삶을 위해 꼭 필요하지는 않고, 평등하게 분배되어야 하는 기
회나 자원이 아닌 것으로서, 자기 자신이 자유롭게 원하는 것은 자유롭
게, 즉 자신의 노력, 선택, 그리고 능력 등에 따라서 가져갈 수 있도록
보장해야 한다.

예를 들어, 주택은 기본적인 삶을 위해서 필요한 만큼은 국가가 반
드시 공급해야 한다. 그러나 그 이상으로 좋거나 호화로운 주택은 국가
의 보조가 아니라 개인의 노력 등 여부에 따라서 가져갈 수 있도록 해
야 한다. 인생에서 자신이 원하는 삶을 사는 데 필요한 기회로서 교육은
평등하게 주어져야 한다. 특수교육이 필요하면 제공함으로써 평등한 교
육이 이루어져야 한다. 개인적으로 원하는 여가나 문화생활이 있다면
자유롭게 즐길 수 있도록 침해하지 말아야 한다.

## 6. 소결

일정한 나이가 되면 근로를 하지 못하도록 국가가 퇴직 나이를 지정하는 것은 정의로운가? 근로는 기본적 생활을 위해 필요하기도 하고, 원하는 삶을 위한 수단적 기회이기도 하며, 나아가 그것 자체가 가치 있는 일이기도 하다. 기본적 생활을 위해 꼭 필요한 근로를 국가가 특정 나이 이상의 노인에게 금지하는 것은 공정하지 않다. 만일 퇴직 나이를 지정하려면 다른 방법으로 기본적 생활을 보장해야 한다. 원하는 삶을 위한 기회로서의 근로를 나이를 기준으로 불평등하게 금지하는 것도 공정하지 않다. 그렇게 하려면, 원하는 삶을 살 수 있는 데 필요한 자원을 국가가 제공해야 한다. 마지막으로, 그것 자체로서 가치 있는 근로를 나이를 불문하고 할 수 있는 자유는 국가가 침해해서는 안 된다. 근로의 자유는 어떤 방식으로든 국가에 의해 침해되지 말아야 한다.

국가가 추구해야 하는 공정한 분배의 다양한 방법은 분배해야 하는 것들과 짝을 잘 맞춰야 한다. 인간적 존엄성을 잃지 않으면서 사는 데 필요한 안전은 충분히, 자신이 원하는 것을 성취하는 데 필요한 수단으로서의 기회는 평등하게, 그리고 개인적으로 원하는 것으로서 자유는 개인의 노력 등에 따라서 자유롭고 책임 있게 분배하는 것이 공정한 분배다. 즉, 안전은 충분히, 기회는 평등하게, 그리고 자유는 자유롭게 분배하는 것이다. 그리고 국가가 안전을 충분히 보장하고 기회를 평등하게 제공하고 나면 자유는 개인적으로 누릴 수 있도록 간섭하지 않는 순서대로 분배하는 것이 공정하고 정의로운 분배라고 할 수 있다.

# 에필로그
# 정치철학을 넘어서

우리는 왜 정치철학을 하는가? 정치적인 문제를 인식하고 질문을 던진 후, 중요한 개념들을 가다듬고 설명력과 설득력 있는 이론들을 이용하거나 만들어내서 결국 정치적인 문제들을 이해하고 해결하는 데 도움을 주는 정치철학을 왜 하는가? 우리는 왜 정치적인 문제들을 해결하려고 하는가?

문제 해결 자체에서 만족을 얻는 사람도 있을 수 있다. 그러나 대부분은 문제를 해결함으로써 문제가 없는 삶, 그래서 편안하고 안락한 삶, 결국에는 행복한 삶을 살기 위해서 정치철학을 한다. 또는, 단순히 문제가 없는 삶이 아니라 가치가 있다고 생각하는 삶을 이해하고 이전보다 더 적극적으로 살기 위해서 정치철학을 한다. 나는 행복하고 가치 있는 삶을 조금 더 구체적으로는 존엄하고 평등하며 그리고 책임 있는 삶, 간단하게는 '품위 있는 삶(life with dignity)'이라고 부르려고 한다.

품위 있는 삶에 걸림돌이 되면서도 그런 삶을 사는 데 필수적인 것이 바로 정치이며, 그런 정치를 제대로 이해하고 보다 좋은 정치를 할 수 있도록 철학적인 뒷받침을 해주는 것이 바로 정치철학이다. 무엇이 정치철학의 궁극적 목적인가에 대해서는 서로 다른 답변을 제시하겠지만, 정치철학은 그것 자체로서의 의미보다는 그것을 통해서 성취하려고 하는 궁극적 목적이 있다는 뜻에서 하나의 수단으로서 기능한다. 우리는 단순히 정치철학을 하기 위해서 정치철학을 하는 것이 아니다. 정치철학을 하는 이유는 추상적이나마 품위 있는 삶이 무엇인지 이해하고 결국 그런 삶을 사는 데에 있다.

그렇다면 정치철학을 하는 것은 더욱더 높고 넓은 추상 수준에서 그 의미를 살펴볼 필요가 있다. 그 많은 아이디어와 개념들 그리고 이론들로 구성되어 있는 정치철학, 그것을 통해서 이해하고 밝혀내려고 하는 품위 있는 삶이란 무엇일까? 이렇게 방대한 질문에 대해서 답변을 제시해 보려는 시도는 무모할 수 있다. 그러나 품위 있는 삶은 자유를 빼놓고는 이루어질 수 없다는 것은, 비록 완결되고 완전하지는 않지만, 부인하기는 어려운 답변이다.

사실 대부분의 정치철학 이론들이 궁극적으로 실현하고자 하는 가치는 자유이다. 인간의 생명과 인간으로서 최소한의 삶을 위협하는 것으로부터의 자유, 즉 인간적 존엄성을 유지할 수 있는 자유. 자본가의 착취와 노동 소외 없이 노동의 의미와 대가를 고스란히 지급받는 자유, 남성적 억압 기제로부터의 자유, 다수와 대세 그리고 보통이라는 이름의 정상적인 것을 따르지 않아도 되는 자유, 즉 부당한 차별이 없는 자유. 그리고 다른 사람이 시키는 대로 하지 않고 다른 사람에게 피해를 주지 않으면서 내가 원하는 대로 할 수 있는 자유, 즉 자신의 행동에 책임을 지는 자유. 이러한 자유 등을 실현하려고 하는 것이 대부분의 정치철학이다.

자유가 무엇인가에 대해서 조금만 더 알아보자. 당신은 살인할 수 있는 자유를 원하는가, 아니면 살인으로부터 보호받을 자유를 원하는가? 살인을 당할지 모른다는 문제를 해결하려면 살인할 수 있는 자유를 포기해야 한다. 살인할 수 있는 원시적 자유를 국가에 내놓을 때 우리는 살인으로부터 보호받을 수 있는 정치적 자유를 국가로부터 보장받을 수 있다. 물론 국가 안에서도 살인의 문제가 발생하지만, 국가가 없는 원시 상태보다는 훨씬 덜 발생한다.

국가는 국민에게 살인으로부터 보호받을 자유를 보장해주기 위해 강력한 권력과 권한이 필요하다. 문제는 누가 그것을 가질 것인가, 그것을 어떻게 행사할 것인가, 그리고 구체적으로 무엇을 위해서 행사할 것인가 등이다. 이러한 문제들을 이해하기 위해서 무엇보다도 "우리는 국가의 권력과 권위와 정부를 통해서 보호받는 자유가 주어졌을 때 그것을 가지고 하려고 하는 것이 무엇인가"를 분명히 해야 한다. 이렇게 필연적으로 정치적일 수밖에 없는 자유란 무엇인가? 다음 세 가지 차원에서 자유를 이해해보자.

첫째, 자유란 도대체 무엇인가?
둘째, 자유는 어디로부터 나오는가?
셋째, 자유는 어떤 목적을 가지는가?

이러한 순서대로 자유를 이해하는 것은, 우선 자유가 무엇인가를 알아야, 그 자유가 어디로부터 나오는 것인지 알 수 있고, 그 후에야 자유를 가지고 무엇을 하려고 하는지를 알 수 있기 때문이다.

첫째, 자유란 무엇인가? 우리는 어떤 자유를 원하는가? 가장 자연스럽고 직관적인 답변은 아마도 '원하는 대로 할 수 있는 자유'일 것이다. 우선 원하는 대로 할 수 있으려면 원하는 대로 할 수 없도록 방해하는 것을 제거해야 한다. 즉, 우리는 어떤 방해하는 것으로부터의 자유를 원한다. 그러나 그것 자체가 자유는 아니다. 위에서 말했듯이 우리는 살인당하는 일로부터 자유롭게 되는 것이 목적이 아니고, 살인으로부터 보호받을 자유를 보장받은 후에 그것을 가지고 어떤 것을 할 수 있기를 원한다. 즉, 방해하는 것으로부터 해방되어 원하는 것을 할 때 우리는 비로소 자유롭다고 말할 수 있다. 자유는 방해하는 무엇으로부터의 자유이자 동시에 원하는 무엇을 할 수 있는 자유이다.

무엇으로부터의 자유는 형식적 자유, 그리고 무엇으로의 자유는 실질적 자유라고 할 수 있다. 예를 들어, 우리는 스페인을 여행할 수 있는 자유가 있는데, 그것은 스페인 여행을 하지 말아야 하는 제한으로부터의 자유로서 형식적 자유이다. 그러나 스페인을 실제로 여행할 수 있으려면 시간, 금전, 건강, 그리고 기본적 지식 등이 필요하다. 이러한 것을 갖출 때 우리는 비로소 실질적으로 자유롭다고 할 수 있다.

둘째, 우리의 자유는 어디로부터 나오는가? 우리의 실질적 자유는 어디로부터 나오는가? 시간, 금전, 건강, 그리고 기본적 지식만 있으면 스페인을 여행할 수 있는 자유는 어디서 오는 것일까? 자유가 어디로부터 나오는지 알기 위해 다음 두 가지 자유를 비교해 보자. 선택의 자유와 의지의 자유.

선택의 자유는 선택지가 적어도 한 가지 이상 있을 때 가능한 자유이다. 예를 들어, 비빔밥 한 가지만 선택지가 있는 경우에 비해 비빔밥, 짜장면, 스파게티, 그리고 삼계탕까지 선택지가 여러 개 있는 경우, 우리는 더 자유롭다고 말할 것이다. 그러나 당신이 원하는 것이 위 네 가지 선택지에 없다면? 예를 들어 당신이 피자를 원한다면, 당신은 진정 자유로운가? 여러 가지의 선택지가 있어서 누릴 수 있는 선택의 자유는 진정한 자유가 아닌 것 같다. 선택지의 다양성은 우리가 가지는 자유의 범위나 정도를 말해줄 수 있을지 몰라도 자유의 뿌리는 아니다.

진정한 자유는 우리가 원하는 것을 실천할 것을 결정하는 자유로서, 의지의 자유라고 할 수 있다. 우리 인간은 본질적으로 자유의지를 가진 존재로서 의지를 가지고 어떤 것을 원하고 결정한다. 그러므로 우리의 자유의지를 실현할 수 있을 때 우리는 진정 인간의 본질에 충실하고 자유롭다고 말할 수 있다. 비록 피자 한 가지밖에 선택지가 없다 하더라도 우리가 그것을 원한다면 우리는 진정 자유롭다고 말할 수 있다. 즉, 우리의 외부 환경인 다양한 선택지가 아니라 우리 내면의 의지로부터 비롯되는 것을 할 때 우리는 비로소 자유롭다. 이때 의지는 동물의 의지와 같이 필연적인 것이 아니라 개연적인 것으로서, 어떤 것을 하지 않을 수도 있는데 할 것을 결정하는 의지를 말한다.

그렇다면 우리의 의지는 어디로부터 오는가? 감정? 욕망? 또는 이성? 만일 그렇다면, 우리의 감정, 욕망, 또는 이성은 정말 우리의 것인가? 우리는 타고난 감정, 욕망, 또는 이성을 가지기도 하지만 그것은 사회적으로 형성되기도 한다. 타고난 것조차도 우리가 선택한 것이 아니기 때문에 타고난 것도 사회적으로 형성된 것도 모두 우리 자신의 것이 아니다. 그렇다면 우리는 우리가 아닌 다른 어떤 것으로부터 주어진 감정, 욕망, 또는 이성을 가지는 것이며 그것으로부터 나오는 의지를 따라서 행동한다면 우리는 결코 절대적인 의미에서 자유롭다고 말할 수 없다.

예를 들어, 사랑의 감정이 있다고 하자. 그것은 타고난 감정이기도 하고, 성장과정을 통해 형성된 것이기도 하다. 즉, 누군가를 사랑하는 감정, 그 감정으로부터 누군가를 사랑하는 것은 우리 스스로가 결정해서 가지게 된 의지의 행위가 아니다. 그러므로 우리는 사랑의 감정을 가지고 사랑을 한다고 해서 진정으로 자유롭다고 말할 수 없다. 감정적 사랑은 우리 스스로의 의지적 행위가 아니기 때문이다.

그렇다면 누가 진정으로 자유로울 수 있는가? 어디로부터 나오는 자유가 진정한 자유인가? 자유(自由)는 말 그대로 스스로 말미암는 것이다. 그러나 우리의 존재 자체는 스스로 말미암을 수 있는 것이 아니다. 스스로 태어난 사람도 없고, 스스로 자신의 성격이나 성향을 만들어낸 사람도 없다. 그렇다면 우리가 아닌, 스스로 말미암는 존재야말로 가장 진정으로 자유롭다고 할 수 있다. 즉, 우리는 절대적인 의미에서 결코 자유로울 수 없는 존재다.

그럼에도 불구하고 의지의 자유에 대해서 우리가 할 수 있는 말은 이것이다. '가능한 한 높은 강도의 의지를 발휘할수록 우리는 더 많은 자유를 가진다.' 비록 완벽한 자유의지를 발휘하지 못하지만 가능한 한 더 많은 의지를 발휘하는 행동을 할 때 우리는 진정한 자유에 더 가깝다고 말할 수 있다.

셋째, 우리는 왜 자유를 원하는가? 자유를 가지고 무엇을 하려고 하는가? 이것 역시 지극히 개인적인 답변만 가능할 것이다. 따라서 자유를 가지고 하려고 하는 것을 일반화해서 이해해 보자.

우리는, 어떤 이유로 인해서, 해야 하는 일과 하지 않아도 되는 일을 가지고 있다. 이때 해야 하는 일은 내가 정한 것이 아니라 자연이나 사회가 정한 것이다. 그리고 우리는 이러한 일을 하거나 하지 않을 수 있는 자유를 원칙적으로나마 가지고 있다. 그렇다면 다음과 같은 표를 그릴 수 있을 것이다.

• 의지의 정도에 따른 자유의 순위

|  | 하기 | 하지 않기 |
|---|---|---|
| 해야 하는 일 | 4 | 2 |
| 안 해도 되는 일 | 1 | 3 |

이 네 가지 경우는 우리가 자발적 의지를 발휘하는 정도에 따라서 그 자유로움의 순위가 정해질 수 있다. 우선 4번, 해야 하는 일을 하는 것은 우리의 자발적 의지를 가장 적게 요구하기 때문에 가장 자유롭지 않다. 그리고 3번, 안 해도 되는 일을 하지 않는 것은 4번에 비해서 더 자발적이기 때문에 그다음으로 자유롭다. 다음 2번, 해야 하는 일을 하지 않는 것은 우리의 자발성을 더욱 요구하기 때문에 그다음으로 자유롭다. 마지막으로 1번, 안 해도 되는 일을 하는 것은 우리가 가진 자발적

의지를 최대한 발휘해야 가능하기 때문에 가장 자유롭다. 이 표에서 보 듯이 우리가 가장 자유로운 것은 우리의 의지를 가장 많이 발휘할 수 있는 일, 즉 안 해도 되는 것을 하는 것이다.

우선, 해야 하는 일에는 어떤 것이 있는가? 국가의 권력이 법적 강 제력을 가지고 요구하는 일, 예를 들어 납세와 국방의 의무가 있다. 이 러한 의무는 이미 국가의 권력이 법적 강제력을 통해 요구하는 것이기 때문에 그것을 우리가 이행할 경우 가장 낮은 자발적 의지를 필요로 한 다. 따라서 우리는 납세와 국방의 의무를 이행할 때 그다지 자유롭다고 말하기 어렵다.

그러나 탈세하거나 병역을 회피하는 것은 강한 저항력을 필요로 하 기 때문에 그것을 회피할 경우 우리는 꽤 자유롭다고 말할 수 있다. 그 러나 이러한 자유는 우리가 이야기하고 있는, 국가가 보장해주어야 하 는 자유에 포함될 수 없다. 따라서 우리의 선택지에서 제외된다.

다음으로 안 해도 되는 일에는 어떤 것이 있는가? 국가의 법이 강 제적으로 요구하지 않는 일, 예를 들어 투표와 봉사활동이 있다. 이러한 일은 우리가 안 해도 되는 일이다. 따라서 이런 일을 하지 않을 경우 우 리는 그다지 많은 자발적 의지를 필요로 하지 않는다. 그러므로 투표나 봉사활동을 하지 않을 경우 우리는 최고의 자유를 누리고 있다고 말하 기 어렵다.

반면, 투표를 하거나 봉사활동을 할 때 우리는 가장 큰 자발적 의 지를 발휘해야 한다. 자발적 의지가 없다면 투표와 봉사활동은 법적 강 제력도 없으므로 이루어질 수 없다. (물론 투표가 법적 의무인 호주와 같 은 국가를 제외하면 말이다) 따라서 안 해도 되는 투표나 봉사활동을 할 때 우리는 가장 자유롭다고 말할 수 있다.

당신은 오늘 안 해도 되는 일을 한 가지 했다. 이 책을 읽지 않아도 되는데도 불구하고, 당신이 재량권을 가지고 자발적 의지를 발휘해서

이 책을 읽었다. 그러므로 당신은, 지금, 가장 자유롭다.

# 참고문헌

Arendt, H. (1970) On Violence (Orlando: A Harvest Book).

Aristotle, *Ethics*.

Aristotle, *The Politics*.

Becker, L. (1986) *Reciprocity* (London: Routledge & Kegan Paul).

Berki, R. N. (1977) *The History of Political Thought* (Dent: Rowman & Littlefield).

Berlin, I. (1969) *Four Essays on Liberty* (Oxford: Oxford University Press).

Carter, A. (1979) *Authority and Democracy* (London: Routledge & Kegan Paul).

Chan, J. (2014) *Confucian Perfectionism* (Princeton & Oxford: Princeton University Press).

Clayton, M. & Williams, A. ed. (2002) *The Ideal of Equality* (Basingstoke: Palgrave).

Confucius, The Analects.

Curtis, M. ed. (1962) *The Nature of Politics* (New York: Avon Books).

Hampton, J. (1998) *Political Philosophy* (Oxford: Westview Press).

Held, D. (2006) *Models of Democracy 3$^{rd}$ edition* (Cambridge: Polity).

Hobbes, T. *Leviathan*.

Horton, J. (1992) *Political Obligation* (Basingstoke: Palgrave).

Kim, D. (2011) *The Principle of Fairness: theory, defence, and application* (Warwick PhD Thesis, 47260).

Klosko, G. (1992) *The Principle of Fairness and Political Obligation* (Lanham: Rowman & Littlefield).

Knowles, D. (2001) *Political Philosophy* (London: Routledge).

Kolm, S−C. (1996) *Modern Theories of Justice* (Cambridge, Mass.: The MIT Press).

Kymlicka, W. (2002) *Contemporary Political Philosophy* (Oxford: Oxford University Press).

Leftwich, A. ed. (2004) *What is Politics?* (Cambridge: Polity).

Leopold, D. & Stears, M. ed. (2008) *Political Theory: methods and approaches* (Oxford: Oxford University Press).

Locke, J. *Two Treatises of Government.*

Mencius, *Mencius.*

Miller, D. (1976) *Social Justice* (Oxford: Clarendon Press).

Miller, D. (2003) *A Very Short Introduction to Political Philosophy* (Oxford: Oxford University Press).

Miller, D. (2003) *Principles of Social Justice* (Cambridge, Mass.: Harvard University Press).

Minogue, K. (1995) *A Very Short Introduction to Politics* (Oxford: Oxford University Press).

Morrow, J. (2005) *History of Western Political Thought $2^{nd}$ edition* (Basingstoke: Palgrave).

Nozick. R. (1974) *Anarchy, State, and Utopia* (New York: Basic Books).

Oppenheim, F. E. (1981) *Political Concepts, a reconstruction* (Chicago: The University of Chicago Press).

Parvin, P. & Chambers, C. (2012) *Political Philosophy, a complete introduction* (London: Hodder & Stoughton Ltd).

Plant, R. (1991) *Modern Political Thought* (Oxford: Basil Blackwell).

Plato, *The Republic.*

Raphael, D. D. (1990) *Problems of Political Philosophy* (London: McMillan).

Rawls, J. (1971) *A Theory of Justice* (Cambridge, Massachusetts: The Belknap Press of Harvard University Press).

Rawls, J. (2001) *Justice as Fairness, a restatement* (Cambridge, Massachusetts: The Belknap Press of Harvard University Press).

Raz, J. (1986) *The Morality of Freedom* (Oxford: Oxford University Press).

Raz, J. ed. (1990) *Authority* (New York: New York University Press).

Raz, J. (2009) *The Authority of Law $2^{nd}$ edition* (Oxford: Oxford University Press).

Rousseau, J. J. *Social Contract.*

Ryan, A. (2012) *On Politics* (London: Penguin Books).

Simmons, A. J. (1979) *Moral Principles and Political Obligation* (Princeton: Princeton University Press).

Simmons, A. J. (2001) *Justification and Legitimacy* (Cambridge: Cambridge University Press).

Simmons, A. J. (2008) *Political Philosophy* (Oxford: Oxford University Press).

Smith, M. J. (2009) *Power and the State* (Basingstoke: Palgrave).

Stevens, R. (2011) *Political Philosophy* (Cambridge: Cambridge University Press).

Strauss, L. & Cropsey, J. ed. (1987) *History of Political Philosophy $3^{rd}$ edition* (Chicago: University of Chicago Press).

Swift, A. (2014) *Political Philosophy $3^{rd}$ edition* (Cambridge: Polity).

Thompson, M. (2010) *Understand Political Philosophy* (London: Hodder Education).

Vincent, A. (1987) *Theories of the State* (Oxford: Basil Blackwell).

Waldron, J. ed. (1984) *Theories of Rights* (Oxford: Oxford University Press).

Wolff, J. (2011) *Ethics and Public Policy: a philosophical inquiry*

(London: Routledge).

Wolff, J. (2016) *An Introduction to Political Philosophy 3rd edition* (Oxford: Oxford University Press).

Xunzi, *Xunzi*.

# 찾아보기

## 김동일

현재 경상국립대학교 정치외교학과 조교수인 김동일은 성균관대학교, 런던 정경대, 셰필드 대학교를 거쳐 영국 워릭대학교에서 정치학 박사학위를 취득했다. 정치학 강독, 삶의 정치철학, 이데올로기의 이해, 그리고 현대 사회와 정의론 등을 강의하고 있다. 연구 논문으로 'Right, Equality, and the Fairness Obligation', '분배정의론이란 무엇인가?', 'Gap between Parental Justice and Non-parental Obligation', '정치철학의 정치철학적 이해와 교육', '시민 의무의 정치철학적 기초', '행복한 민주시민의 지성과 덕성', '국가의 규범적 이해를 위한 분석의 틀', 'Can We Make a Democratic Decision by Voting?', '고전 유교 분배 정의관의 특징과 의미' 등을 국내외 저널에 출판했다. 현재 인간의 본능, 본성, 그리고 본질의 관점에서 정치의 메타적 역할에 대해서 고민 중이다.

# 삶의 정치철학

| | |
|---|---|
| 초판발행 | 2020년 12월 30일 |
| 지은이 | 김동일 |
| 펴낸이 | 안종만·안상준 |
| 편 집 | 조보나 |
| 기획/마케팅 | 정성혁 |
| 표지디자인 | 조아라 |
| 제 작 | 고철민·조영환 |
| 펴낸곳 | (주) **박영사** |
| | 서울특별시 금천구 가산디지털2로 53, 210호(가산동, 한라시그마밸리) |
| | 등록 1959. 3. 11. 제300-1959-1호(倫) |
| 전 화 | 02)733-6771 |
| f a x | 02)736-4818 |
| e-mail | pys@pybook.co.kr |
| homepage | www.pybook.co.kr |
| ISBN | 979-11-303-1166-1 93340 |

정 가     15,000원